新政之后

警察、军阀与文明进程中的成都（1895—1937）

[美] 司昆仑（Kristin Stapleton）著 王 莹 译

CIVILIZING CHENGDU: CHINESE URBAN REFORM

四川文艺出版社

图书在版编目（CIP）数据

新政之后：警察、军阀与文明进程中的成都：1895-1937 / (美) 司昆仑 (Kristin Stapleton) 著；王莹译. -- 成都：四川文艺出版社, 2020.4（2020.6重印）

ISBN 978-7-5411-5026-5

Ⅰ. ①新… Ⅱ. ①司… ②王… Ⅲ. ①城市史－研究－成都－1895-1937 Ⅳ. ①K297.11

中国版本图书馆CIP数据核字（2020）第042397号

著作权合同登记号　图进字：21-2019-426

XINZHENG ZHIHOU JINGCHA JUNFA YU WENMING JINCHENG ZHONG DE CHENGDU 1895-1937

新政之后：警察、军阀与文明进程中的成都（1895-1937）

［美］司昆仑（Kristin Stapleton）　著

王　莹　译

出 品 人　张庆宁
责任编辑　刘芳念
内文设计　史小燕
封面设计　叶　茂
责任校对　蓝　海
责任印制　桑　蓉

出版发行　四川文艺出版社（成都市槐树街2号）
网　　址　www.scwys.com
电　　话　028-86259287（发行部）　028-86259303（编辑部）
传　　真　028-86259306

邮购地址　成都市槐树街2号四川文艺出版社邮购部　610031
排　　版　四川胜翔数码印务设计有限公司
印　　刷　成都东江印务有限公司
成品尺寸　145mm×210mm　　开　　本　32开
印　　张　13　　字　　数　270千
版　　次　2020年4月第一版　　印　　次　2020年6月第二次印刷
书　　号　ISBN 978-7-5411-5026-5
定　　价　78.00元

导言

1895—1937年，城市管理在中国许多官员以及政治活动家们心中渐渐演变成一项头等重要的挑战。由于受到来自欧洲的思想以及东亚殖民地城市的影响，城市作为一个有特色的政治和社会实体，在某种程度上，前所未有地吸引了中国政治理论家们的关注。城市改革者们利用中国原有的（行政）机构，吸收了西方的模式，通过在人口中心区域推行一种新型的、有序的、有效的城市社区制度来寻求改革中国城市的契机，而这种城市以往主要是贸易中心以及中央政府的所在地。这种新秩序的提倡者借用了日本的bunmei（英文的Civilization，相当于中文的“文明”）一词来表示他们希望向人们逐渐灌输的新价值。“文明”带给了日本成功，这个国家选择从西欧和美国借用观念和制度，将自己建成了一个世界强国。但这并不意味着要摒弃中国自己那伟大而古老的文明，而只是表达了一种渴望，希望通过注入革新制度和理想来达到使自己的文明重新焕发力量的目的。那些制度和观念先是推进了西方，然后是日本的经济财富的增长和国际力量的提升，包括推广和促进公众健康、公共安全、贸易和公民的自豪感。改革者希望通过“文明化”来寻求中国国力的强盛，通过增强国家对于运用民众力量的能力，以求达到强国的目的。

城市文明化的斗争随着晚清时期以及民国早期的政治日程，以这样或那样的形式持续了大约四十年，这才让位于“农村问题”。而这个斗争吸引了形形色色的政治活动家，如毛泽东和保守的农民改革家梁漱溟。一直到1980年代的邓小平主政时期，中国的城市这才再一次在中国政治史上获得了他们在1895—1937年曾经获得过的突出的关注。本书调查研究了近现代中国在以城市为中心的第一个历史时期中的城市规划和历史管理。一旦城市被认定为是一个产生社会变革和制度变革的重要场所，那些身负城市管理重任的人便面临着改革的挑战，对于一系列管理者们是如何回应这个挑战，我做了一番仔细的调查。

我的焦点对准的是四川省的省府——成都。在清朝时期，所有的省城都是没有任何城市管理的，然而，它们也是众多令人困惑的和繁杂的政府机构的容身之地。一个省城一般有一位总督或巡抚、一位知府、一位道尹，一或两位知县，以及军官、教育官与司法官员。这些官员的职权范围或大或小，也可能相互交叠。大多数的省城，包括成都，也是他们地区的主流文化和商业的中心，吸引了一大帮商人和文化精英人士的聚居。中央政府将城市事务大都交给了地方官员来处理，而维持公共秩序对他们而言，虽说不是唯一的，也是极为重要的事了。对城市事务的改进做出大规模的、系统性的计划在1895年之前还很罕见。即便在1895年之后，城市也没有即刻被看成是进行社会变革的独特的，或是特别重要的场所。城市的管理也没有被赋予特别的重要性，它不过是作为省城的一个展示窗口，用来在全省范围内向人们展示新政贯彻执行工作的开始。

正如在这本关于成都的书中所说的，尽管政策翻来覆去，但四十年来为促进文明化而付出的努力，还是在许多方面改变了这座城市。或许最大的变化就是对城市管理观念本身的接受。我并没有去研究被授予了改革特权的国家层面的以及省级层面的官员们，而是对贯彻执行具体计划的中层官员以及新政下生活的城市居民进行调查了解，研究他们的动机和行为，来寻求对这一改革的解答。积极参与这项改革运动的人之间存在的紧张关系，说明了改革过程的复杂性，以及贯彻实行这些改革计划的实际困难。

成都这座城市位于上海以西，距离超过2600公里以上，离广州也有1900公里之远。尽管它远离外国势力在中国的中心地带，成都市作为四川省的首府，具有了一种政治上的特别之处，使得不管是中国还是世界上任何一个城市的革新的消息都能很快地被成都的活动家和积极分子们所获知。而这座城市的改革者能在一个相对来说不受明显的帝国主义压力干扰的环境里开展他们的计划，给他们一定的空间来做试验，建立起能和当地既有的管理机构特点相融合的新的城市机构。成都的管理者在某些方面来说还是富有革新精神的，但是他们对于现代文明城市的外观和组织的设想受到当时全世界正在改革进程中的城市观念的强烈影响。说到中国内陆其他城市的改革，同样也受到这些观念的影响，并在晚清管理体系和帝国晚期社会模式这同一遗产的规范下成型。成都城市改革的经验一般说来代表了那些远离海岸和首都的城市的改革过程。然而，在某些方面，成都的改革又受到了该城市特殊环境的影响。

本书是围绕中华人民共和国成立之前五十年内两个重要的城市改革计划而建构的：晚清时期的新政（起始于1901年）和1920年代的城市管理运动。后者在某些方面来看，是晚清改革的一次复兴，但是却将聚焦点更为明确地放在城市方面。

在第一次晚清时期的改革浪潮中，最为重要的城市管理模式是东京。日本的明治维新长久以来吸引了一些中国人的关注，他们相信他们自己国家的政治体系和经济体系也必须改革，以有效地回应帝国主义的挑战。1901年义和团起义失败之后，外国列强逼迫清政府接受一个改革纲领，此时，成千上万的中国人去到东京，学习日本是如何变得强大起来，使得他们能够在1894年—1895年的战争中打败中国人的邻国，并对俄国位于东北亚的区域造成威胁。新政改革起始于清朝统治的最后十年，反映出人们对国力的关注。因为他们普遍地相信，一国之国力完全以是否达到现代“文明化”的特定标志而定。例如：城市的环境卫生，有纪律的、尚武的国民以及现代的武装力量等。新政包括了一系列内容广泛的城市管理的改革。大多数主要的改革者强调新政严格局限于城市，没有更深层次的思考；他们无意于在中国的政治体制内去改变城乡之间的关系。改革实施的方式造成了一个惊人的后果，那就是显著的改革都发生在中国的一些省城，其中包括成都。其原因是省城被其他的管理机构视为其竭力仿效的典范，资金和人力、物力都倾注入这些城市，使得改革计划得以成功。即便在改革之后，资金流出，革命耗尽了改革后城市的元气，新建立的机构和思想方法却在省城保留了下来，这就将它们在许多重要的方面与它们周围的穷乡僻壤区别开来。

继开头的一章，介绍了19世纪末期的成都及其管理传统之后，本书对新政改革运动的源起和性质做了探讨，并对那些将这个运动带入成都，起了重大作用的人物做了介绍。在这些人物中，周善培（1875—1958）是最为重要的一位。周是一个清朝知县的儿子，他也是东渡日本去研究其成功之道的那一批年轻人之一。1902年—1912年，前后服务成都的六位四川省总督期间，周善培建立了警察局，帮助改革了成都市的福利体系，并将其坚定地纳入国家的权限范围之内；负责促进了成都市的工业发展，为重新设计城市的空间做出了贡献。他在20世纪头十年的生涯表明了注定要走厄运的清王朝那时还能博得臣民为其做出贡献，即便这个贡献并不是出自那些天才的、充满干劲的城市管理者的绝对忠诚。

在第三章中谈到的新式警察制度是新政的关键组成部分，因为它旨在为现代国家产生出所需要的、守纪律的臣民。这个新机构取得了一些新成就，但并没有实现它的支持者们所有的目标。从官方的观点来看，虽然成都的警察相对来说减少了腐败，对它所取代的那个制度产生了阻碍，但是新进的警员绝没有他们上级长官的那份热情，去对公众进行训导，让他们守纪律。不管怎样，成都的警察改革还是被许多人视作成功，它在随后的整个民国时期为成都市的警察组织树立了榜样。

新政对成都的社会结构以及有形机构造成的冲击，在第四章中有详细的审视，该章还对几个领域内发生的具有重大意义的变化做了说明。例如，国家为了提高城市居民的经济生产能力和“街道清洁”，承担起了更大的社会福利责任。周善培和其他的官员们开始在城里协调开展经济发展项目，例如：新建了供照明用的发电厂和电话系统。在此过程中，他们改变了城市的外观景象，建起了新的建筑，铺设了新的街道。他们还将日本和西方的现代城市具有的特色引进到了成都，例如：公园、商业场和公共戏院。不过，在成都，新政的最初焦点是坚决地放在对制度和社会的改革上，而不是在城市的有形改变上。周善培还努力改善妇女在公共生活中的地位，鼓励戏院为女性设立专有的座位区，还制订计划，让成都那肮脏而不合法的红灯区升级为雅致的“有合法执照的街区”，就像东京那样。正是在这一点上，周善培遭到了来自成都精英阶层最为强烈的反对；他们完全否决了他的允许妇女和男人共享戏院的计划，而且提出抗议，强烈反对卖淫合法化的打算。然而，周善培通常总是能够成功地集合精英人士来支持他的计划；他是老谋深算的政治家，善于利用他与城市中一些有影响人物的密切关系来达到于他有利的目的。新成立的商会便是明证，他和商会一起合作促进了他的发展计划。

由于周善培擅施手腕，他的许多改革举措，在下一步的新政改革的主要措施被引入到成都之前，都已经稳固地建立了起来（见第五章）。在世纪交替之际，许多中国人终于相信中国能够强大起来，只要它的国民能够成为公民：在政治进程中由全体国民来参与和决定国家以及地方政府要优先考虑的事情。到1906年他们已经说服清政府允许成立地方议会，在公共事务上起到作用。当会聚于成都的谘议局、议事会于1909年开始寻求参与事务时，他们不管不顾地将周善培的创制完全弃置于一边。可即便政府已经愿意让他们在管理上扮演角色，他们却发现自己对于像成都的警察局这样已经相当成熟的机构，难于插足。鉴于此，总督衙门试图限制议会的权力，让他们只处于一个从属的位置，起顾问的作用。总的来说，政府对待成都的议事会的做法，还是成功了，虽说这些议事会在省城之外还是经常表现得十分活跃。至于谘议局在涉及全省的问题上，例如计划将四川与华东连接起来的那条铁路的所有权这个事情，则向政府发起了挑战。当清政府于1911年宣布计划将这条铁路的建设权和管理权都授予外国人以换取一笔贷款时，成都发出了可怕的怒吼，最终加速了清王朝统治的灭亡。第五章以一段对于成都1911年革命的讨论为结束，其中提到了警察和其他的新政机构以及观念在其中所起到的作用。

清王朝的崩溃在成都的历史上标志着一个急剧的转折点。民国时期的政治分裂降低了成都作为省城地位的重要性。成都周围几乎不断发生的战争，1911—1935年间四川的战祸，将成都与这个省的腹地分隔开来，时不时地也将成都与这个国家的其他地区切断开来。成都缺少一位人们熟悉的铁腕总督，处于不断的内战中，这些内战只是带来了一连串军阀的控制，他们主要关心的事就是如何去抵挡他们的敌手。在这期间，这座城市是如何运转，进行自我管理的呢？第六章和第七章对此进行了一番探讨。第六章还指出了一些清朝机构，包括警察队伍在内，在此期间虽然幸存了下来，却由于支撑它们的资金来源被转移到了四川正在扩大的军队手中，而开始了缓慢地衰落。地方议会被遣散，又几次被召集，但是却从来没有对地方事务行使过多少权力。更为有影响的人士来自两个群体，他们共同填补了由于成都军阀对城市事务的冷漠所造成的管理真空，他们就是“袍哥”组织和被称为“五老七贤”的杰出人士。

“袍哥”是成都对地下兄弟组织或是秘密会社网络成员的称呼。这个网络在晚清时期已经遍布整个四川省。这些群体在1911年的革命事件中扮演了一个明显而又残酷的角色，一时之间他们的首领成了公众的英雄，受到了成都报纸和新政府的一片赞扬。秘密会社不久便再次遭到了禁止，但他们继续在成都扮演了重要角色。有很大比例的男性市民加入了兄弟会组织，他们的首领成为社会上具有权威不可小觑的人物，他们裁定纠纷，操控市场。有钱的人家小心翼翼地维持和他们的良好关系，因为没有有效的国家安全机关可以来保护他们免遭绑架和其他的威胁。而“五老七贤”在成都的社会中占据了完全不同的位置。他们是成都最为杰出的学者，在旧有的清朝体制中获得过功名，是受人尊敬的老师。即便是军阀也不得不对他们尊敬三分。这些长者和贤人因为他们的影响力和道德修养，深信当军阀们对地方利益践踏得太过分时，他们有责任来为社会各界说话。在为城市进行居间调解时，他们常常要和外国传教团体联合起来。外国传教团体对于军阀也能起到一定的震慑作用。特别是基督教青年会（YMCA）总是力图去说服成都的军阀支持它为成都市造福所制订的计划。

对于将城市管理运动带入成都，基督教青年会起到了部分的作用，这个运动是第二波改革的巨浪，也是我们第七章的主题。这个运动是20世纪早期全世界范围内兴起的城市改革的一个分支。城市改革运动在美国催生出了街坊文教馆[①]，在英国是花园城市运动，还有一系列在城市设计和管理方面的其他创新。在国外留学的中国学生偶然看到了这些创新，便将其带回中国，在北京和上海的大学里提出了城市管理纲要，为推广现代城市的新理念而成立了专业的协会。在这方面，清朝的新政设想出了一个有序的社会，以服务于现代化的国家，这个新运动强调在设计规划时要有科学的合理性，有时候甚至可以无视国家主义的情感，尽管通常这两者被认为是可以一致的。和新政改革不相同的是，城市管理运动认为城市的问题与乡村问题不相同，特别着重城市的改革。在成都，与新政将重点放在机构改进上形成对比的是，这第二波改革浪潮强调加强社会的基础结构和对城市的形态再造。1920年代，为现代城市的每一个部分都起草了设计蓝图，每一份计划的起草都由一位与之相对口的专家来主持。这些策划者们在上海干得格外起劲，他们也

---

① 街坊文教馆是为城市贫民提供教育、娱乐的社会服务场所。——译注

从中国其他主要城市吸引到了支持者。

这个运动在成都的拥护者是杨森（1884—1977），他是一名军阀，他于1923年打入成都，占领了这座城市，仅仅一年半之后便被赶了出来。然而在这个短暂的时期内，成都被猛烈地“现代化”了。杨森，一个在四川的内战中身经百战的老兵，希望作为一名城市管理者来建立自己的声望，结果是他抓住城市管理运动的哲学宗旨，促进了一些项目的实行。杨森特别迷恋现代交通系统建设，将成都的许多街道拆毁、拓宽、推平。他对于由基督教青年会的领导人以及其他城市管理运动的拥护者，就一系列基础结构和社会的创制提出的建议，也提供了支持。然而，与周善培不一样的是，他不是一个精明的政治家，他的处事方式疏远了许多人，也阻碍了他的目的的达成。在杨森离开成都之后，要不是在“五老七贤”的帮助下，他的一些改革悄无声息地以温和一些的方式得以恢复，他对这个城市造成的影响也许真的会消失得无影无踪。这些老人尽其所能地将1920年代完成的工程上所带有的反传统的“科学性”和“理性”的风味去除，在他们的干预下，成都的城市管理运动最终以晚清城市改革的风格得以复兴，这种状况一直持续到1930年代。

本书最后一章反映成都在1895—1937年的城市管理，1937年，成都成了难民为逃避日本人对华东地区的占领而避难的中心。这些年里，在城市改革的历史上，成都曾经有过饱满的一笔。在清政府时期它曾经被认为是这个帝国内最为“进步”的城市之一。此后就迎来了相对败落的时期，在1920年代的改革引进了许多当时正在中国沿海城市进行的基础结构的创新。然而，这座城市在民国时期，它的城市建筑师、设计师的雄心抱负，在地方上的抗拒、政治的不稳定和资金缺乏的共同作用下，遭受挫折。在他们看来，四川作为抗日的中心，这个新位置的声望，将会给他们提供另一个机会，来促进他们重新设计和发展这座城市的计划，但是1930年代末蜂拥进成都的来自华东地区的政府机关和学院、研究院的逃难者，却对这些计划甚少感兴趣。对于从东部地区来的人，成都只是一个从战争的蹂躏中逃脱出来的临时避难天堂。他们于灰心丧气中，对它那充满了田园风味的落后和保守十分欣赏，甚至陶醉其中。外来者自以为是地主张，说是战前已被城市管理当局进行过重建的城市的某些部分，对于四川本地人来说太过洋气，使得这些城市的设计者、建筑者十分担忧。成都的战时经历大大地消减了它的早期城市改革者们留下来的遗存。无论如何，成都的外貌、文化和管理在1895—1937年间发生了根本的变化，而到了1980年代的新城市建设时期还可以看到开始于晚清时期的城市改革的积极作为留下来的影子。

新政就这样给中国的省城留下了一笔有持久影响的遗产，当年改革的实行付出了多么大的力量！在成都，周善培在支持他的改革的社会群体的帮助下，成功地建立了新机构。对于政治，他是内行的实践者，他熟悉中国传统的治国之术。他在这样一个体制内，为了达到增强国力，并使之长治久安的这个传统目的，他实行了一系列的革新。他的成就被革命的动荡不安给摧毁了，改革运动从此衰败了下来。然而，最终来说，周善培的成就为后来的改革提供了基础。后来的改革由军阀杨森开始，由专业的城市规划者继续。这些设计者们处于这样一个背景中，城市的管理在它自身的权利中已经成为一项重要的活动，而且它与国际风潮相联系，成为它的一个分支。当此之时，变革和动荡已经造成了混乱的局面，在此情况之下，1901—1911年的改革已经被成都那些为当代寻求管理和统治模式的保守主义人士看成是他们怀念过去的一个思乡之物了。从成都的改革历史上我们能够看出中国城市的官员和成都的市民怎样对城市管理产生出信任的感情，并想要尽力解决这个问题，应该和如何去做，才能够完成对城市管理的改革。

目录

第一章　中华帝国晚期的省会城市成都

省城——省会城市成都，这个名字通常用来指称19世纪晚期中国四川西部的一块用围墙围起来的地方，它由华阳县和成都县组成。这个名字的命名对成都来说意义极为重大，其时清政府的官僚体系仍处于繁荣期。在那道用泥土和砖砌筑起来的围墙内坐落着政府各部门的机构，它们叫作衙门，那里面坐着的可都是四川省最高级别的政府官员。这些坐在省会衙门里治理成都的人都是受过严谨的教育和有过多年历练的人员。他们都由坐在北京的那位皇帝任命，委派他们保境安民，征收赋税，提升全境居民的道德。从最早在这个地点围城建市以来（不会迟于公元前310年[1]）一直到19世纪末，成都的统治者除了将之作为具有重要经济和社会功能的单位，更加把它看成一个指挥部，可以用来统治一片更为辽阔的领土。一直到清政府统治的最后几十年，当成都指挥部的官员们声称他们管辖下的这个省，子民已达五千万之众[2]，从而要求有相应的权力之时，中央对他们提出的守土御

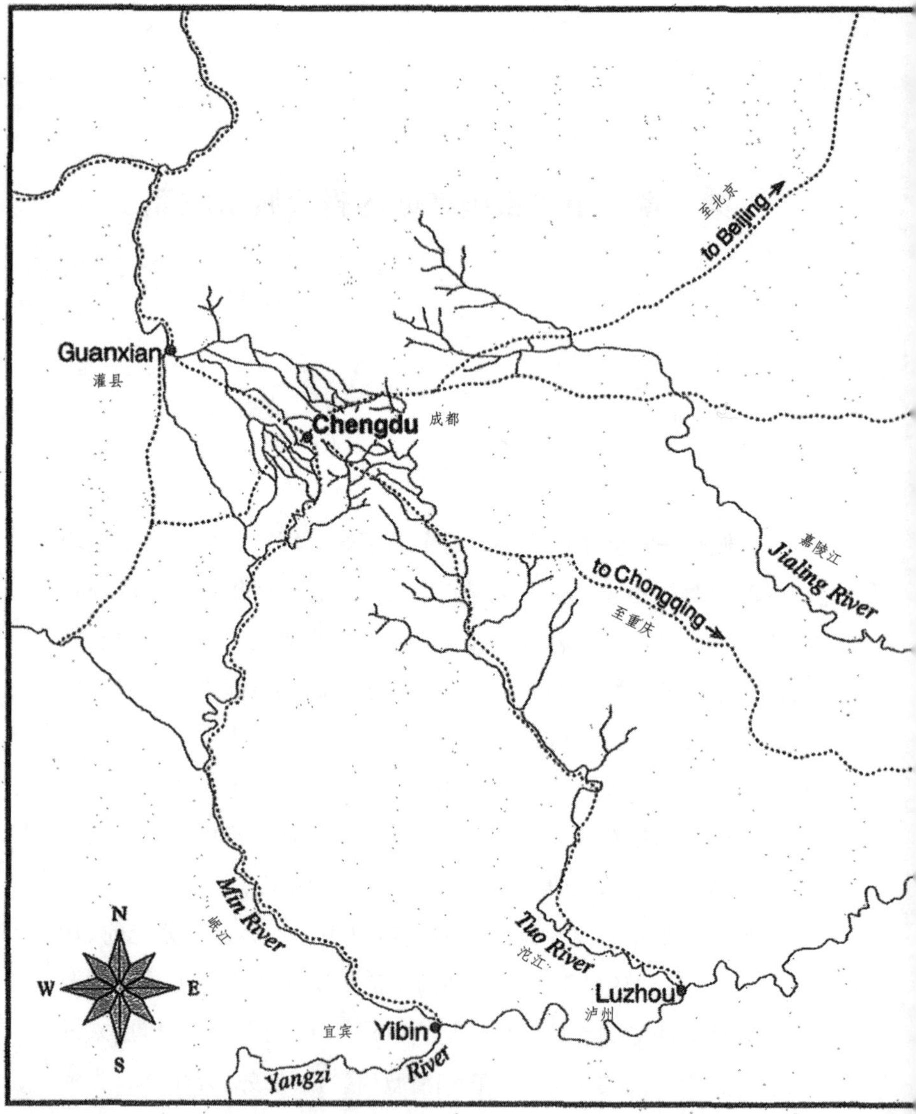

地图1：成都的地理区位，重绘自1923年Hubbard

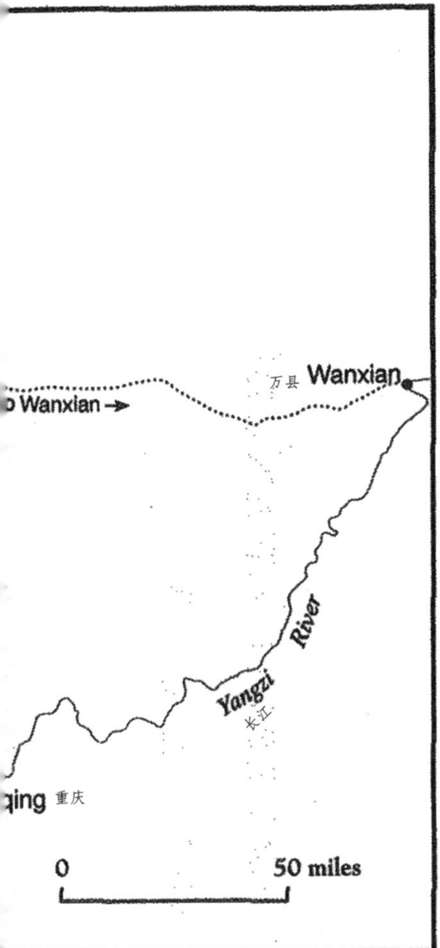

成都的交通网

边的任务，便变得更复杂，要求更高了。

成都市的居民到清朝末年时人数已超过了30万[3]，对于他们来说，你也许会认为，该市作为行政中心的作用，和城市里老百姓的日常生活的忧乐比较起来是次要的。成都在当时来说和许多中国其他的城市，以及全世界许多非工业化的城市一样，都有一些共同之处。与此同时，成都有独具特色的历史条件和地理区位（见地图1），它处于正在衰退期的清帝国的西部边陲，又是一个富裕的农业地区的中心，这便使得这里的生活与其他省会城市相比有所不同。然而，毫无疑问的是，成都的居民清楚地意识到了他们的城市具有很高的行政地位，因为他们的生活在许多方面受到了前所未有的影响。

既是中国近代城市，又是处于有民定居的肥沃农田和西藏高原之间的接合部，作为省会城市的成都，它的城市特点都受到了上述条件的影响，也影响到了19世纪晚期成都市民的生活。改革者们的改革计划是本书的主要内容，他们对19世纪初期成都的自然条件，以及它的政治、经济和社会的结构都了然于胸。激励这些改革者致力于成都“文明化”——这是他们中许多人对自己工作的称呼——的思想和动机，主要来自成都外面的世界——中国其他的省份和世界的其他地方，或者来自历史上的其他时期——这一点我们将会在下文中看到。然而，要在成都努力完成自己的梦想，他们被迫要勇敢地面对成都的“身体与石头”①的问题，这是成都数百年发展的结果[4]。如果我们想要弄明白他们的改革行为和后果，我们也必须正视这一点。成都早期历史的一些方面会在随后的章节里有更加详细的介绍，而这一章旨在使读者对这个城市及其在19世纪末期的城市管理传统有一个初步的印象。

---

① “Flesh and stone.”是理查德·桑内特的书《肉体与石头：西方文明中的身体与城市》中的一句话。作者找到一把重新梳理城市发展史的钥匙，即人的身体。作者认为在城市文明化进程中，要将人的身体、身体对城市的参与以及在公共空间的停留考虑进去。——译注

作为中国近代城市的成都

像中国绝大多数近代城市一样，成都市也是由外部城墙包围并用内部城墙分隔的。（见地图2）[5]。主城墙大致呈矩形，并

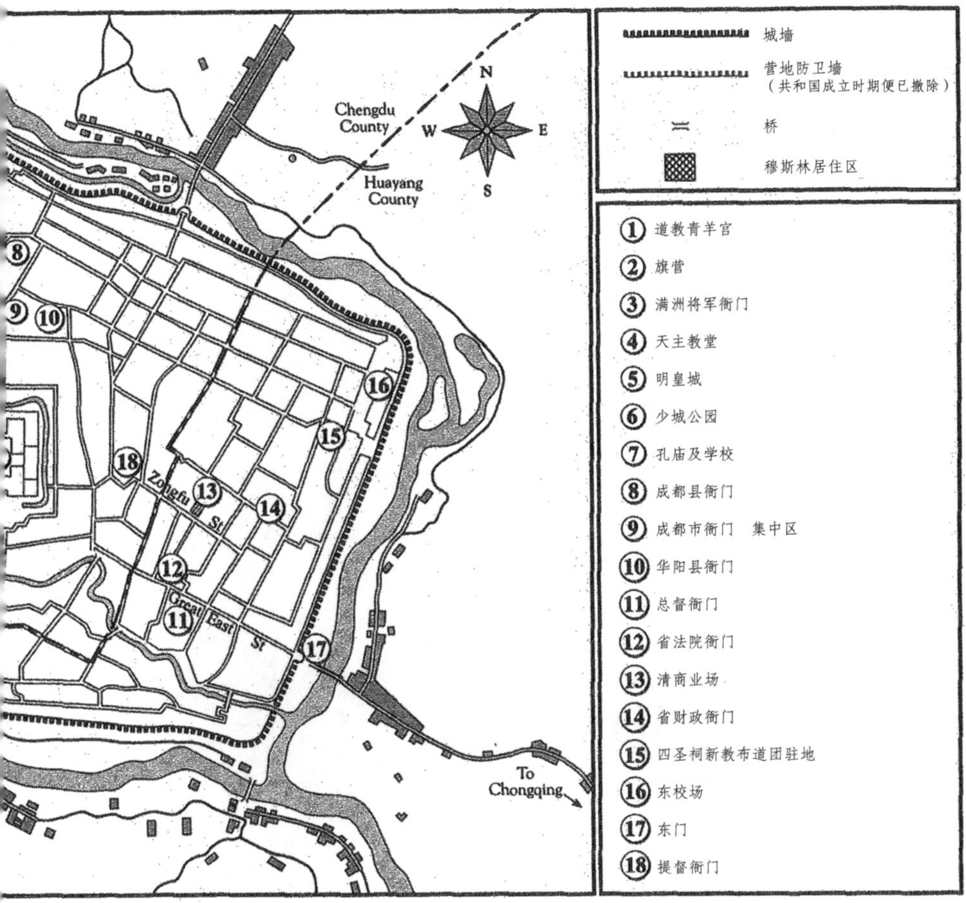

地图2：晚清时期的成都，重绘自1917年，由Tō-Adō bunkai绘制的一幅地图

与南北中轴线稍微倾斜。在中国古代进行城市规划设计时，经常以南北中轴线作为指导方向[6]。城墙高9米至12米，长约12.8公里。城墙的外墙面由石头和砖块砌成，内墙面则主要是大的砖块。内墙面到外墙面宽12米。内外两墙面之间塞以泥土以形成墙体。在泥土的最上面铺以大石板，形成一个平整的表面[7]（可见一部分城墙和一个城门）。由于城墙在河沟边（它们围绕城市，就像是一条护城河），这就带来了许多麻烦，在夏天多雨的季节，成都常有倾盆大雨落下，这便使得城墙的内墙面容易倾塌，常常需要维修[8]。

图1.1　在成都宽阔的城墙顶上有一条步行道。在内墙城门附近可见一段阶梯通往城墙顶上（加拿大联合教会资料，维多利亚大学档案，多伦多：目录编号：No.98.083p.26.）

成都的城墙尽管看起来不失威严和堂皇，但它也并非总是一道坚挺的栅栏将四个高大的城门内外完全隔离开来。许多人就住在东门和北门外的郊区。每天有成百上千的挑夫和车夫将大量的物资和产品，在看守城门的士兵眼皮子底下运进城内。被指派来看守城门的士兵每天在规定的时辰里开启和关闭城门，而官吏们则负责对运进城内的货物收取税款。中国的这种围绕城市而建的城墙往往使人们误以为它们会将城市和农村划分得泾渭分明[9]。我们从图1.2中可以看到成都北门外就是一片人口定居的密集区；而图1.3中则看到了

图1.2　从城墙外看成都城墙的北门（加拿大联合教会资料，维多利亚大学档案，多伦多：目录编号：No.98.083P/24N.）

图1.3　1934年成都市的航拍图。从东南方向看，可见城市的东北角。岷江的一条支流围绕城市一圈而过。城墙沿河堤而建。东校场在图片的上端，正在城墙内。（加拿大联合教会资料，维多利亚大学档案，多伦多：目录编号：No. 98.083P/11.）

成都市内东北角上是一大片种满了农作物的土地。

早在20世纪初，来这里访问的外国人便爱上了成都的城墙，他们喜欢到城墙上面去散步消遣[10]。在图1.1中我们可以看到城墙内有一道石头阶梯可以让人直接登到城墙顶上，在那里人们可以开心地散步，一览周围田园的风光。当天朗气清之时，望西放眼看去，甚至可以看到离西藏高原最近的几个山峰。朝城内一望，则城内所有的大街小巷一览无余。和中国其他的城市一样，成都的“天际线”很低，非常规整，很少有建筑物会超过两层，有的甚至只有一层半。内院栽种的树木高耸在灰色的屋瓦上面。在成都东区人口最为密集的地方，建筑用地通常非常窄小，进深却很长。居住的区域一般都在房子的最后面，远离街面。另一方面，各种商铺和作坊用砖砌的防火墙相互隔开，沿着街道紧密地排列在一起，一般的开间少有超过6米以上的。房屋的建筑材料大多采用木材和灰泥，有些用的是晒干的泥砖，有些则用更为结实一点的烧制砖。在富裕一点的区域，比如在成都的东北部，许多家庭的房子占地面积会稍微大一点。在这些区域，盛行一种“公馆”式样的住宅（一个用围墙围起来的院子，再加上精心修建的大门，见图1.4）。在这个围墙内，房子按四边排列，形成一个传统的“四合院”，或是四边都有院子的居住区。房子都只有一层，按不同的使用功能区分，四排房子围合起来，中间形成

图1.4　四圣祠街公馆式住宅的精致大门。这种公馆式住宅在成都市的富人区很常见。图上可见的公馆是外国传教士的住地。该照片后面的标记显示出了照片中央偏左的矮墙处是一所公厕的入口（加拿大联合教会资料，维多利亚大学档案，多伦多：目录编号：No. 98.083/21N.）

一系列四方形的院子，里面有一个花园。也有将花园设在房子的后面，或是沿着一边设立的[11]。有些这样的公馆里面住了好几户家庭，每一户家庭只租了院子房屋的一部分。这样的住宅被称之为“大杂院”[12]。

在这个城市的一些街区里，像这种有围墙围起来的住宅数量很多，往往延伸到整条街道，使得这里一到晚上便显得特别冷清。因为在这长长的一条狭窄的街道上，只有各家住宅院子门前悬挂的一盏菜油灯笼在发出微弱的光。成都的商业繁华区都有夜市，商人们大都沿街摆出自己的货物，因此，两边沿线都会悬挂出灯笼来[13]。但是在这个城市里夜间是不宜出游的。天一擦黑，住在街口处小茅棚里的守夜人便会用高大的木栅栏将街口关闭。想要通过栅栏的人必须说出他们夜间出行的正当理由，并出示证明，有时候还得支付一笔小费[14]。

1949年中华人民共和国成立之前，在中国城市里常见的其他一切机构，在成都的大街小巷随处可见：横跨过大街的纪念性的牌楼、大量供奉着佛菩萨和其他神祇的寺庙、钟鼓楼、会馆、当铺和山西钱庄、茶馆、客栈和公共澡堂[15]。然而，围墙内的土地并不是完全被建筑物占满了，也有一些地块整成了菜园，从而在大片大片整齐划一的瓦屋顶和树梢的一统天下中也留下了一点空间[16]。参天的大树一般都生长在寺院的土地上，北门内的佛教寺院——文殊（梵语为manjusri）院里的古树最为有名。成都市民闲暇时最喜欢往寺庙走动。城墙外的西南角上，那里的道观和附近的庙宇是供奉唐朝诗人杜甫和三国时期的军事战略家诸葛亮的（此处指青羊宫、杜甫草堂、武侯祠——编者注），那里有许多摆放着竹椅的室外茶室。东门外渡口边的码头上，停泊着一些要往下游重庆去的船只，那里立着一座雷神庙，和它相邻的是高耸的望江楼。楼下种了一大片竹林，附近还有一口薛涛井。薛涛也是一位唐朝诗人，据说她制作一种特别精美的纸张时用到了这口井中的水[17]。

成都的社会组织就像它的城市布局和城市建筑一样，与晚清时期中国其他的城市有许多相类似的特点。有钱人家一心要扩大他们的住宅，好让他们那多子多孙的家庭都能住在一个日益扩展的院子里，他们往往都能成功，住宅越建越大。他们的家仆：门房、守夜的、厨子以及轿夫都住在侧院里。富裕的家庭往往会从牙婆手中购买奴婢、侍妾。这些奴婢和侍妾原本是城里或是周围四乡贫苦人家的女儿，被中间人要么是绑架，要么是买来的[18]。买不起大宅院的商人就和他们的家人住在他们经营的店铺后面，几个小伙计也常和他们住在一起。伙计们除了照顾店铺外还得干家务活。生意做得不那么得法的商人以及手艺人、工匠便只能租房子住了。他们将货物在大街上摆摊出售，或是送货上门。许多廉价的日常生活用品，包括一些熟食，便由家中的女人和儿童来制作，再由男人沿街叫卖。家境殷实的家庭或是小康人家，他们家中的女人一般不会随便到外面去抛头露脸。她们外出时都会坐在遮得严严实实的轿子里。但是也有例外的场合，比如节庆的日子里。每年农历正月十六，按照习俗，妇女也会和男人一样，到城墙上去闲逛，走动走动，以求来年有个好身子骨[19]。

比家庭更大的团体以各种目的结合起来。成都市有五百多个街区[20]，大多数街区，至少都有一个地方性的社团组织。每年在乡邻中指定一个杰出的人来担任该组织的头领。这个乡党组织的头儿负责从每户家庭收取费用。这笔钱用来支付每年的节庆花销，为敬拜地方上的神灵大办宴席，请道士来做道场，请皮影戏班子来表演以及放焰火。许多街道上还设了一些小神龛、小祭坛以供奉地方上的神灵，比如“土地庙”[21]。

清政府时期，至少从名义上来说，成都市的绝大多数家庭，像中国所有其他的社区一样，还被一种“保甲”制度捆绑在一起。这种“保甲”制度实际上是一种互相监督管理的机制。那时住在成都的外国传教士把这种制度叫作“十户制”，因为它与近代英国的十户联保制很相似[22]。就像近代英国一样，每十户相邻的家庭被划定为一个单位，叫作“牌”（a tithe 是英语中的专门名词，相当于中文中的一个“牌”），对于“牌”这个单位中的每一个家庭来说，都负有监视这个单位中其他所有家庭及其成员行为的责任。而在中国的体制里，每十个这样的家庭单位“牌”又结合在一起，组成一个“甲”，每十个“甲”组成一个“保”。从理论上来说，那些设计了并在全中国的城镇、乡村贯彻执行“保甲”制度的官员，在他们看来，在一个家庭众多的单位里发生任何不轨行为以及争执，必须上报给这个“牌”长。“牌”长是从每十户家庭的户主中挑选出来的，他要么平息事端，要么则向他的上级“甲”长或“保”长汇报。“保”长同时也是一位户主，他负责在他辖下的这一千个家庭和上级官员之间进行沟通，将他所负责的社区内的任何问题向政府的有关部门汇报[23]。

有清一朝，“保甲”制度只是一个理想中的管理模式，被政治理论家们视为至宝；但是对于绝大多数的老百姓来说，它只不过是一张网，使人深陷其中[24]，虽然这些理论家们不这样认为。而且，地方上的官员们是否有热情来贯彻执行这种制度，很大程度上要依据他们的上级是否积极行动以及地方上的社会状况而定。成都在19世纪晚期对于“保甲”制度实际执行的程度以及实际起到的作用，我们下面会做更为详细的讨论。这里我只想指出的是成都市的居民，若按照“保甲”制度所要求的标准，很难说是有理性的、有秩序的、有纪律的、服从家长约束的群体。至少富裕家庭和穷苦人家之间社会地位的差距会使得“互相监视”的任务变得复杂化。再说，就像中国其他城市那样，在成都市内穿街过巷的人群中有许多并非是在成都市内有家有业的永久定居的居民，他们只不过是一些暂住的体力劳动者或者是乞丐。成都有成千上万的男人从事挑夫、小贩或轿夫的工作，他们都住在茅棚或小旅馆里，每日所得很难糊口[25]。他们中有许多人要走很远的路程去完成他们的工作，常常出城门很远（见图1.5）。行乞

图1.5　1933年轿夫们在将传教士们从重庆送往成都的途中停下，歇息（加拿大联合教会资料，维多利亚大学档案，多伦多：目录编号：No. 98.083P/4.）

图1.6　清朝时期堵在成都一条街上的一群乞丐（加拿大联合教会资料，维多利亚大学档案，多伦多：目录编号：No. 98.083P/7.）

是当时成都街上常见的现象（见图1.6）。乞丐们夜里就睡在桥洞下或是城墙外面阴郁的“鸡毛店”里。一个外国游客回忆说，1883年他抵达成都时，他们在东门外面遇见了成百上千的乞丐。他这样报告：“我们费了九牛二虎之力才从一座堆满了的破布烂衣和垃圾的桥中间走了过去，这座桥横跨在东墙外面一条往南流去的河上[26]。”据中国内地布道团的裴焕章（Joshua Vale）估计，成都的乞丐在1906年时已达1.5万人之众[27]，他们大多数是男子。无法在一个经济有保障的家庭里取得一席之地的妇女，很有可能出门为娼，这些妓院、窑子大多集中在东门北边的东墙一带。循规蹈矩的家庭也许会是清政府的政治和意识形态体制的支柱，但是糟糕的经济状况使得许多成都市的居民在水深火热中挣扎。

就像中国大多数城市常见的那样，成都也容纳了各种各样，出于各种不同目的而成立的社团组织。比如商业和贸易的协会组织。其中最有名的是由来自中国其他省份的商人和官吏组织的同乡会。成都有些精心建造的同乡会会馆还建了戏台，常常请戏班子来表演，四川省有多姿多彩的中国戏剧剧种[28]。这里还有各种各样工艺的同业公会，从泥瓦匠、木匠到戏剧演员，他们都在同业公会或茶馆里聚会，平息争端，为他们各自的行业立规矩、订章程。像街坊和同乡会一样，同业公会也向他们的会员收取一定的会费，用来举行各种年庆和年会，以敬奉他们各行业的庇护神。

有一些特别的节庆是专属于这个城市的。在北门外的一处寺庙里每年都要上演一出特别受欢迎的戏剧曲目，名叫《目连救母》，能吸引大批的观众。每年要举行三次迎神会，迎接的是这个城市专属的神，迎神队伍要走遍城内的各大街道以及城墙外面[29]。农历的四月初八日这一天，是佛教的节庆日，每年一次在城墙的东门外面，望江楼下要举行放生会。人们在这一天买来各式各样的小动物放生，让它们重尝一次回归自由的乐趣。历史最为悠久的公众集会要数每年的花会了。据说它最初见于唐朝。在每年春天的一个月内，成千上万的人每天都朝西门外的道教宫观青羊宫拥去。那里有生气勃勃的各种娱乐活动以及诱人的美食，这就给商人们创造了一个售卖各种风格的农产品和手工制品的大好环境和机会[30]。成都的冬天虽然不致严寒，但也还是又冷又湿的，因此你不难想象男女老少在这种花会上迎接春天时的快乐心境。作为学者和作家的郭沫若（1892—1978）将他参加花会时的体验和这个城市平日里中规中矩的生活做过一番比较，写下了这样一句话："此时此际中国好像年轻了三千岁。"[31]

成都的历史和地理特点

成都和中国其他城市比较起来，在自然形态和帝国时代晚期的社会组织方面，尽管有许多共同点；但它在一些意义重大的方面却独具特色。成都偏居于汉民族统治地盘的西隅，由一系列崎岖的山脉将它与中国大部分其他地区分隔开来。然而成都绝不是一个典型的“边城”[32]。丰饶的农业资源滋养了成都市有两千多年之久。成都远在绝大多数中国东部地区城市之先就具备了成为文化和行政中心的特性和条件。

成都的财富来自它的土壤和水。每年初春，正当花会即将开始之际，巡回视察川西地方行政管理的道台就会西出成都64公里，来到青藏高原的山麓，在那里的二郎庙祭拜李冰父子。公元前300年，他们完成了伟大的都江堰水利工程。都江堰位于灌县的岷江上，到了清代，川西道台负有管理都江堰水道的责任。主水道的闸门每年冬季河流处于低水位时总是要关闭以便进行维修。当这个临时被关闭的闸门被打开，这位道台就会钻进他的轿子里面，由轿夫们把他抬回成都，表示他治住了洪水。[33]

这一行人走过的农田是世界上最为丰饶的土地。成都可以说是位于成都平原的中心。一直延伸到岷江边的这一片大约5180平方公里肥厚的沃土是由一个内陆海沉积下来形成的盆地。李冰和他的儿子带领工匠们一起，建造了一系列的水坝和渠道，将岷江分流，形成无数的小溪和水渠。它们辐射出去，布满了成都周围广阔的田野，可以对其进行灌溉。这些小河、小溪又在成都市的南门和东门外汇聚起来朝南合流，进入长江。从平原西边过去，由高山围成的小块孤立的地块以及成都周边其他低洼之地，也常常能被这些水利工程辐射过来的水流覆盖。虽然有一句俗话说：蜀犬吠日，意思就是说蜀地的狗看到了一丝阳光便要惊叫起来。但是成都的气候，一年到头，还是相当温和的。这个“天府之国”的农民，19世纪时他们的田土可以一年两熟，常常是在夏季收获水稻，在冬季收获小麦和蔬菜。[34]

都江堰水利工程系统过去和现在，虽然都令人惊叹，然而它也不是万能的。虽然每年对它的堤坝和水渠都进行了必要的维修和小心的管理，而且在四川的这个区域罕见干旱，但是水灾仍然是成都平原的一大危害。[35]岷江的许多支流围绕成都市的城墙流过，其中只有一条小河可以通过西边的一道闸门流进城墙内，从东边流出。然而，当大雨袭击成都时，这条小河常常不能将城内的积水快速排出，致使城内的一些地段变成了汪洋泽国。每当这个时候，居民们就会受到伤寒和霍乱的蹂躏。1903年，一位住在成都的法国医生见证了城内一场伤寒的流行。据他说，从官方的统计得知，一个月之内城中死于伤寒的人数就达到了3万。[36]

尽管洪水和时疫暴发频仍，肥沃的成都平原作为中国人定居中心的历史却由来已久。唐朝诗人李白在他的诗中写道：“蜀道之难难于上青天”指的就是世世代代以来成都平原的这个名声。但是人们在那里发现的财富和资源却使得他们认为到那里去移民还是值得一搏的，这也就导致了中国许多王朝前仆后继地在此立国。和帝国时代中国其他一些地区一样，成都平原历来的富庶受到人们的交口称赞。记载地方上过去建功立业以及灾祸的纪念碑很多，它们都被记入了地方志或写进了诗歌中。一些英雄人物还被塑成雕像进入寺庙中受人祭拜，比如像公元3世纪时的刘备，他是蜀汉王朝的开国君主，以及他的丞相诸葛亮。有许多纪念牌坊则是为那些同样具有高尚道德的平常人而立，例如贞节寡妇，孝子贤孙。成都作为一个王朝都城的历史在历史典籍中记载暧昧不明。但是广为人知的一点就是它还有一个别称：蓉城。蓉是一种木芙蓉。这个名字来自公元950年后蜀时期，那个短命王朝的一个皇帝沿着他的皇城外城墙顶上遍植木芙蓉。[37]公元14世纪末，明朝开国皇帝朱元璋为他的第十一个儿子在成都市中心下令建造了一座宏伟的宫殿，从而永久地改变了成都的城市布局。对于这个第十一皇子，朱元璋赐以“蜀王”的称号。明朝时期成都市内到处是皇室的住所，那是各位蜀王为他们的子孙修建的王宫。[38]

然而这一切在17世纪后半期全都毁于一旦，成都市已不再是一座城池，人们只有在历史典籍和记忆中才能找到它的名字。其时一个名叫张献忠的人在四川发动了一场起义，反对明王朝的统治。他将成都作为他的指挥部，下令建立他的帝国。他不但没有使四川重新恢复往日的繁荣，反而肆意蹂躏；或许是想以此来迫使他的部队向中国的其他地区开战。张献忠由于无力阻挡新建立的清王朝的满洲军队的挺进，于1647年将成都化为瓦砾，将成都市内的居民或杀或驱赶，这样使得清王朝初期的头几年四川的人口从明末的大约310万猛降到了8万[39]。据传，张献忠这样血腥地肆意杀戮之后，写下了一封告白书，为自己的行为辩护，并将他的怨恨刻在了一块石碑上：“天生万物与人，人无一物与天，杀杀杀杀杀杀杀”。晚清时期，这块“七杀碑”被放在了成都县政府衙门内，并派重兵把守，将其作为成都最为惨烈时日的印记，让人们永远铭记这一段罪恶霸权的惨痛历史。[40]

清初的几位皇帝，都胸怀扩张的雄心，鼓励对四川移民，派出总督重建成都[41]。17世纪60年代初期重建的城墙，所包围的面积比明朝时期还要稍微大一些。来自中国东部省份的移民如同潮水一般涌来，他们都是受到了这里肥沃的土地以及清政府免除赋税允诺的吸引而来的。到18世纪中期，全省的人口已经超过了明朝时的水平，而且还在快速地增长。虽然四川省东部18世纪受到白莲教起义的巨大影响，但是却丝毫未曾波及成都平原。而且在19世纪中期，当清政府与太平军在中国的中东部大部分地区发生激战时，成都平原还逃过了这一劫难。四川再一次成为中国最富庶的省份之一，盛产稻米、食盐、蔗糖、丝绸和棉花。随着四川省经济的发展，成都也随之繁荣了起来。一位省府的长官于1784年又再次沿着成都的城墙栽种了一圈木芙蓉，也许是将其作为成都新生的一个标志吧。[42]

尽管成都有丰富的农业资源，但是它的商业却受到交通运输问题的限制。一般来说运输工人从成都到重庆之间步行320公里路程需时12天，而从成都沿着长江更往东走远一些，到万县则需14天，其间路程长达440公里。从成都往重庆若是走水路本应更快一些，但这也只有在夏天长江水位高时方才可行。因此，要去繁荣的江南地区，那里是国内外贸易的中心，就须穿过四川东部边界的长江三峡，这是一段极具风险的旅程。这种状况一直到进入20世纪仍然如此。当然，大米、食盐，来自西藏的药材和鸦片在19世纪晚期还是大量地走这条水路冒着风险运过来了。商人们通过这种贸易在重庆和川东南的其他城市站稳脚跟富裕起来了。[43]

20世纪初期的一个传教士经过观察指着一本遗留下来的《四川移民史册[44]》这样说道："很少有四川人会直接承认他的原

籍是四川。”一个对20世纪早期成都人口进行过调查分析的当地人士留下了这份成都市民来源表：

四分之一来自湖南和湖北

二十分之三来自云南和贵州

十分之一来自江西

十分之一来自陕西

十分之一来自江苏和浙江

十分之一来自广东和广西

二十分之一来自山东和河南

二十分之一来自安徽

二十分之一来自福建、甘肃和山西。[45]

许多移民到四川的家庭还保持着与他们原籍的联系，教他们孩子说家乡的语言，回到原籍参与祭拜祖宗的仪式，从他们的老家迎娶新娘。[46]成都市日益扩大，成了一个大城市，变得更像一个大熔炉，而不再是川地的几个小村落。它的绝大部分居民都说一种通行的四川官话，是属于北京方言的一种变体。祖先的同乡关系似乎不再是构成成都相邻关系的一个重要因素，尽管在事业方面和缔结婚姻关系时它也许会起到一定的作用。

在城内，有一块穆斯林的飞地，很是显眼。它位于明皇城的西边，和它在一起的还有九座在晚清之前就有了的清真寺[47]。根据1909年的人口普查，这座城市里面有2615位穆斯林，他们中许多人从事屠宰、制革和餐饮工作[48]。20世纪初，一个经过成都的外国游客，对那里的穆斯林居民很感兴趣。他指出有些新近从甘肃省来的穆斯林：“他们中的年长者还抱有对于他们原籍突厥人的记忆。虽然他们很自豪地指出他们来到中国这片土地上已经有四十代了，但他们仍然不是中国人。尽管他们血管中突厥人的血液已经不知有多么地稀薄，然而他们仍然回望他们那遥远的血缘之地，骄傲地声称他们不是本地人。”[49]成都靠近西藏，这就使得成都成了一个商业中心，来自平原的农耕者和来自山区、草原的猎人和牧民都在这里进行交易，穆斯林参与其中，从中获利。来自西藏的和四川西部高山地带的人，每年冬季那几个月里都会来这个城市逗留，但他们中很少有人会一年到头地待在这里。

省会城市——成都

19世纪晚期，成都作为省会城市，它的地位在许多方面是显而易见的。从它的街道的交通布局来看就显示出了这一点。大多数的高官出行，从他们开始步出宽敞的衙门起，城中热闹地段上的行人就必须给他们的仆从随行让道。这些随从人员手举上书他们主人身份地位和德行的牌子，为随后主人的轿子和马队鸣锣开道。城墙内大部分的地方都由政府的办事机构和校场占领。整个城西，约占城墙内面积的五分之一被划分出来，另用围墙分隔，建立了旗营的营地。在晚清时期，该营地里面有大约两万满洲和蒙古的军人以及一些平民。（见地图2）。

就在清王朝控制了中国腹地，并建立政权之后不久，清政府从八旗军各旗中指派士兵，将其分布到整个帝国所有的战略要地。八旗军是由满洲人和一部分蒙古人以及入了旗籍的汉人组成。这些战略要地中大部分是各省的省会城市。在康熙朝的末年，即1718年，在成都设立的旗营（即少城——编者注）就成了清统治者显示军威的一个具体象征，它彰示着清朝统治者已经征服了中国的腹地，并将它的帝国延伸到了中国的西南，进入了西藏。成都的这一支旗营是由1600名士兵组成的正规军，由一位满洲将军统领。军营位于城西部分，另起围墙与汉人住地分隔开来。营地里的街道按照北京旗营的称呼，叫作“胡同”。与成都主城街道呈正方形的布局不同，这个旗营的胡同就像是一片树叶上的叶脉从一条南北方向的主干道分布出去。在这条主干道的西北端，军营扼守住城市主城墙的西大门。而在主干道的南端，靠近流经全城的那条河边坐落着满洲将军巨大的衙门。这位将军就在这里统领着旗营的全部事务。在他衙门的墙上画满了五颜六色、被奉若神明的军事英雄的图像。在他院中有一株满树繁花的梅树，据说从康熙朝起，一直到清朝末年它都在这内院中绽放光彩。〔50〕

整个旗营的成员以及他们的家人全靠从成都府属下，满布成都平原的十五个县征收得来的禄米赖以为生。原先划拨了成都西边的一块土地给这个旗营，曾经用作牧马场，但很早就被出租给了汉族农民栽种。然而，正像其他省城的旗营一样，这里供给的禄米越来越少，都不足以维持营内居民的开销。到19世纪末，成都的满族和蒙古族居民都已经穷困潦倒，很少有人能维持大家庭的生存。营区，被成都居民叫作少城（年轻的城市），既没有新移民进入，而对里面满族社区人口的增长又加以了限制，它的人口密度，即便加上住在营区围墙内的几千个汉族商人和他们的仆人，也远比城内其他街区的要低得多。

晚清时期参观过旗营的外国人一致对营内的居民抱有轻蔑的看法，说他们是一群“靠政府养活的寄生虫”。身为英国地理学家、官员的亚历山大·霍西（Alexander Hosie），在1883年参观过旗营之后这样报道说：“这个营地里大部分土地上一片绿荫，已经开垦成了菜园，但是叫我疑惑的是，这些趿拉着鞋跟、衣裳不整、一副懒洋洋样子的鞑靼人是否有这个能耐去栽种足够的蔬菜以补充政府发给他们的禄米之不足。”[51]而与霍西想法不同的法国医生埃梅-弗郎索瓦·勒让德尔（Aimé-Francois Legendre）倒是较少受到旗人不事生产问题的困惑。他只是不由得要想起营内居民他们那尚武的祖宗，当他们从坟墓中抬身看到他们的子孙，这样把全副身心都放在养他们的宠物——八哥上时会做何感想。他们一定会痛心疾首。[52]说实话，虽然他们仍然要进行军事操练，但是旗营的士兵，自从上次有军事行动以来，已经有相当一段时日不见他们的动静了。18世纪时，还有数次看到他们去打苗族人、藏族人和白莲教。然而，自1813年以来，他们则鲜有机会去为朝廷效命。1870年代旗营部队难得有了一次离开营地的机会。一百个士兵被挑选出来带领他们的家小从成都迁移到杭州营地，去重建那个曾被太平军占领和劫掠过的城市。[53]成都旗军的大本营虽然躲过了太平军的这场天罚，但是由于他们自身的腐败和退化，最终未能逃过从一个具有重大意义的政治机构和有效的军事力量的地位上彻底崩溃瓦解下来的命运。成都旗军中的一些满族人和蒙古族人离开了军营去自谋生路获得了成功。其中有一个在王朝即将崩溃的最后时日成了成都市内最为有名的餐馆老板，专为官方承办招待宴席。他的拿手好菜“满汉全席”一次能宴请多达一千位以上的客人。[54]然而大多数留在少城里的旗兵仍然纵情享乐，勉强糊口度日。

到20世纪初年，成都的旗营成了满洲帝国衰败的一个象征。至少当那些外国人在旗营寂静的街道上走过，看到街道两旁那一行行破败不堪的围墙和行将倾圮的营房时，是有这个感受的。然而清帝国官僚机构的余威仍然在成都的其他地方显露。新的政府大楼堂而皇之地立在市中心明王朝皇宫的原址上（见图1.7）。然而，那里不再是彰显皇威的处所，取而代之的是几个主要的民用机构的所在地。包括每三年一次考试文职官员，有着一排排小隔间的考棚的贡院，以及一个粮仓和一个造币厂。其他省会权力机构的中心，以及总督及其部属的衙门则占据了城市的东部和北部地区。这些部门所在的街道甚至就借用这些机构的名称来命名（见地图2）[55]，这些情况也是屡见不鲜的。

四川省的行政管理职能跟别省不一样，因为其总督的管辖权限只限制在四川一个省；作为该省的总督，他须同时兼任该省的行政和军事事务。严格来说，旗营的满族将军与他平级，但是这

图1.7　成都皇城墙内的一个广场，摄于1911年11月27日，这一天四川省宣告独立（见第五章）（加拿大联合教会资料，维多利亚大学档案，多伦多：目录编号：No.98.083P/22.）

位将军的权威在绝大多数情况下只限于旗营的军务。[56]上述那位总督，他的衙门在最繁华热闹的市区中心占了最显眼的位置；在他之下，该省重要的官员包括民事部门的总管财政和司法的官员以及绿营的军事统领。在这位提督的指挥下，有一群军官来监督管理这支汉人部队，他们驻防在城中较小的军营内，而这样的军营遍布在全省的每一个城市内。在这些低一个等级的文职官员中还有一群专职人员，例如专管教育，以及负责征收盐税、茶税的官员，以及各个地区按等级制度排定的官员群体，其中包括负责川西地区巡回视察的官员，还有成都知府以及隶属成都的两个县的知县。像其他的省会城市一样，成都也没有自己的民事管理机构，而是将其划分到两个县——成都县和华阳县。这两个县都远远地延伸到了城墙之外。这两个知县都将自己的衙门安置在了省城内，他们只主要负责他们在省城内所管辖的这一区域以及城墙外周围地区的一些城镇和乡村的公共事务。[57]有成千上万的成都居民被雇用来为这些官员服务，他们包括办事员、卫兵、轿夫，以及协助这些官员其他一些五花八门事务的工作人员。[58]

总部多高官聚集，各个省城都吸引到了大量的文化人才，以及低一档次的幕僚和门客。与东部沿海地区、长江三角洲一带的省会城市不同，19世纪的成都城市商业繁荣，城市文化丰富，可谓鹤立鸡群。四川省内城市达到成都这个程度的唯有重庆。重庆在1891年的对外条约中被划定为通商口岸，清朝末年，重庆的商业迅速发展，到19世纪末，重庆的人口大约已经超过了成都。[59]但是重庆那令人极不爽快的酷热天气，令人举步维艰的陡峭的山崖，以及夹在两条江河之间的局促地域，对于想要在城市里面安身的、四川有钱的地主们没有什么吸引力。他们可能将重庆看作是一块污秽之地，被一班爱管闲事的盐商和米商把持着。从另一方面来看，成都显然是四川省内贵族、绅士式的闲散生活之都。甚至从它的支柱产业来看，那用来纺织丝绸、锦缎的复杂而精巧的织机也为这个地方平添了一份优雅的情趣。一个领略过广州、重庆的繁忙和躁动的外国人在看到成都人那种庄重而闲适的生活节奏时大为惊讶。[60]

像全世界的行政市一样，成都因为集中了许多掌控了大量财富和人才的高官而得益。各路人才云集成都，相互交流切磋。城中的政府大楼远谈不上富丽堂皇，在晚清时期来访的外国人眼中，倒像是有点年久失修。但是花在成都建设上面的不管是公款还是私人捐赠，那是四川省其他城市相同类型的工程项目所不可比拟的。其中，或许最为重要的原因是，成都是中国西南部最为著名学府的集中地。1704年建立的锦江书院就占了城南雄伟的孔庙旁边一大块地。来自全省各地的学子可以申请入住该书院，通过每月举行的考试[61]来获得津贴和奖金以维持他们的学业开销。1874年，四川的督学张之洞建尊经书院以培养前途有望的学子，其办学经费则来自土地附加税。[62]成都县和华阳县也都有自己的公办书院。此外，著名的传统经学学者则会在他们自己开设的私塾里，将自己的学问传授给更多的年轻人。

成都在四川比其他城市更占优势的一点在于它处于官道交通的网络中。晚清时期每天进出四川总督衙门的公文就多达一千多件。因为有一百四十多个知县的公文要上报，还有衙门要保持与皇帝和朝廷的联系，总督有三班人马向北京发送公文，旗营满族将军也有他自己的信使。[63]他们出城门沿着北大道，穿过山隘，经过西安，直达京城，这条道路今日早已毁损。在成都和北京之间的这一段路长达2500多公里，官员须在八十天内走完这段旅程，而送加急公文的信使跑完这段旅程则最少也需二十天。[64]这其间数百个驿站的马匹由公家出资养护，因此，一路上信使可以频繁地更换他的坐骑。在皇朝崩溃之前，这条北方路线一直是官方交流信息的最为重要的通道。但是到19世纪末，由于技术的发展，从成都进出的信息交流增添了新的路径。长江中下游轮船的引进以及京汉铁路的开通，使得大胆穿过长江三峡，沿江而下的旅行更加值得一搏。而要去北京参加京试的成都学子现在选择走陆路往东横穿过去到达位于三峡北面的万县，或是走岷江水路往南到达长江边上的宜宾。1880年代中期，拉通了连接成都和北京的电报线路，急剧地缩短了信息从清中央政府发送到内地所需的时间。[65]

总督衙门想方设法要抓住一切敏感的政治信息，以便及时加以处置。这就是虽然外国人为在成都设立领事馆而施加压力，清政府仍强烈反对的原因之一。但是这件事到了20世纪初成功地解决了。然而关于政治的流言蜚语及图谋策划充斥了省城的大街小巷，又在许多的茶楼酒肆、烟馆得以加油添醋。而这些场所本来就是男人们打发他们闲暇时光的地方。在更为上档次的处所，有钱的地主和商人一边端着景德镇的瓷杯啜饮好茶，一边讨论着来自《邸报》上的最新布告。《邸报》发到成都后，再由几个得到授权的商铺发行。[66]至于低一阶层的人群：生意人、小商小贩、低级办事人员以及他们的轿夫，则各自拖出一张小竹凳，大家围坐在一起谈论每日的新闻，或是听算命的、说书的讲掌故。有时他们就在街边的简陋小屋里，一边剃头、掏耳朵，一边听别人摆龙门阵。佃户们，来到城里向地主交纳租粮时，也会在茶馆里逗留几个时辰，回到他们的村子里再把这些新闻逸事说给七邻八舍听。[67]在小说家李劼人看来，成都的财富、生气勃勃的文化，以及独具的政治意义使得这个城市更具魅力，吸引了那些躁动不安、雄心勃勃的四川人，使得他们渴望跻身到这个更为广阔的世界中去。[68]

清末时期成都的管理

一个像成都这样的行政市在清末时期会怎样进行管理呢？尽管成都和北京之间公文和布告川流不息地来往传送，但是中央政府却很少注意到成都市里起于街巷之中的凡人俗事。当然，不管是哪位总督，只要他疏忽失职，未能阻止严重的动乱，就会受到严厉的处罚。清政府为了在省城维持法治和秩序也定下了总的指导方针，那就是在全国一律强制推行一部刑事法典，以及一整套管理法规，对于安置和驻扎在省城里的各文武官员的人数及职责有详细的规定。帝国的制度对于19世纪末期成都市民身份和地位的提升也起到了极为重要的作用。其中至关重要的是，那些成功通过了各种文职人员考试的人被授予功名，他们及其家庭被赋予特权和名望，他们的地位就远超于普通成都市民之上了。获得了省一级和国家一级功名的成功者尤为荣耀，他们有资格可以和统治成都市的高官显贵们社交往来。

虽说成都并非直接受到北京的操控，它的管理却仍然和北京类似，总的来说它是由官方来掌握的。[69]中国的一些商业城市，例如上海、汉口和重庆在整个19世纪中，它们的商会、同乡会分担了城市管理的许多工作，这一点毫无疑问。[70]但是在绝大多数的省城里，清朝官场对这些社会团体组织仍施加极大的压力，它压制和限制了一切其他社会团体的创造性。广东的商人在某些方面已经开始了对清政权的挑战，[71]但是成都却仍然十分服从这种压制和限制，这有许多原因。在中国城市历史发展的进程中，大多数的成都市民都是新近的移民。四川西部富有的地主，他们在平原上挣下了财富，在清政权全盛时期，他们在成都市建下了家业；为了在这个并不宁静的边境地区生存下来，他们并没有像中国南方许多家族那样迫于压力建立强大的家族自治组织。他们反而倾注更多的钱财去购买更多的田产，或是投入到对他们子孙的教育事业中去，寄望于他们的子孙能进入官场，或者至少也能够分享一些与成都精英阶层谈文论道的乐趣。成都的商人也和他们一样，依靠官场，觉得他们能成为自己的顾客，是自己无上的荣耀。成都许多的同乡会总是由在这里短期任职的官员而不是商人来把持。[72]一个外国观察者指出，在所有的商会组织中以丝织业商会最为“专横”。[73]但它的专横不是指向购买他们商品的官绅阶层，而是指向给丝绸商店供货的低级纺织工人。商人们敢于对纺织工人这样苛刻要求，是因为在他们的这个行当中，他们能够和官员们发展起个人的和金钱上的紧密关系。

由此可看出整个成都就是一个官场，但是官员们并不专属于它，或说是特别附属于它。总督们总是来了又去，固然这种更换没有其下属那么频繁。1850—1911年，只有六位总督任期超过了三年，其中一位任期超过了九年。[74]另一方面来看，成都县和华阳县的知县，任期历史上少有超过了两年以上者。或许他们宁愿如此；这两个“首要之县”的任一个任命都受到了大家的关注，那是因为它显赫的名声以及能提供给他们机会，可以和官场要人混熟。但是这两个职位的工作任务同时也是繁重的。不仅仅因为这两个知县每日的工作都得在总督的眼皮子底下进行，而且他们还会陷入难以负担、代价甚高的责任中，他们必须招待川流不息的上司的造访。[75]

将大量各怀雄心的官员集中在一个城市里，人们也许会认为公共资源控制的竞争一定会很激烈，在权限有所交迭的官员之间的冲突定会频繁发生。然而，清朝的政治制度，在成都那刻板的管理机制中自有一种压倒一切的威力来对付这些事情，那就是以总督的名义迫使官员们在最低限度内，以低调的协力来配合工作。20世纪以前，清政府的官僚体制对于城市发展，是决不会褒奖的；只有京城除外，或许还有少数几个独具城市魅力能够吸引皇家去游览的城市也在此列。四川的总督们在朝廷建立的声望主要都来自他们处理的一些与成都本身牵连甚少的事务。在晚清时，对他们来说最为重要的一点就是，他们规定手下的知县们一律将其权限内应收的土地税上交省一级的金库，再由他们将其中的一大部分上交北京。还有一点重要的，就是他们有能力阻止，或是终止有组织的反抗政府的力量发酵，或是解决外国人带来的各种麻烦。在19世纪的最后几十年里，涉外纠纷的阴影日渐增大。这个时期，李鸿章、张之洞，以及长江中下游和沿海地区的总督们在获得了朝廷允许后，开始试验性地创办工业，在这种形势下，四川的总督们却基本上在忙于镇压动乱和注视西藏的动态。

成都中层的官员们将他们职位升迁的希望大部分都寄托在总督身上，他们对前程的希望也都全赖总督对他们的看法和评价。

虽然他们都是由北京的朝廷指派到四川来赴任的，但是总督可以对他们做出评断和举荐，使他们获得荣升。[76]于是省级最高行政长官对于管理工作人员的优先考虑自然就落到他那些正式指定的下属身上了。在19世纪的四川，与成都局面的稳定相比较，其他的一切城市管理工作便放在次要的位置上了。但这并不等于说总督对一切改善城市的面貌以及改进城市的基础设施，或者是改善市民的福利的计划都持反对的态度。与此相反，他们常常鼓励既有的弱势社会团体去掌管一些日常的城市工作，并将捐赠专款交由他们处置，并授予他们盖有官方封印的批文。又例如，若有组织慈善团体募款去救济孤儿或是整修一座毁损的寺庙时，他们会亲自书写一块嘉奖的牌匾。[77]然而在20世纪以前，公共秩序的维护仍然是成都市官方行政管理工作的重中之重。各级官员和知县们在总督的领导下通力合作以求维持一个良好的局面。

为了维持成都平静的局面，清政府采取了好几条策略。首先，是将国家的思想体系以儒家经典和传统的帝制观念为根本，然后，是将阻止异端行为列为家庭的首要责任。知县，或称“父母官”频繁呼吁他们辖区的父老教育和管束他们的子弟。——一般认为，父母或者公婆不需要将女子算入管束范围内，她们自会如此。但是即便没有来自官方的告诫，一般民众都认为对于异端的行为理应由家中的长者来纠正。这种观念已然深深植根于大多数成都百姓的心中，用不着官方来开导，做出全面而严厉的规定；因为这些异端行为只会让家庭蒙羞。这也是许多古典文学和传统的传奇故事中所讲述故事的道德基础。这些故事由说书人在茶楼酒肆里反复讲述，在儿童爱看的木偶戏里经常搬演。反映其他观点和看法的故事也在流行，这是一定的。然而，官方最为关心的一点就是，一旦出现危及他们认定的正统道德规范的思想，即不尊上敬老的不谦恭的行为就要立刻扑灭。通俗的文化和公开的表演都受到官方严密的检查，虽然据传晚清时期在成都，也有一些官员私下里喜欢观看“淫戏”的表演。

我们前面已经简单介绍过了“保甲制度”，它意味着官方将家庭的自我规范扩展到了更大的单位——邻里和街坊。然而，在这方面，晚清政府的管理远谈不上成功。19世纪时，在中国的一些商业城市中，“保甲”制度已经演化成了一种“职业的街正（headman）”系统。他们负责向官方举报全城范围内的邻里街坊的犯罪行为及地方上的骚乱，这样的街正遍布全城。但是他们的工作完全不依赖于等级森严的家族集团。[78]成都的官员们就像这些城市的管理当局一样，仍继续维持这种徒有虚名的“保甲”制度，将居民划分成“保甲”群体来运作，并将各种各样的“保”的名字记载在地方志里。[79]然而，没有迹象表明这样的群组具有任何管理的实质作用。作为省城，19世纪的成都，倒是较少依赖这种街坊上的“街正”，而是更多地依靠士兵和衙门里的差役去行使警察的工作。城市里每一条街道都有这样一个为头的街正，他组织节庆活动祭祀地方上的神祇，监视街坊四邻的举动。但是这种别具用心的“保甲”形式的警察，靠协助知县们维持地方治安来维持自己的生计的人，主要还是存在于城市之外的郊区和乡村里。[80]

成都校场以及提督衙门周围的营房里驻扎了十个军营，每个军营在册的士兵大约有400名左右。有些军营负有守卫四方城门以及在全城巡逻的职责，特别是在紧张的“冬防”季节，其时正是最为贫困交迫之际，因此犯罪行为上升，守城及巡逻之责更为重大。[81]其他街道上的巡逻兵则由两个知县组织。他们都有大量的跟班，可以履行治安和执法的工作。例如：传唤和抓捕嫌犯。1880年代四川的知县们还被命令负责监视外国人在他们地盘上的行动，以及保护他们的人身安全；[82]这样做有什么后果，谢立山在他1883年访问成都时这样提道："我们刚刚在一家极不舒适的旅馆住下，这时一群五花八门官员的下属，来向我们勒索，他们提出要为我们提供大量的服务和帮助。他们离开时，每人手里都捧了一捧银钱，对他们完成了自己的职责心满意足。这以后我们再也没有看到过他们——尚能息事宁人，至关重要的一点就是他们的要价都不高。"[83]必须向这些负有保护游客人身安全，以及维持城市的治安之责的"跟班"付小费，这件事暴露了当地城市管理的中国式体制长期存在的捉襟见肘的状况。清政府的管理法规实际上强行规定了，从国家财政里拨付给这些执行政府任务的人员和衙役的钱，只占其应付工资很低的百分比。这些为成都官员们服务的工作人员中绝大多数不能从拨付给省级金库里的税收款中拿到工资，于是他们就从"常例费"中分肥。"常例费"是指任何人与官方打交道，求他们办事时，都不得不支付一笔费用，这已经成了例行的规矩。[84]这些"衙差"为了自己的生计，就不得不充当掮客，充当中间商。于是，他们在成都，乃至全中国都有了极糟糕的名声，这一点不足为奇。在一些杰出作家的笔下，他们是一群腐败的寄生虫，和土豪串通一气，从人民的不幸中来吸食自肥。[85]

清政府时期华阳县最后一任知县周询认为，成都街巷巡逻的士兵及其衙差们是最容易受到腐败影响的人群。他记起一件事，1880年代，一个姓赵的士兵被派去执行巡守北门的军务，他却成了一班赌徒和流氓的首领。总督的一名年轻的护卫袭击赵的赌窝时被刺伤。他的不法行为就曝了光。赵姓士兵的上司为了自保，声称在该事件发生之前，他就已经把赵开除了军籍。但是成都县的知县，一个素来足智多谋的官员在当天深夜里亲自带领一群衙差，来到赵的住所搜查到了他巡逻用的灯笼和牌照，证明他没有被开除军籍。[86]

每当清政府觉察到士兵及衙差们的掠夺行为已经失控，或是有其他祸及地方秩序的威胁出现时，就总会有恢复重建“保甲”制度的行动。在太平军起义之后的那些年里，在中国的许多地方的确这样做过。在江南的富庶地区，“保甲”制度复兴的推动力在很大程度上似乎要归因于非官方人士的积极行动。在江南的各城市里建立了新的“保甲”局，由地方士绅在官方的监督下来主事。[87]在成都，大约在1870年代建立了一个省城保甲局[88]。但是，和它在东部地区的保甲局不一样的是，它似乎完全是在文职官员的控制之下，而非由地方士绅来掌管。而且尽管名义上是保甲局，它的主要力量却集中在管控这座城市上，而不是将平民百姓组织成互相监督的团体。一位具有巡回监督级别的候补官员下属四个总管。这四位总管都具有知县级别的身份，每人都被派定一个官职，各自负责城市四分之一地区的治安维持，还包括邻近的四郊。每人都配有几个副手相助，这些副手也都是候补官员。这些副职领导雇来的警察“局丁”或“局勇”夜间巡逻。周询认为这些人相对来说较少受到坏影响。[89]不过，他还是记得一件事：一位局“总办”迷恋上了一个商人的女儿，他经常利用职权去查户口，为的是去看望那个女人。然而商人采取了报复的行为。当总办查到他的商铺时，商人叫仆人将一捆家织布放进总办的轿子里，然后报告说，每次来查户口时，他的店里就有东西失窃。总办对于他的随从里有小偷大为光火，于是挨个搜查。当查到这个布包时，商人威胁说要去报告总督。感到丢脸的总办被迫按照商人的要求解决了事。[90]

有这么一支由士兵、衙差以及“保丁”、“保勇”们组成的人马，成都强化治安的队伍是十分驳杂的。周询所说的那个赵姓士兵的故事就说明内部的冲突不可能完全避免。[91]不过因为害怕总督大动肝火而让自己吃苦头，这样的冲突很少发展到不可收拾的地步，很少公开化。总督，甚至知县被授予的特权，使他们可以对不法之徒施以的惩罚也的确令人恐怖。[92]清朝的官员，以及他们的臣民深信公开施行的重刑确有很大的威慑力。被判有罪的犯人会被游街，并在衙门前示众数日，他们的头颈被锁在沉重的木枷内，他们的罪行被大笔书写在告示上。一个外国人观察到，相比欧洲的城市而言，在成都，暴力行刑还是较为少见的。[93]然而官员们可以使用暴力，几乎可以说是随意的行为。周询讲了一个关于某位成都长官的故事，很是令人惊叹。这位长官早年间当过泸州的知县，那时他曾看见一个老妇人沿街高声叫骂。他命令他的随从给她一顿好打，正在打时，他突然叫住了他们，因为他瞥见了一位穿着入时的年轻女子正从一家店铺门内往外看。他命令手下放了那个老妇人，而抓住那个年轻女子下死劲狠打。事后，周询问他这样做的缘故。这位长官告诉他说那位老妇人只需要吓唬一下就行了，目的是叫她改正她的行为。而那位年轻女子明显是一个站街女，她没有服从他的命令——命令规定像她这一类人都得离开城市。问及他如何得知她是一个妓女时，这位长官一一列举了他的理由：她的衣着和装饰对于一位显然来自贫苦家庭的女子来说太过华丽；她所站立的那个店铺明显看来是一家烟馆，她大约是站在那里勾引顾客；再者没有任何规矩的年轻女子会那么热衷于观看一场公开示众的殴打。[94]在城市的贫民区里处理公共治安问题时，《大清律例》里规定的法律程序常常会被官吏们这样做出稳健的更改。

对付暴虐的官员，成都居民自有一套办法。他们贿赂这些服务于政府的衙差和士兵，收买他们来阻止官方对他们进行调查。[95]受了贿的官员只好任由他们摆布。据周询说，那位迷恋商人女儿的不幸的“保甲”局总办后来又再一次受骗上当。1881年咸丰皇帝守寡的妻子去世，保甲局的这位总办命令他的局丁、局勇们强力推行国家规定，在百日守丧期间严禁男人们剃掉前额的头发。一群没有照命令执行，而剃掉了前额头发的男人们把派来抓他们的兵勇团团围住，将他们前额的头发强行剃掉。被剃掉了头发的兵勇们，聚拢来一商量，觉得别无他法，只得脱掉制服逃跑了。所有听到这个故事的人都乐得喷饭。[96]

成都人也用坚守惯例习俗的办法来保护自己。生活中执行的那一套法律制度，更多的是用来强制推行对国家有利的法规，而不是用来保护人民个人的利益和自由，许多中国人发现还是惯例、习俗更有用。[97]国家的思想意识体系本身墨守成规，而地方的传统、惯例则受到爱引经据典的学者们的赞美，他们喜欢到自己家乡的地方志中去找寻典故。于是“不拘泥于成规”的论点就成了十分有说服力的理由，它能使人从乡邻甚至于街上的陌生人那里获得同感，得到支持，在必要时用来阻止非同寻常，或者有可能是危险行为的发生。周询在他讲的那个关于强行给“保甲”局里的兵勇们剃发的故事中指出，成都人民之所以看到“保甲”局总办受人哄骗上当如此高兴，以及把即兴参与行动的理发师傅当成英雄，是因为总办强行将法律加在他们身上，而其他官员则按照地方习惯对此置之不理。

对于约束全体成都居民、官员以及平民行为的习俗惯例，感受最强烈，并深受影响的是晚清时期居住在那里的外国人。他们发现自己被这些控制城市生活的习俗给挫败了，也受到了它们的约束。当1881年第一批新教传教士们到达成都并定居下来时，他们很快便决定穿中国服装，这样上街时会少受嘲笑（见P.104图3.5，这种做法至少在某种程度上一直延续到了1897年）。新教徒来华四十年之后，一位早期来华的传教士试图重现在世纪交替之前成都市的环境和气氛，好给他年轻的同僚们提一个醒，于是说了这么一段话：

> 那些日子里，我们在成都的社会生活异常小心谨慎。例如：当（英国在中国内地的传教团的）女士们去拜访（新近到达的）加拿大人时，新来的一群人中的绅士们在敞开的院子里大展骑士风度，跨步上前与女士们握手。其时唯一的一位年轻女士，面露惧色，大叫道："啊！不要在这里握手，因为中国人（有几个轿夫苦力还站在一旁），他们会看见我们的。等我们走进屋子里再握手吧。"外国女士们除非是坐在围得严严实实的轿子里，她们很少离开院子。有一位年轻女士，现在已经是一位年长的嬷嬷了，她当日冒险从四圣祠（加拿大传教团在成都市东北角的一个驻地）走到陕西街（美国卫理公会传教团的驻地，位于明皇城的南面，贴近它的地方）去参加一个中国人的联欢会，还是在教堂牧师的陪

同下一起去的。由于她的这一鲁莽行为差一点被打发回老家。另一位年轻女士在她的传教团里几乎颜面尽失，因为她坐在轿子里穿过街巷时，没有把卷起的轿帘放下。[98]

为了避免给他们的敌人提供口实，因为他们的“野蛮”行为而攻击他们，传教士们很是忧虑，于是不得不在他们的传教团内强制推行当地的公众行为标准。

正如同那些本应受到社会尊重的女性，习俗却强加给了她们生活严格的限制一样，传统习俗对于建筑风格以及关于产权的看法和认知同样对成都的城市面容产生了很大的影响。这样的传统习俗也明显地阻碍了传教团体想要在成都脚踏实地住下来的计划。1893年，加拿大卫理公会主教派传教团从当地的一个和尚手里买下了一块地产，开始建造一栋外国式样的房子。院子的围墙还未建起来，便引来了一群人聚拢观看，并议论这栋有别于中华国情的建筑有可能会对当地环境产生恶劣影响。传教士们断定成都人是一群坚定的“风水”信仰者。“风水”理论是房屋布局和建筑的传统原则，按照这种原则建立起来的建筑物能保证四邻八舍和自家屋子里有一股有益健康的“气”流或是有生气的能量存在。[99]在清政府时期，信奉风水还不是很普遍，然而在中国大多数城市里，建筑式样、风格方面的革新还是十分罕见的。[100]如果有，也很容易被指责为离经叛道。1893年加拿大人的那次冒险行为得到的公众反应，当然是坚决地反对。当建筑工棚垮塌，压死了一个人（按传教士们所说，是有小偷来偷木材去做柴火）时，邻居们捣毁了这个工地。报官之后，外国人提起了对被窃木材要求赔偿的诉求，但是他们被告知：“人们反对和尚私自处置庙产。”并迫使他们另觅处所建教堂。两年后，加拿大人建了房屋，其时正逢持续不断的罕见的干旱天气，这便使得地方上的关注转移，然而导致了另一个问题的发生：

> 当滴雨未下时，人们开始寻思：是不是这幢新房子太高，或是太宽，或是太深，扰乱了风水。一天，牧师收到了半打红色的大拜帖。看门人说是街坊上管事的要来拜见牧师。他们四散里站着，比画房子和周围其他建筑物的高度，摆出一副一本正经的架势，那一幕真有点揪心。我们的邻舍都有防火墙，从地平面往上看，它们似乎都在同一个高度上。一位有经验的老者吊起眉梢说：“有蛮高吧，呃？”另一个人往后退一步，也吊起眉梢，说：“屋子和墙差不多高。”（“差不多”，就是没有多大区别，这是中国人经常挂在嘴边的一句话，表示他们对某样东西还算满意，虽然并不十分赞同。）局势总算扭转了过来。“差不多”做出了判决。一杯茶和两吊钱的礼物就将这个威严的代表团打发了，他们欢天喜地地去通知邻居们这屋子“差不多”。[101]

外国人在成都的习俗惯例面前受挫，以及城市管理规则的变通性、通融性在上面这一段讲述中可一览无余。地方上为头的总以为自己有权代表邻居出面去窥视不同寻常的现象。他们还好管闲事，对于私有产权主的权利做出不同的解释。虽说“街坊上管事的”[102]也拿不出任何正规法律制度的证明来，加拿大人还是十分清楚，邻居的意见是不能等闲视之的，在庙产事件中他们就不得不放弃了。就连真正当官的，他们也指望不上；不能指望他们会不顾传统习俗而去坚持按抽象的法律原则办事。外国人自己也害怕激怒他们的邻居，招致暴民的惩罚。

晚清时期的成都就是这样一个被习俗、惯例所左右的城市，掌控在一群省一级级别的高官手中。只要成都在全省的行政管理工作中仍然能维持它正常运行的指挥部的地位，那么他们对城市事务就甚少兴趣。为了维持成都的正常秩序，他们告诫所有家庭的一家之长们先正己身，然后再匡正他们家人的行为。一旦修身齐家的策略未能奏效，触犯刑律或公众行为规范的事情发生，官长们就会依赖于他们的衙差和士兵去缉拿罪犯，将其带至衙门听候审讯。如果犯罪分子与三教九流的权势人物或是豪门显贵有关系，他们可以对官府进行干涉或是威胁，要么就是买通这些执行法律的公仆；如果这些都没有的话，犯人就得听严刑侍候了。盘踞在这些官府中的清朝官僚们在行使他们作为成都人民、成都财产保卫者的职责时，甚少有人胸怀崇高的抱负和志向。他们将大多数事关社会福祉的事务交由社会上的有钱人去处理。成都在20世纪以前就处于清政府政治体制下的一个省会城市的位置上，根本没有留下任何余地，可容纳对于城市管理的别样选择的观念，或是让这种眼光或是远见在这里生根。然而，在新的世纪到来之际，随着新政的兴起，并且在全中国激起激情和创造性，成都的这种局面一定会发生改变。

第二章　国家建设和城市（1895—1911）

1901—1911这十来年中，清朝的政治体制在各种各样矛盾而连续不断的系列改革中被推来搡去，扭曲着，拧巴着；这一系列的政治运动一律被称之为“新政”[1]。在这之前，就已经有一些省份的官员提倡“自强”的政策，就是通过对武器的改进和对交通运输状况的改善来实现自强。对于这种提议，朝廷尚能容忍；但是对于要求对这个日益衰败的帝国进行全面管理改革的呼声，朝廷坚决反对；并且成功挫败了在19世纪晚期进行此类改革的计划。[2]朝廷中有许多人反对这种政治上的大手术，他们知道这将带来一片混乱，大约还怀疑，这会是对这个历史悠久、不堪一击的帝国制度，或者至少是对这个朝廷本身的致命一击。然而1900年在义和团拳民起义期间，外国军队占领北京所造成的灾难使得慈禧太后和她的那一群顾问大臣明白了已经是别无选择，只有答应外国列强提出的部分要求，并接受国家主义思想日益高涨中的中国官员和学者的部分提议，重建帝国。因此1901年元月间，颁布了一道帝国敕令，号召清政府所有高层官员提交改革政府制度的详细计划。[3]在那之后，谨小慎微的朝臣们以及焦虑不安的省级官僚们，尽管做出了许多反对的尝试，却再也不能阻止和压制要求改革的浪潮。这股浪潮激励了他们许多的同僚和国人，对一大批社会制度或机构做出了改变，为1911年的政治革命铺平了道路。

新政不屑于对它的纲领做简明扼要的描述。[4]它发布的纲领不是首尾一致，表述清楚的；而是1901—1911年，十年之间逐步形成，是官方对于怎样在国家政府和各种不同的省级行政机构内，重建帝国权威提出的各种不同的看法和设想。到1911年，“新政”已经涉及清王朝政治体制的方方面面。它们虽然触发范围很广，却是以国家之力来实行压制为唯一的目的。“亡国”，势必导致“瓜分”，这是1895至1911年间许多关注政治的中国人挂在嘴边的一句话。在帝国主义单一民族论时期，对于想要强国的人们来说，这是一个可怕的选择。为了挽救国家的危亡，抵抗欧洲及太平洋地区列强的蚕食，清政府朝廷内外的时局分析家们深信中国需要一个强大的、中央集权的国家，能够将威严的队伍投入疆场，能够号令全国的民众积极献出一片忠诚和服从。[5]因此新政的两个主要重点在于：制度改革以增强国力，宪法改革以改进国家与新式公民之间的关系。

清政府和后来的中国政权想要在这个已经衰退中的帝国的基础上建立一个现代国家，由此发生的种种故事被人们以各种各样的方式传说。早期的评论家们常常将新政描绘成空洞的、玩世不恭的一纸空文；认为清政府在不顾一切地想要避开对它的批评和攻击，决不接受任何实质的改革，只做表面的变化。[6]然而，后来的历史学家们提出不同的看法，说不管皇太后目的为何，新政还是在许多重要方面范围广泛地影响了中国的政体。这些研究表明晚清的改革值得认真地作出一番评价，不仅仅只是从它们是阻碍或是促进了现代中国发展的进程这个观点去看问题。正如同杜赞奇①指出的那样，新政的实施使得中国民众在许多重要问题方面，不再是死水一潭，而是被搅动了起来。“它们在乡村社会造成了紧张局势。”〔7〕它们对于省会城市造成的冲击，比如成都，虽有所不同，但却是意义深远的。而在乡村地区，按照杜赞奇所说〔8〕，税收增加，新政时期尚未完整的官僚主义化，使得“政府职能退化”，长期存在的社区机构瓦解。在像成都这样的城市里，新的政府机构被引进，运转自如，达到了改革者们为新政所预定的许多目标的要求。城市的改革不但没有造成社会的紧张，而且新政的许多政策在城市居民中得到了广泛的认可〔9〕，这些在接下来的几章中会有更清楚的讲述。改革之所以在城市中相对来说受到更为广泛接纳，原因之一在于省级的官方机构在城市贯彻实施新政时给予了资金补贴，而新政的实施在农村地区则增加了强加在他们身上的负担。某些新政在成都的实施为清王朝的崩溃出了一把力，但是某些政策也为那些在清帝逊位很久之后还持续存在的城市管理设定了标准。

本章对于19世纪晚期催生了新政的转折点做了简洁概述，对于在此期间成都发生的事件给予了特别的关注；然后探究了城市在改革的某些重要缔造者和发起人的计划中所处的地位。为新政定下了指导方针的，握有权威的省一级官员并不认为城市是改革

---

① 杜赞奇（Prasenjit Duara），美国芝加哥大学的历史学家。——译注

行动的独一无二的重要目标。更确切地说，他们认为清政府的行政管理机制就像一幅巨大的编织网，覆盖了整个大地。因此他们希望新政应将省城和全省，城市和乡村连接起来，成为一个编织在一起，联系更为紧密的整体。因此，他们对于改革的观念，则更为宽泛。然而，他们实施改革的战略却常常将被赋予特权的省城作为典范样板。许多受到改革吸引的人发现建立现代城市的挑战特别能激发自己的兴趣和激情，认为值得为之做出特别的贡献。成都杰出的新政改革家周善培就是怀有这种激情的人之一。

新政实行的背景：内忧外患

新政产生的思潮和冲动可以回溯到1895年之前的那一年。〔10〕那一年发生的大事使得许多中国人深信中国需要改革。当时清政府的软弱已经达到了极致。就在那年前的夏天，中国与日本在朝鲜的开战遭到了灾难性的惨败，清政府被迫求和。中国屈辱的失败以及政府于1895年4月接受日本苛刻的条件，这个消息迅速传到了成都。作家韩素音的叔叔，当年还只有七岁，回忆起他自己的叔叔在一位长官衙门里从《邸报》上得知了这个消息之后，跑回自家的院子“举起双臂尖声叫道：‘他们把我们打败了，他们把我们打败了。日本鬼子打赢了我们。’”韩素音的曾祖父在他的军事生涯中曾经参加过清政府在1860年代和1870年代对捻军起义和会党起义的镇压，并立下了赫赫的战功。当他听到中国战败的屈辱的消息之后，下令全家服丧。〔11〕

并不只是精英人士对于对日战争的失败感到愤怒。成都的外国传教士们认为这件事也使地方上增加了对他们的敌意，并导致了1895年另一事件的发生。它就像日本伏击离开山东海岸的中国舰队一样，标志着清王朝面临严重危机。在《马关条约》签订，中日战争停止一个月之后，民众捣毁了传教团在成都所有的财产。31位住在成都的外国人被迫逃到华阳县衙门里寻求保护。十天后，法国天主教传教士除开两人外，全部逃往重庆；一直到清政府答应慷慨地赔偿他们的损失，并处罚那些外国人认为须对袭击负责的官员之后，他们方才陆续返回。[12]

1895年5月袭击成都传教团的动机，有几个不同的说法。是否真的有许多成都居民忧虑中国的国运，这很难说。然而，很清楚的是，当地居民看到外国人在他们的社区，行动太过张扬，很是不安。许多传教士深信长期以来就普遍存在的对他们的怀疑，由于仇外的官吏们有意地推波助澜，更加加重了。

此前一个月，一名妇女在接受一位加拿大医生诊治时，不治而亡。当她的尸体被抬出来示众时，那些别有用心的官吏没有加以制止。当谣言四起，说是传教士绑架了儿童，想要用他们身体上的器官制药时，外国人发现官员们无所作为，对谣言不置一词。据各方面的申述来看，实际事情的起因是：当时人们正在东校场庆祝端午节，现场十分地吵闹。就在旁边的加拿大人住的一个院子附近，人们看见了这位加拿大人带着一个小孩走进了他们的院子。[13]据里面的外国人说，人们蜂拥到院子门前叫喊威胁，于是他们便朝着人群的头顶上开枪。然而，人们不但没有跑开，反而砸烂院子的大门，捣毁里面的房屋，其时加拿大人已经逃跑了。第二天他们跑到知府衙门里避难时，人们把一个男孩推到他们面前，将他们一齐递送到保甲局，说这个男孩是人们在传教团的屋子里，地板底下一个箱子里找到的。男孩说不出话，鼻子和嘴巴里面满是黑色的粉末。传教士们声称，就在那一天，保甲局的总办贴出了一张告示，呼吁人们少安毋躁，说是外国人诱拐了一个儿童，但是情况已经在控制中。传教士们把随后发生的行为：成都所有其他教会的财产被捣毁，以及四川其他地区的破坏，都归因于这张布告以及据说是官方拒绝派兵来保护他们的财产。据一些人声称，成都知府实际上鼓励大家去捣毁天主教堂，但是警告他们不要去伤害外国人的性命。[14]后来，美国派驻中国的公使在外国人的控告中又加上了一条。或许他极不情愿承认人们对传教士的仇恨有那么普遍，他提出了一条经济动机："他们把教堂捣毁是为了好让外国人再来雇请他们重建。"[15]

中国官方报道了对此次成都及其他地方发生的事件的处理，逮捕了二十来个人，并进行了审讯，也轻描淡写地提到了在此次事件中人们的仇外心理所起到的作用。地方长官也报告已有六个为头的人被指认了出来，他们听信了绑架的传言，利用人们的愤怒，煽动袭击并掠夺外国人的财产。[16]

四川官方不同意北京英国公使的指责，否认贴出了那张煽动性的布告，也否认通过电报传播了关于绑架的传言，引发其他地区的动乱。然而，面对外国人的压力，四川总督还是被撤职，并下令"永不叙用"，保甲局的总办也被撤职。[17]继任的总督请求皇恩，允准对六个"为头的"执行处决；另有两名嫌犯在审讯和调停过程中死于狱中。[18]上海的《北华捷报》报道那年夏天在成都抓捕的十三个人被处决之后引起了公众的抗议，抗议震动了全市，致使商铺关门三天。[19]成都的法国主教通过谈判，获得了五十多万美元的赔偿以弥补教会产业在成都的损失。法国在北京的公使利用此次事件迫使清政府批准了法国在云南的经济特权。云南在四川以南，与法属印度支那接界。[20]

成都发生的由于仇外而引起的袭击外国人的事件，以及中国被日本打败，而付出的代价高昂的外交灾难，用杰罗姆·艾伦科恩①的话来说，造成了“举国惊慌”[21]。这种对传教团的攻击只使得外国人的好战心高涨，这场战争表明了中国无望反抗外人侵略，保护自己。日本对中国海军的摧毁使得清政府“自强”的美梦彻底破灭。清政府极力想要获得列强的技术，列强设下的技术陷阱却令它终归是一个易碎的美梦。1895年之前的二十年中，中国许多省份的官员一直在忙于购买战舰，建造兵工厂，训练新军；而现在仅仅在几个月的时间内，他们辛苦努力的结果完全化为了泡影。1895年发生的这些事件，为中国在积弱积贫的状况下寻求更为激进的改革，铺平了道路。领先提出技术强国建议的李鸿章成了众矢之的，受到了嘲笑和奚落。[22]那一年，进京赶考的举子们对于无能的清政府的自强努力表示了反感和愤怒。他们签下了请愿书，呼吁全面改革，并创立了一个由著名官员出资的“强学会”，以讨论今后的策对。[23]

日本的国际声望出其不意地迅速上升，上述这些人及其他人开始密切关注自1868年日本国明治维新以来的建国经验以及西方列强的历史。明治维新的领导者们正是以西方列强为榜样的。为此他们转而阅读黄遵宪和王韬的文章。黄遵宪和王韬曾在受过欧洲思想巨大影响的东亚城市住过很长的一段时期，这些城市包括：东京、香港、新加坡和上海。黄、王二人，还有其他的一些人曾广泛阅读过19世纪90年代许多作家的论文。这些文章用辩

① 杰罗姆·艾伦科恩（Jerome Chen），美国纽约大学法学院教授。——译注

论证明了欧洲和日本之所以强大并不主要是因为他们的枪炮，而是因为他们的社会制度。正是社会制度集中了人民的力量使得国富民强。[24]在接下来的几年里，许多社会活动家都认同康有为的理念。康有为是1895年“公车上书”的应试举子们的领导者之一。他认为中国所需要的是实质性的制度改革，这才是西方强国的根源，为了达到这个目的，他认为必须：鼓天下之气，集众人之力，开通下情。[25]1897年在湖南，改革者们在总督张之洞和巡抚陈宝箴的支持下，以康有为的密友梁启超为首建立了时务学堂，以培养才学青年为中国的社会制度彻底改革出一份力。中国研究日本明治维新改革的顶级专家黄遵宪，当时在湖广总督衙门供职。他鼓励湖南人将他们的省建成“中国的萨摩、长州”。这两个地区诞生了许多明治维新的领导人。黄遵宪还在省城长沙设立了新型的政府办公署，这些机构是他在东京仔细观察过后以那里的管理体制为基础而建的。[26]

1898年的一个短时期之内，光绪皇帝着手进行全面改革。聚集在湖南的这些政治活动家们似乎看到了他们的纲领在全国推行的希望。那年夏天，皇帝发布了一系列敕令，命令改变教育体制和官僚政治；并鼓励重新组建军队，以及发展经济以强国。康有为本人以及其他几位湖南的改革家被提拔至中央政府任职。然而1898年的这场改革试验突然悲剧性地终止了。关于终止的原因至今还在争论不休。慈禧太后和她的追随者们转而反对改革计划，实施了一场政变，将政府实权从光绪皇帝手中夺回。六位1898年被新近提拔的“百日维新”的改革者被执行死刑。康有为和梁启超出逃，远走他乡；张之洞得到指令关闭湖南成立的新机构。[27]

在成都，虽然改革本身对四川的冲击很小，但是1898年改革计划的失败在某些方面仍然给成都留下了深深的印记。1895年局势动乱后上任的四川总督在1897年便被解职了。他的继任者，在他耗时长久的赴任旅途中，直到皇太后发动政变时，还未到达成都。[28]四川缺乏一位强有力的领导者。总督衙门官员刚刚被责成切实实施1898年那纸令人大吃一惊的敕令，却不知它们已经被废除了。不过，成都一些杰出的学者还是卷入了1898年的维新改革。他们中间有几个就是1875年由张之洞建立的尊经书院的第一期学生。廖平和宋育仁还是书院中的学生时，就对传统儒学的课文新讲产生了兴趣。这种经学新讲可以为激进的制度改革论战用作正面的支柱。在1880年代廖平写的一些文章深深地影响了康有为。[29]他们在尊经书院的同学杨锐曾长期担任张之洞的幕僚，1898年的百日维新时，他在北京工作，加入其中，成为这个圈子中的一员。宋育仁在1886年的科举考试中，取得了最高一级——进士的功名；在对日战争中他参与到中国的外交使团中，出使欧洲。1896年他回到四川，被任命去重庆视察商务，于是将“制度改革运动的火花”带回到他的原籍省。[30]1898年他到了成都，成了尊经书院的总教习。在那里他创办了成都第一家报纸，以长沙创办的那份报纸为榜样。这份报纸——《蜀学报》，支持改革运动，报道有关它的新闻，讲解改革的目标。它每期发行两千份，在全省以及中国其他的地区传播。[31]

新出来不久的报纸，以及与这份报纸有关联的成都学习小组没有逃过政变的这场劫难。[32]然而，对于宋育仁这一班志同道合的学者们来说，远比失去报纸更令他们痛苦的事情是，杨锐和刘光第的赴刑。他们二人是“戊戌六君子”中的两位四川官员，

1898年秋天被仓促行刑。[33]杨锐和刘光第是四川精英人士中的重要人物。在北京能官至高位的四川人，相对来说比较少，而他们两人却在这些佼佼者们中占有一席之地。到北京的四川人都是在四川省同乡会（四川会馆）认识这班人的。1898年早些时候杨锐和刘光第就帮助成立了四川学会——蜀学会，与宋育仁在成都的小组有联系。[34]杨、刘二人被处死的消息狠狠激怒了四川一位杰出的年轻学者——徐子休，在本书后面部分，他将扮演重要角色。徐子休放弃了一切踏入仕途的计划，把全副身心都投入教书事业。他的一个学生回忆说就在清王朝覆灭的前夕，徐在成都的课堂上说，清王朝处决了六君子之后便失去了天运。[35]1890年代末期发生的事件令成都产生了一大批改革的拥护者，同时在这个群体许多成员的眼中，统治王朝的权威一扫而光。

1898年改革失败后的那一年，义和团起义军在华北平原猛然兴起。与几年前稍早时候成都的动乱不同的是，这次义和团拳民的仇外和反教的敌对行为很难控制，一些清朝官员放弃镇压义和团，反而采用利用义和团来反对外国人的策略。1900年，义和团围攻北京的外交使团，造成了外国军队占领北京以及东边的天津城一部分的局面，官员们的策略适得其反。这一次外国人不再满足于仅仅赔偿他们的财产损失以及处罚一些仇外官员，他们提出要求政府做出基本制度的改革，让中国的乡村能纳入政府的管控之下，以保证传教团体以及中国的信仰皈依者的安全。

皇太后被迫从北京出逃，万分震惊之下，她不得不相信除了宣布支持实行帝国体制改革之外，别无选择。在逃至西安避难时期，她颁布了这道敕令，任达①将其比作中国的1868年日本明治维新的《五条誓文》[36]。然而她并没有召回流放中的康有为和梁启超及其同党，而是将改革交至另一些人手中。这些人在她看来，更加可靠，是更能迎合她口味的清帝国的臣仆。他们都在省级行政管理工作中身居要职。他们所提出的新政中的许多内容完全都是1897年湖南携手联合的那一群人工作的成果。然而，由于1898年的清洗，被挑选出来贯彻执行新政的人不得不在高度政治阴谋的风浪中小心航行。对于四川人来说，杨锐和刘光第等人的命运是警告，提醒他们在为保守的统治者们的服务时，任何大胆的举动都有极大的风险，因为这些统治者都是独断专横，残酷无情的。与此同时，改革者们还面临着来自其他方面的挑战，这其中包括革命者们。由于19世纪最后几年发生的事件以及1901年平定义和团起义所带来的屈辱求和的后果使得他们深信，中国只要还在清政府的统治下，绝不可能强盛起来。[37]

晚清改革理念中城市的定位

新政决不仅是一部城市改革的纲领。城市作为独立的社会实体，在晚清时期的改革浪潮中几乎不在考虑之中。在欧洲，16世纪以来，建筑设计理论家和乌托邦主义的作家一直在为理想的城

① 任达（Douglas Reynolds），美国佐治亚州，州立大学历史系教授，研究中国现代史。——译注

市设想一个全新计划。[38]我们在此做一个比较：正如同芮沃寿①所指出来的；整个中华帝国时期关于“城市的理念”……“在其文学传统中，相对来说，放在了一个无足轻重的位置上。”[39]与此相反，我们却看到早在19世纪，欧洲的社会思想家们就对城市投入了极大的热情，“越来越多的作家开始描述城市的独特性——由于城市的成长而显示出来的问题及其可能性”[40]。而在中国政治理论的建立中却找不到这种关于城市定位的设想。在日本，1890年代中出现了一股对于“社会问题”的持续扩大的关注。这些“社会问题”中有一部分与城市的迅速发展有关联。[41]然而，在中国，由自强提倡者所建立的现代化工厂使城市产生变化的程度并没有达到19世纪工业化给欧洲和日本城市带来变化的水平。在欧洲和日本，城市的变化催生了令人震惊的阶级斗争的新形式，吸引了大批“无根无业的”年轻的体力劳动者。中国的城市在整个清王朝时期，在一些意义重大的方面肯定发生了变化，但是如果全方面地来审视这些变化，我们看不到在对旧有的关于城市的思考方面，有任何根本性的挑战。尽管罗威廉②指出在1870年代汉口“开始了阶级分化的自我意识”以及在1890年代这种自我意识迅速增强。[42]然而，这种增强了的意识远没有渗透进中国政治改革倡导者们的思想中去，他们没有认识到有任何特别的城市社会问题值得特别关注。直到20世纪的开头二十年

① 芮沃寿（Arthur Wright），美国汉学家，其作品：《儒教和中国文化》。——译注

② 罗威廉（William Rowe），美国霍普金斯大学历史系教授，东亚研究中心主任，汉学家。——译注

里，城市社会问题才开始得到关注。[43]

康有为在论辩关于清政府的问题时明确表达了一些观点，他认为这些问题主要在于清政府对国家组织的不同层面的权力分配不平衡。然而他并没有表明：知县们在行使其辖区包括城区和乡村的大量的管理和司法权限时，手脚被捆缚；而这些不同的地区本应实施有区别地管理。然而，各级别的官员们就像他们治下的子民那样，忍受着来自中央政府强加在他们身上的约束和政治控制。而中央政府之所以这样做，是出于一种会对他们不服从，从而发生反叛的恐惧。其结果就是：借用萧公权①对于康有为的政治概要中的一句话："管理的无能"[44]。管理者们为了做好工作需要掌握新的工具。康有为在他的论文中提出要以"实用"教育来代替老式的文学方面的学问，并将其向民事服务考试方面发展。他还认为，应该对国家每一个层面各司其职的官员们，就其不同种类的管理工作重新进行责任划分；而且，最为重要的一点是，他还提出，在进行政治评议时要极大地扩大民众参与。这样管理者便能与民众的行动协调一致，因为他们要管理的公众事务就是民众的事情。较之民众对于政府管理工作的参与能更为有效地保证其良好运行，这样做还有助于扑灭一个遮掩严实的政治体制里容易滋生的腐败行为，在这种体制里官员们视政府授予的权力为他们自己的私有财产。[45]梁启超在他许多文章里还雄辩地指出，民众对于政府工作的广泛参与，能够使民众更加热心公益，面对国家的理想目标更加团结一致；而这一点正是强国的关

---

① 萧公权（1897—1981），曾在台湾大学及美国西雅图大学研究政治学。著作：《政治多元论：当代政治理论研究》。——译注

键。[46]康有为所提出的管理的新工具，没有一个是与城市的独特性有关联的。他和梁启超所提倡的制度改革和宪法改革中的每一项内容都是要在国家组织的每一个层面以适当的规模来进行的。

康有为后来在流放期间所写的文章中，阐明了他对城市的看法。这表明了晚清时期的思想家们的普遍趋势，他们都将国家组织看成是一个无差别的整体，既不强调地区之间的差别，也不考虑城乡之间有何异同。康有为在他的乌托邦著作《大同书》中预见到了整个中国现代工业的发展，同时也预见到了中国之外，世界其他地方也将如此。[47]但是与欧洲不同，工业化在中国的实现不会产生严重的社会问题。康有为认为在城市和乡村没有必要建立不同类型的行政管理机构，因为这些地方的人口组织结构基本上是一样的。按照萧公权的叙述，康有为预测将来，人民……要么会住在各个不同行业单位的公共大楼里，如：农业、工业、交通运输业，以及开发企业；要么就住在公共机构里，如学校、医院或幼儿园或养老院，到那时几乎没有什么"私人的住宅"，"人们也不会分散地居住在乡间"。由于人口会基本上集中在农业区（也就是乡村）或工业区（也即城市），所以人口的集中会分别围绕广大的农场或是大工厂；地方自治的区域不会按照地域而是按照功能基础来划分。每一个农场或是每一家工厂会组成一个地方自治的单位，农场的场长或是工厂的厂长就会是地方政府的领导。在这个单位里工作的全体居民将要参与一切决议的制订。每一个农场或是每一家工厂，除了公共事务局和经济事务局之外，都会有自己的教育机构和福利机构……每一个地方自治单位都将会是一个自给自足的完整的社会，依照彻底的民主原则运行。[48]

围绕功能单位而不是地域单位组建政府的理念也许多少可以归因于传统的“保甲”制度理论。对于“保甲”制度康有为应该是十分熟悉的，因为他就生活在这种体制中，每天耳濡目染。对于中国未来人口的布局观念，更为新奇的部分是康有为对于农业集体化的远景设想。农业集体化将有效地使乡村城市化。然而在康有为想象中的中国，无论是在工业单位还是在农业单位都没有给任何城市问题留下存在的余地，而城市问题多少都有几分在困扰着同时代的欧洲人。甚至连康有为那较少具有乌托邦色彩的同志梁启超也不太相信，中国的工业化会产生出极端的贫富分化，结果导致产生像欧洲城市那样的社会紧张，这已经成为欧洲城市的特点。他认为没有这种可能。梁启超辩论道：“……不像西方社会，中国的社会绝大部分由中等阶层的家庭组成，因此在经济上不会出现贫富极端分化的现象。”[49]①工业化以及任何伴随而产生的城市化不会使社会条件发生快速的变化，从而危及它的根基。

最为积极解释新政纲领要点的省级官吏们，认同康有为和梁启超忧虑中国国民缺乏团结统一的看法；但是对于直接参与那些官僚政治之外的管理机构，并不热情。按照裴士丹②所说，张之洞认为解决中国政体分裂问题的办法就是：上至由朝臣和全体官员支持的君王；下至全体官僚机构中的精英阶层，通过他们的积极行动，方能解决。他还相信：中央政府凭正确的政策，正确的

① 书中部分引用为译者从英文回译。——译注

② 裴士丹（Daniel Bays），美国加尔文大学历史系教授，亚洲研究中心主任，于2012年出版《中国基督教新教史》，引起学界瞩目。——译注

实际行动，是能够统领全国，获得全国的支持的。[50]清政府的官员们所提出的改革倡议，绝大多数都对国家的振兴做出了一番展望，他们认为只要通过在全国范围内建立新的公共机构体系，便可以使中央政府利用该体系训练和引导它的臣民，并可利用他们出力。张之洞和他关系密切的同僚刘坤一，是最先尝试为新政定基调的那一批人中的两位；对新思潮的需求刚刚显露，他们便向朝廷提交了长长的、详细的奏折。张之洞自己对于改革的探讨特别强调了教育。他希望对教育重新规划，培养出德才兼备的人才，来充当官僚政治的领导者；在技术方面培养有技能的专家以发展中国的工业和农业，培养忠诚的军官来统领现代军队。作为总督，张之洞在武昌建立了新型的农业、工业和军事学校。武昌是湖北省的首府，也是他衙门的所在地。[51]1901年秋天，朝廷采纳了他的许多奏议，改变了文职官员考试的内容，废除了武举考试制度，并制订计划，要建立一个前所未有的、综合的国家学校体系，从县城到省府依次联系起来。[52]

张之洞可算是1901年“全面改革运动最为重要的代言人”[53]，可是他作为新政领导者的角色很快就被另一位高级省府官员的大动作埋没了，他就是袁世凯。袁世凯得了皇太后的信任，也被外国列强在中国的代理人看好。1901年他被委任为直隶省的总督。中华帝国的都城就在直隶省内，被其包围。晚清时期在精英人士的圈子中遍传两句调侃的话：“张之洞‘有学无术’；袁世凯‘无学有术’”[54]。自1901年上位到1908年从权力的巅峰跌落下来期间，袁世凯在直隶省和北京精神饱满地实施行政改革，建立了一系列的新机构，朝廷将其引为其他总督仿效的楷模。我们将会在下面看到四川省的情况，它的省级权力机构并没有被强制跟从袁世凯的领导，想方设法去取得全面的改革以达到朝廷改革的目的。[55]直到1906年新的管理法规颁布并实行，中央政府才开始认真对待新政在全国实行的标准统一化的问题。[56]袁世凯在直隶省的活动公布在他新出的《北洋官报》，全国的改革者们大受影响。[57]

当张之洞将其全副精力放在教育上时，袁世凯却优先考虑治安防卫。直隶省是中华帝国的政治心脏，曾经是义和团运动的中心地带，又极容易受到外国的入侵。袁世凯在20世纪头十年里建立的这支新军长久以来被看作是他晚清生涯中意义最为重大的成就。[58]这也是新政中极少数几个机构之一，没有在全中国全面而均等地铺开形成一个系统。绿营后来都被新军所替代，绿营的最高统领，往往都将他们的总部设在各省的省城里，但是他们的部队却分成较小的单位，分布在全省。这些绿营军队往往要协助驻地的官员完成下列的任务："运送金条、粮食、犯人和邮件"，当各县知县及其手下不能平息地方上的动乱时，他们会被召去行使警察的职能。这样一支分散的警察队伍，是很难快速集合起来去对付更大一些的军事行动的。[59]而与之相对照，新军却是一支统一的、训练有素的战斗部队，能够处理外国威胁。队伍的更高程度的集中是绝对必要的。袁世凯将他的新军集中在天津的基地周围，另有一个使人非相信不可的理由，那就是：自从1900年以来就一直盘踞在天津的各外国军队，说是要保护各国控制的租界的安全，拒绝将天津转交给袁世凯，直到袁世凯使他们相信他能够维持直隶省这块地方上的治安时，他们才同意转交。[60]

袁世凯为了壮大这支武装部队，布置了一张警察队伍的网络，负责维持整个直隶省各地方的秩序。建立一支新型警察队伍的想法，在1890年代便得到过黄遵宪的大力提倡。他认为日本的警察对于明治维新的成功起到了极为重要的作用。[61]黄遵宪的传记作者浦池典子①认为黄遵宪看到了警察将会是解决长期存在的衙门差役掠食成性问题的一支力量。一支专业化、训练有素的、得到充分给养的警察队伍便具备了执法和治安的功能。而这些工作先前是由一群毫无纪律约束，无法掌控的衙差和办事毫无效率的“保甲”长们来负责的。[62]1897年黄遵宪在长沙将他的大部分精力放在组建新警察局上。这个警察局在一个由官员和地方贤达组成的委员会的严密监督下工作。根据林能士②对于1897年湖南改革的分析来看，他发现黄遵宪努力把地方贤达吸收进警察部门工作，并将其与正日益增长的支持湖南地方自治的观点联系在一起——这是他计划中最使人感兴趣的一部分。警察局将把总局设在长沙，在省警察局的总办统领下，和经过改革的、实行集权制的、遍布全省的军事体系紧密结合起来。这个省级警察局局长的级别相当于高级官员的级别。[63]1898年政变之后，张之洞将长沙警察局改名为“保甲局”，但是维持其原有的组织结构不变。新政时期开始后，他在武昌建立了一支与之相似的部队。[64]

袁世凯熟知黄遵宪在长沙的试验，但是他更为欣赏的却是他在华北两座城市里偶然看到的警察机构，这两座城市就是1900年

① 浦池典子（Noriko Kamachi），日本学者，著作：《黄遵宪对明治时期的日本和西方的反应》。——译注

② 林能士，台湾政治大学历史系教授。著作：《清季湖南的新政运动》。——译注

被外国人占领的北京和天津。日本人和其他外国人在这里从中国居民中招募军官和警察充实到“安民公所”任职。[65]甚至在外国人撤离天津之前，袁世凯就从前保定军人中选了500人建立了一支警察队伍，保定是他的临时都城。1902年秋天，他带领这支部队和他一起进入天津，并将它与这里原来外国人雇用的警察人员合并，“将天津作为他实施警察改革计划的核心”[66]。这个计划包括设立警察学院、收容轻罪犯人和游民的贫民习艺所，还有一个模范监狱。就像张之洞的新学体制一样，这个警察改革的计划也将大规模地推向全省。[67]

新政时期与教育体制以及警察体制一起被提出来的第三套伟大的制度系统就是根据1907年颁布的地方自治法规，授权建立由各级地方议会以及高层次的议会所组成的各级议会制。在汤若杰①关于这一段改革运动的历史书中讨论了一系列关于何种立宪准备最适合中国的见解和看法，其中特别着重于袁世凯和赵尔巽不同的办法。以赵尔巽看来，最有效的政治改革“应将乡村贤达带进直通北京的新的权力机构里来”[68]。与之相反，袁世凯与他雇用的那群受过日本教育的法律学者却越出了赵尔巽所赞同的管理制度的重组方案，使直隶省的精英人士政治化，是通过激励他们将自己看成是一个公民，是一个能在“地方自治”这个领域内起重要作用的人。[69]在允许各地省级政府官员对这些新型的政治形式进行试验数年之后，北京的官员们采纳了袁世凯模式的大部分内容，制定法规，为在县府、城镇、区、乡进行议会选举

---

① 汤若杰（Roger Thompson），美国西华盛顿大学历史系教授。著作：《中国宪政改革时期的地方议会》。——译注

提出程序。[70]其他的法规则是指导省级议会的选举，根据这些法规，各县选出的代表被推送到省城，而全国议会的代表大会，则在1910年第一次在北京召开。[71]

除了这三个公共机构系统以及新军之外，新政还包括许多其他类型的改革：包括一部新的法律法规，严禁种植和吸食鸦片，还对地方财政的合理化管理和使用做了一些尝试，取消了一些对满汉民族之间交往的限制，拟定了一些促进中国经济发展的计划。有些外国人曾经认为中国人是“亚洲病夫”，深陷在孔夫子保守主义停滞的泥潭里。现在他们惊讶地看到了改革主义政府的能量勃发。的确，还有些人用冷嘲热讽的眼光看待新政，声称新政顶多不过是一堆纸上谈兵的废纸，是“榨取”人民血汗的新方式。[72]然而，有这样想法的人，他们错了。新政改革的设计虽然还不是很完美，但新政的实施在许多省城中创造出了一种完全新型的城市，改变了城市在中国政治地理布局中的定位。

实行清末新政的省会城市

令人感到讽刺的是，袁世凯和赵尔巽这些官员花了很大的精力专注于控制那些义和团起义余波中的农村，而新政将省会城市与农村拉开了差距。这肯定不是他们的初衷。然而，正如鲍德威①在他的研究山东省城济南的笔记中所说，在新政时期到来之后，“地位较低的政治权力中心的衰退，以及济南作为政治权力中心

① 鲍德威（David Buck）（1936— ），美国著名历史学家，斯坦福大学历史学博士，是亚洲史，特别是中国城市史的研究专家。——译注

的重要性越来越明显……是城市发展史中的主要组成部分”[73]。汤若杰在对晚清改革新政中的立宪运动的研究中指出：新政执行的方式方法使得“中国城乡之间壁垒开始形成”成为这一时期的一个标志。[74]

汤若杰相信这道围墙的建立是没有经验的年轻人打下的基础，他们都是从日本和欧洲拿了学位回国，在北京获得了重要职位的青年。这些归国的留学生对存在于中国各种不同社会团体中的利益与权力的微妙平衡缺乏了解。他们不知道在中国社会中，在这些职务不同的特别社团的领导者之间，比如：商人、民团和教育工作者之间，是存在着这样一种平衡的，这种现象汤若杰称之为“地方各阶级合作主义”。他们按照外国模式建立了他们的自治规则，将每个独立的公民都视作一个基本的单位，丝毫没有调停社团群体的作用。其结果就是，产生了分裂的派别主义，严重导致了旧体制的那种各个社团之间相互掣肘的现象。[75]那些有利于以商业城镇及县府为立足点的精英人士的地方议会选举的法规，加深了这些派别之间的斗争，将乡间的精英人士排除在政治领域之外，这种现象比以往任何时候都要严重。[76]

汤若杰对于地方议会政治的观察是有洞见的，是能使人信服的。然而早在朝廷同意建立地方议会之前，新政计划实施的前期就已经在城乡之间，特别是在省城与乡村之间造成了很大的隔阂。[77]实际上所有的新政都是首先在省城开始施行的。官员们将金钱和关注毫不吝惜地倾注在这些城市，将自己交托给它们并深深地卷入其中，在先前的官僚政治之外的城市精英中寻找同盟。将新制度延伸和扩大到府、县、州城、商业城镇和乡村，在许多方面困难重重；但是新政的领导者们却少有人为此费心思。直到1908年由朝廷下令[78]，才有人开始这么做。即便有人去做了，包括最为杰出的人士袁世凯在内，也收效甚微。据史蒂芬·麦金龙①说，袁世凯将新学的教育制度推广到整个直隶省的努力是有效的："在将小学平均分布到全省方面取得了异常显著的成功。"但是他承认："在新式学校里课程的安排方面差距巨大，虽然这不是有意为之的。"[79]袁世凯的警察改革在直隶省的有些地方受到了热烈地欢迎，但是在将新建立的警察队伍组建成一个紧密结合的、有纪律的系统方面，却很难说是成功的。他的"行政管理的实施对于地方上的警察改革所做出的贡献是间接的和技术上的，多半局限在订立规章制度，以及在中央警察学院培训警局的领导人员。"[80]对于警察改革甚少兴趣的各州、府、县的长官们对此置之不理，他们中大多数都采取了这种态度。麦金龙对于直隶省的警察改革做出结论："它的特点是扩展迅速，但同时也是各行其是的、不规则的发展。"[81]

决定将省城作为展示新政实施的橱窗，按照晚清时期的统治思路来说是可以理解的。将省城作为在更大范围内推广实施改革计划的基地，其最终目的是要在全省所有层面、级别的行政管理机构落实这个计划；这种模式可见于黄遵宪1897年在湖南设计的改革。省城毕竟是那些掌控着资源和政治权力的政府所在地，而这对于要在清政府体制内做出意义重大的改变是必需的。对于总督来说，他必须要让各种各样的下属官员们听命于他，还要定期和朝廷进行通信交流；他就得将大量的时间花费在他那位于省城

① 史蒂芬·麦金龙（Stephen Mackinnon），美国亚利桑那州大学历史系教授。著作：《晚清权力与政治：袁世凯在北京和天津》。——译注

的衙门里。同样的，他的幕僚们也必须紧跟在他的周围，随时准备处理突然出现在他们面前的各种混杂在一起的应负的责任。因此对于改革早期进行的试验努力也就只能集中在这些省城里，这是再自然不过的了。为了鼓励居民，得到他们更大的合作，来支持改革，或许也是为他们自己先取省城来做改革的试点，寻找一个正当的理由，总督们经常提到省城是“首善之区”，用这句话来表示省城是模范区的意思，是一个为周围更广泛的地区树立标准的集中地。[82]在这些模范地区之外的地方，为建立新机构筹集资金的责任，就放在了他们自己社区团体的身上了。总督们告诫他们整个辖区内的“绅士们”要将实施新政的事业担负起来。

研究新政的历史学家们引用了居住在乡村的精英人士们的例子，以他们那自私自利的守旧性来说明新政实施的不平衡。据裴士丹的观察，张之洞认为，他早期在武昌以外的地区推广他的新学体制时所遇到的困难，原因在于湖北的精英人士们不愿意把办学基金捐给学校，他们觉得这些钱足以用来做他们儿子考科举的开销了。张之洞为了推广教育改革，到处游说，要求取消过去的考学制度，并将社会发展的前景更加紧密地和新学体制结合起来。[83]就学校改革这方面来看，他的策略似乎取得了成功。科举制度的取消的确激发了人们对新式学堂的强烈兴趣。最直接的效果就是学生如潮水般地涌向省城和州府县城，这些地方以最有声望、资金最充足的学校吸引了成百上千的来自乡间的寄宿学生。例如在四川，唯一的高等学校（高等学堂）就位于成都，这所正规学校，可以将它的毕业生输送至全省绝大多数小学去当教师，其他的专业学校也可保证他们的毕业生找到体面的工作，军事学院和警察学院以及铁路工程学校也都建在省城内，可以看到全省大多数的法律院校也都集中在这里。[84]旧的考试制度，因其有限的课程一成不变，可以允许塾师形式的教育体制存在。在这种体制下，杰出的饱学之士可以游走于有钱的要聘请塾师的家庭之间做馆。而在新政之下，教学的内容扩充了，教育就成了一件地理学上的事儿，它必须要有固定的校址，而许多这样的学校便群集在省城里。[85]

周锡瑞①研究了湖南、湖北地区的新政实施，在文章中指出，在省城以外，新政改革执行得最为认真的地方是在各州、府、专区的县城里，而不是在没有重要的行政管理地位的富裕的商业城市。他得出结论："虽然从事教育改革或警察组织改革的实践者们大多是受过西化教育的年轻人，然而能够最为有效地实行改革方案的地区只有那些受过绅士之风影响的既有的中心，在那里新鲜血液被注入到了原有的绅士权威的血管中。"[86]周锡瑞将这些年轻人称为城市改革的精英，他们是中国的精英阶层"离开乡间事务"，并与之疏远的一个很长过程的继承者。这个与乡间的疏远过程在明末清初时期的商业革命中加快了速度。城市文化和商业利润的前景将地主们带进了城市，土匪活动的猖狂以及"19世纪末期乡间的不太平"使得进入城市定居的趋势迅猛加速。先前几代的政治活动精英将乡间的骚乱看作是改革面临的至关重要的问题，周锡瑞却反驳说外国的侵略已经代替了内部的动乱，成了20世纪初期政治议事日程上的最为首要的问题。自从"不得不去面对世纪交替之际，在城市显现的帝国主义的威胁

① 周锡瑞（Joseph Esherick）（1942—　），加利福尼亚大学中国现代史教授。——译注

时”[87]人们被吸引进了城市的活动中。如同周锡瑞所解释的，对于城市改革主义的精英们来说，帝国主义的威胁，还包括商业战争比军事入侵更甚。随着由矿业资源和铁路的开发特许权而引发的争吵更为激烈，全体中国人越来越懂得了国际规模上的经济剥削的概念是怎么一回事。或者，用当代的一个特用词语“利权”来说：存在外国人利权外溢，夺走中国获利的权力的危险[88]。

周锡瑞提出论点，认为新政运动的活动家们之所以将他们的努力集中于城市是因为他们在那里的影响力最为巨大，发动反对帝国主义的斗争会具有相当使人信服的力量。但是他忽略了另一个因素，这一点我认为用来说明成都新政的历史特别适合、中肯，而且一般说来也可能是很有意义的：那就是东京和被外国人控制的上海作为干净整洁，秩序良好的“文明化”社会典范的作用，对于在政治上和文化上都相当保守的官员们来说，强烈地吸引着他们的社会情感和审美情感。就正像今天毫无瑕疵、繁荣的新加坡会吸引新一代中国的精英们，而他们又碰巧是共产主义者一样。东京和上海也是如此，激发了一群新政时期的信仰孔夫子的年轻的管理者的想象力和富有创造性的活力。

成都的儒家治国论者——周善培

周善培，这位年轻的官员，在成都的改造方面是一个尤为重要的人物。（见图2.1）1880年代，四川的周善培还是一个孩子，上海和东京的形象还远远处于其文化的视野之外；至少在一个年轻的未来的官员眼中是如此。周善培先祖的出生地实际上就在上海附近；他的祖父从他的家乡浙江宦游到贵州，在各种各样不同的官员手下谋差。而他的父亲周振在他自己当上官之前，也跟他的祖父一样，在四川充当其他官员的幕僚。周家的男人和他们老家那个县里的许多同乡一样，都是“绍兴师爷”出身。他们靠在衙门里充当法律和行政管理方面的顾问和专家谋生；这样的“绍兴师爷”当时遍布全中国。〔89〕对于他们来说，北京仍然是支撑天下的那个支点，而被它支撑起来的各个省城，以及更小一些的州、府、县城的支轴都要依附于这个支点而旋转。北京是他们能考得功名，获得皇上召见的地方，也是在那里经过激烈的竞争才

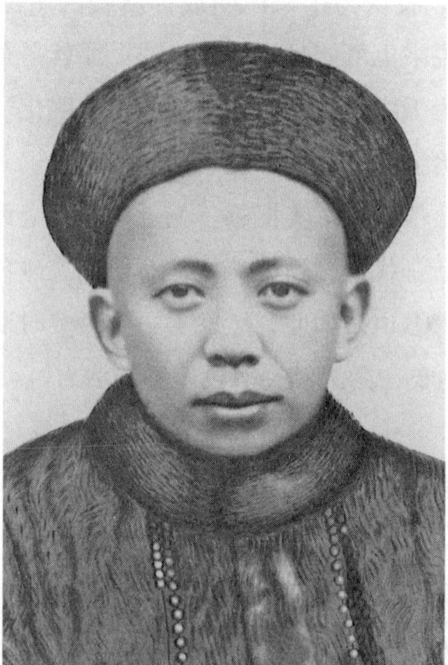

图2.1　承蒙周植蓉（Anne Chou）女士惠允的周善培家族照片

能得到官职。官职能给他们带来名声，受人尊敬，获得特权享有的一切东西，和固定的收入。周振在这方面做得很出色。他当幕僚时表现出来的才干使得一位总督对他委以重任，叫他去视察审计四川省的金库。[90]1890年，他的儿子善培十六岁，周振从成都来到四川省中北部的营山县，在那里当任新一任的知县。然而不到一年，他去世了。周善培和他的母亲、兄弟姐妹一起回到成都居住。[91]

周振希望他的儿子们将来都走仕宦之路，所以十分重视他们的教育。他聘请了四川省一位最著名的诗人、文学家——赵熙来为周家这一群年少的男孩子们当家庭教师。赵熙和周振让周善培每天花半天时间学习传统经学，另外半天用来提高他的分析能力和写作技巧，以便将来他能进入清政府的衙门成为一个有能力的行政管理官员。周善培在六十多年以后，与人回忆起自己早年所受的教育和训练，后来证实是非常有用的。他那守寡的母亲带领全家回到成都之后不久，营山县衙门的官员就不断地上门来找麻烦，说是来讨要周振生前从县库里借走的约500两银子。周善培向省里的金库呈送了一份请愿书，要求把案子调查清楚，但是毫无答复。在绝望中，他每天去盯住司库的衙门。司库出门送客时，他把他给拦住了，递上了请愿书。司库看着他的请愿书，询问信是何人替他代写的。当周善培回答说自己就是写信人时，怀疑的司库要求他把内容背诵一遍。他一字不落地背完信文，给这位官员留下很深的印象，于是他下令立刻解决这笔欠债的问题。[92]周善培每天沉浸在对深奥的《大清律例》的研究，和对这些专用的语汇以及书法的学习中，这些都是正确地书写清朝官方文章所必须具备的才能；与此同时，其他的年轻人都开始了对殖民地城市以及迅速成长的通商口岸这些地方的新文化世界的探索。黄遵宪于1870年初访香港，离开时随身带走了他对香港政府地方自治的印象，几年后康有为造访香港时也有了相同的感受。[93]然而他们早期对于并不熟悉的城市机构的兴趣是非同寻常的。王家俭[①]指出1876年发表的第一篇中国人关于上海租界的报道，中间有一段详细讲述了雇佣警察在街上巡逻的情景，描述了他们身上穿的制服以及他们执行警务的技巧。尽管作者也讨论了他们使用一种电报系统和警察局总办交流的情况，他最终还是得出结论说，在上海外国人控制的警察“与衙差没有什么两样”。王得出结论说，早期对于上海的报道并没有吸引多少对这种新型的市立警察局的关注。[94]然而对于上海，以及它的组织机构，和城市布局的发展产生的好奇和关注在1890年代开始增长，一种新型的文化趋势开始在上海出现。

晚清时期的文学随着新的印刷技术的发展以及新的商业财富的增长繁荣兴盛起来。[95]上海的小说如《海上花列传》（1892—1894）突出表现了城市里世俗和色情的诱惑，书中人物的特点就是以上海当年著名的男人和漂亮的名妓为原型的。上海以它的国际殖民地的地位，使得它的居民与清政府强力推行的文化标准隔离开来，从而让某种充满了活力的实验主义有了容身之地。[96]世纪交替时期年轻的知识分子来到上海，借新型学堂之便，参与进了这个“魅力四射，令人激情万分的时刻中”[97]。上海的市民队伍——商人、店员、职员和学生——的日益增长，

① 王家俭（1926— ），安徽省涡阳县人，台湾大学毕业。著有《中国近现代化的历程》。——译注

催生出了一种“需求——一种对于浪漫故事的需求，故事的元素相对高雅时髦且符合都市生活的常见标准”〔98〕。上海一些小说作家，受到了狄更斯、巴尔扎克以及雨果等伟大的欧洲城市小说描写的激励，而这些作品他们是通过林纾①的翻译才得以看到的。以社会批评家们来看，上海的这些小说更接近于中国较早时期的文学作品，例如《儒林外史》。这本小说嘲笑了官员们以及他们的差役的虚伪和行贿受贿。晚清时期的城市小说的故事，阶级冲突并不是一个主要的内容，他们也没有在小说中灌输对于逝去的社会旧秩序的怀旧情感。而这些则是日本小说在相同时期的主要内容，它们描绘了一个变得让人认不出的拥有有轨电车、电灯和公共园林的东京。〔99〕

林培瑞②得出结论说在19世纪末，以大多数中国的参观者看来，上海是一个光怪陆离的，几乎是“天外有天”的世界。

> 西方的文化制度一般都会被贴上“文明”二字标签。“文明”这个由日本人发明出来的现代复合词是对“civilization”的翻译。调查研究一下上海的副产品，你可以添加上一件文明的时髦外衣来给你的印象加以佐料：结一次“文明”婚，看一场“文明”戏。这种借用的实质与其说是实用主义，还不如说是一种偷窥的心理作祟；对于那些对此有过经验的大多数人来说，上海和它的改革主义的发酵似乎

① 林纾（1852—1924），近代文学家，翻译家。——译注

② 林培瑞（Perry Link）（1944— ），美国著名汉学家，毕业于哈佛大学，现为加利福尼亚大学河滨分校特聘讲座教授。——译注

也就是那么一点有趣的试验而已。[100]

然而新政时期，那些希望影响清朝改革运动的人开始非常认真地吸收“文明”的思想。从林培瑞的这段话来看，他认为“文明”是一个有弹性的概念，最令新政改革者们印象深刻的并不是上海的这种异国情调的文化产品。他们在上海所看到和赞美的“文明”是上海的国际租界，在东京看得更为清楚的，是一个秩序井然，富有活力的城市社会团体。

周善培，像在他之前的黄遵宪和梁启超一样，非常欣赏国际化的上海、香港和东京，赞赏它们的城市运作。面对这些城市，像梁启超这类好幻想的思想家们，会将现代城市设想成“光明的中心”，从这里可以实现他们“照亮和唤醒中国人民的使命”[101]，许多在官僚政治体制内的新政活动家则对于这种现象抱一种不同的看法。在他们看来，东京特别值得他们的关注，因为它为他们这些身负重任、受人尊敬的、国家的臣仆树立了一个新的标杆，如此他们也能够成功地取得让一个社会富裕繁荣起来，并赋予它秩序之美的成就。对于一直在实用主义的治国传统中受教育的帝国官员周善培以及像他这类的人，面对这些城市管理者的雄心抱负和他们取得的成就，他们不由得留下了极为深刻的印象。[102]运行良好的城市本身就成为他们治国本领的标志；东京模式的城市，它的“文明”是一个有才干的官员所能够创造出来的某样东西。是的，中国人民应该会受到“启发”，但是这种由新政改革产生出来的“文明化”了的民众，与中国官员们长久以来努力去教化的民众不会有什么不同，他们都是辛勤劳作，守秩序的社会群体；尊敬生活在他们中间，当然也高于他们的智者的领导；坚守他们的和谐，提高他们的道德水准，团结一致，反对一切内在的和外来的威胁。

与此同时，他们为出色的行政管理、运行良好的城市所立的新标杆也是发达国家最为显著的标志，是香港和国际殖民地的主政者即将达到、日本的主政者正在明显快速地达到的理想目标。由此看来，处于新政时期年轻的中国官员主要专注于省城，这个事实并不表明他们缺乏放眼中国的更为宽广的视野。袁世凯在东京受教育时，他在政府自治问题方面的首席顾问叫金邦平①，对于从他身上表现出来的国家主义，汤若杰指出："他的雄心是不会被天津的城墙所局限的，尽管这些城墙一直矗立着。"〔103〕金邦平是天津起家的官员，他为着中国的未来而工作。然而，金邦平努力将自治的机构推广至直隶全省，其中包括将青年学子带至天津在自治的学校里学习，他这样做，也是对"文明"的诱惑助了一把力，而这种诱惑在晚清文化环境中是何等的意义重大！

周善培对于东京以及它那里的新式公共机构的兴趣首先是在长沙被激发起来的。1897年在长沙的改革运动达到高潮时，他加入了湖南省的教育委员会，成为那里的一员。他那时还只有二十来岁，在1894年和1897年参加过国家的科举考试，有过两次受挫的经历；两次他都只是名列"副榜"，这只是一种对于他还没有完全达到"举人"资格的安慰奖。而考中举人这个功名可以为他打开一条进入正规官僚政治体系的道路，从此开始他从政的生涯。〔104〕然而，他的才能，也有可能是由于他的导师赵熙替他说了一句话，让他在湖南获得了一个位子。1898年，湖南省教育委

① 金邦平，天津人，袁世凯的主要顾问，曾留学日本，生于 1882年。——译注

员会推荐他去参加那年计划在北京举行的一次特别考试，他便来到了京师。他的一个学生回忆说周善培在1933年告诉过他，1898年周在北京时和刘光第过从甚密。在皇太后发动政变、大难临头的那一天，他实际上曾警告过刘，让他逃跑。当刘拒绝逃跑、准备几天后慷慨赴死时，根据他说的故事，周善培买通了守卫，去见了刘光第；刘遵照烈士英勇赴死的传统，断然拒绝了周企图递给他的一颗镇静剂。[105]然而周的儿子说，刘被执行死刑时，他父亲正在上海，准备陪同黄遵宪去日本赴中国公使馆的新任岗位就职。[106]据周善培写的一本关于他和梁启超关系的回忆录，他将自己描绘成一个完全远离1898年那次政治事件的人；他还说1897年他住在长沙的那段时期，从来没有去时务学堂拜访过梁启超，因为他的性子从来“就是要避开吵闹拥挤的场合”[107]。至于他是否如有些报道所言因为与改革者的关系而被迫逃离长沙，还是按他自己所说，因为他要继续“调查研究一些事情”。不管怎样，周善培第一次访问日本是在1899年。

1899年的东京已经经历过了三十年的改革。按照爱德华·塞丹施蒂①的话来说，“这座城市已经变成了一个现代国家的政治中心，正领导它走向文明化和启蒙时代。”[108]三十年来明治维新的政治家们一直在仔细研究欧洲和美国的政治制度和文化，从中选择他们认为是最好的方面，对它们做出符合自己的修改，以推行到他们的样板城市中去。[109]摩天大楼、马车、人力车、报纸、市议会、警察、酒店、电气、邮政服务——所有这些都是日

① 爱德华·塞丹施蒂（Edward Seidensticker），历史学家，卓越的翻译家，曾翻译过著名的日本小说《雪国》。——译注

本在崛起，并屹立于世界之林的闪亮的例证。到1900年底，东京的都市化发展如此迅速，令一些参观者们大为吃惊，他们高声诋毁，将他们所看到的现象称作是对农村价值的全面退化。〔110〕

从周善培随后着迷于将成都塑造成中国式的东京，他甚少受到日本重农思想家们的反城市化主义的影响。他在日本的社交都是通过梁启超，是梁将他引入了“中国之友”这个精英圈子。根据马里厄斯·B.詹森①所说，明治晚期的精英人士不希望欧洲人眼中的日本与被视为落后的亚洲有任何牵连。因此，他们对于与中国建立密切的联系抱犹豫的心态。另一方面，他们又担心软弱无能的中国会招致欧洲帝国主义更进一步地侵略，这将危及日本。也有许多日本人深信他们有责任帮助中国解决它的问题，因为他们认为日本对中国的文明化欠下了宿债。对于这个两难问题，他们的解决办法就是：一方面公开庆祝他们与西方列强的建交，另一方面则是悄没声儿地鼓励各种各样的日本活动家群体去和中国人交朋友，帮助那些有志于建立中日邦交的中国人将这种合作更进一步地扩大和巩固。〔111〕周善培在他初次访日的四个月期间所结交的朋友以及认识的熟人就包括像大隈重信②和犬养毅③

---

① 马里厄斯·B.詹森（Marius Berthus Jansen）（1922—2000），美国历史学家，日本史名家，普林斯顿大学教授。著作：《日本及其世界：二百年的转变》。——译注

② 大隈重信（Okuma Shigenobu）（1838—1922），日本明治维新时期政治家，日本第8任和第17任内阁总理。——译注

③ 犬养毅（Inukai Tsuyoshi）（1855—1932），日本第29任首相，日本近代明治、大正、昭和三朝元老重臣，孙中山的密友。1932年被日本少壮军人刺杀身亡。——译注

这样杰出的日本政治家。[112]有了这样一些朋友，周善培应该会有足够的机会去看看秩序井然，活力最旺盛时期的东京。

1899年秋天，周善培回到成都，在那里他为自己和其他一些人组织了一个英语学习班。学习班设在一个新教传教士的家里。与此同时，他还招募了一个日本人，名叫中岛赛时，来教日文。中岛赛时是中国努力自强建国的支持者。课堂就设在成都一家租来的院子里。这个日语学校仅仅只维持了几个月，却因为它所教的引人注目的科目，和学生所穿的窄袖上衣和皮靴的制服引起了轰动。那个主持周善培的英语学习班教学的传教士，因为就住在日语学校的隔壁，他认为日语学校解散的原因是因为周善培和学生们在义和团起义期间"招致了嫌疑"。然而，据说学校解散的原因是因为有人指责中岛收的学费过于昂贵。[113]学校关闭后，周善培带领大约二十来个学生去了日本。这是第一起由四川行政管理机构发起的学生赴日留学，当时学生到东京留学已经快速形成了一股风潮。[114]几个月后，周善培再次回到四川，在川南一个由他前任导师赵熙所建立的学校里短时期任教。1902年，26岁时，他的官僚政治生涯揭开了新的一页。新政时期开始了，所有怀抱雄心的总督都在征召人才、专家，来帮助他们建立新机构，以响应皇帝敕令发出的号召。周善培被新任总督岑春煊雇用，帮助为四川省建立现代的警察队伍。

从1902年到1911年，周善培先是当幕僚，后来当官员，完全投入新政计划的实施中。1902—1903年，帮助建立了警察队伍之后，他又随着岑春煊一起调任广东。在那里他成为岑春煊的首席幕僚，负责为岑春煊训练他手下的新军旅团的军官。他也曾经再去了一次日本，两度去香港与梁启超会晤。[115]1905年周善培在岑的推举下，受到奖励，擢升为官员，任巡回监察。他又向人事任免部门提出申请，要求回四川当候补官员。据他的儿子说，周善培之所以决定回四川是出于孝道的原因：他的母亲想要回成都，向她的熟人炫耀一下，她的儿子是多么成功。[116]如此看来，她是一位自豪的母亲，因为1905—1912年，她的儿子曾经为五任总督工作，获得了迅速地提升，如今被提拔到了总督衙门管理工作的最高层。（见图2.2）

图2.2　1907年当总督时期的赵尔巽（前排右数第二）及总督衙门官员和外交使节在一起。周善培在后排，右数第三位（加拿大联合教会资料，维多利亚大学档案，多伦多：目录编号：No. 98. 083P/126）

1905—1912年新政改革令成都发生了明显的变化。负责实施这场改革的人也不只周善培一人，他的一些同僚也是参与改革的积极分子，还有一些官僚机构之外的人也参与到了改革成都的计划之中。然而地方上修志的人在对新政时期的成都做总结时，他们常常用一句缩略语来表现周善培，要么是发起人，要么是在发展进程中推动了一把，在五个方面做出了成绩："四昌""一察"。这四个"昌"是指：为"娼妓"们建立了发执照的红灯区；为乞丐们建的"乞丐工厂"；一所新戏院，供经过"改良"的川剧在那里"唱"戏；以及成都第一处商业场，以鼓励地方企业的发展，叫作"劝业场"。那一"察"就是"警察"。

周善培的兴趣与活动并不只是局限在成都和紧邻它的地方。1908—1911年，作为四川省负责经济发展问题的省级管理长官，他把他的一部分时间用在比成都要大得多的地区上，解决影响它们的经济问题。最值得注意的是，他积极参与在长江上游建立轮船公司的计划。他还大力支持提高四川省丝织品质量。他主持召开了一次会议，召集了整个成都平原上所有管理堤坝工作的经理，讨论解决争夺水源纠纷的新办法。〔117〕但是在这一切成就之上，周最为人所不能忘记的就是他为成都所做出的贡献。他在对成都的重新改造上，投入了最大的热情。然而作为一个清政府的臣仆，他从来就没有将自己称作是地方自治的改革者。他最大的灵感和激励来自东京，但是由于他认为他在成都的作为是完全与中国的官僚政治和道德传统相一致的，所以对于"西化"和"现代化"的说法他也是反对的，排斥的。当我们在第四章仔细审视他的四个"昌"和其他项目时，我们会看到并不是所有成都市的居民都全盘接受他对文明化的成都的展望规划；的确有些人认为他议事日程上有些内容与国情过于相异，不能接受。但是首先我们必须对于他所使用的那个工具，那个能够用来打击他所厌恶的社会现象和文化现象的工具新式警察——"察"，它能够恰当地治住那四个"昌"——做一番考察。

第三章　城市改革的关键——新式警察

成都警察新体制的构想于1902年秋天出炉。在这之前的好几个月里，成都平原被一系列针对基督教团体、富有的地主、政府官员的袭击震动了。传言说已经逃至中国东北的义和团前年在川西地区又纠集起来了，他们加入了地方上的各宗派团伙，和他们一起骚扰共同的敌人、外国人和本地基督教徒。他们认为这些人应该对一场使得川西米价上涨的干旱负责。一个自称有神授天功的十六岁的领导者，人们都叫她有“菩萨保佑”的廖观音，带领好几千个她的支持者与盘踞在成都市北〔1〕派来镇压她的红灯会的部队，打了好几仗。几个月之内省里派来的军队大受挫败，叛乱迅速蔓延。9月15日，总督奎俊的行政管理机构灾难临头；有好几十上百的教派分子从南门强行冲入省城，他们在一家小五金商铺里用刀将自己武装起来，将总督衙门前面那条大街给控制住了。〔2〕年届七十的四川臬台刚好从衙门里出来就遭到了袭击。他从轿子里下来，指挥他的护卫和衙门里的士兵杀死和逮捕了大多数的叛乱者。[3]

奎俊早就已经因为处理起义和暴乱事件的无能受到过指责。几个月前，有两名监察官员就已经向朝廷弹劾过奎俊，说是他对部下的腐败疏于管理和整饬，任由省里的军队堕落。他还受到指责，由于对佛教的痴迷，妨碍了执行应尽的公务和职责：本应召集手下官员听取大家的意见时，他却犹豫不决是否对抓来的叛乱分子执行死刑，行刑前，他自己戒食荤腥，口里还不断地念佛经。[4]

为了将四川从如此软弱无能、办事毫无效力的领导之下解救出来，使其不再受到有害影响，山西省巡抚岑春煊接到命令，八月调到成都。甚至早在9月15日事件发生之前，他便已收到了重建社会秩序的指令。成都事件发生两周之后，他到达了成都，接替了奎俊。在接下来的几个月里，他把山西随身带过来的精锐部队，派到了成都平原所有主要的动乱中心。成百上千的人被杀，好几十个人被带回成都，在北门外执行死刑。[5]在对朝廷的奏折上，岑报告说虽然他相信那位有“菩萨保佑”的廖观音，只不过是几个叛乱头子手中随意摆弄的木偶，但是为了“平民愤”[6]他不得不将其砍头，将其名声搞臭。廖观音于1903年元月死于成都，其时正逢成都市第一期警官开始了他们的培训。岑春煊到成都的头八个月里，重新恢复公共秩序成了衙门工作压倒一切的重点。[7]通过从成都的军营内以及其他有驻军的城市里派出正规的军队，这项工作多多少少算是完成了。然而，岑也有意要重新恢复民兵组织（“团练”）与保甲制度的联系，以期组成一个强有力的地方民兵体系。它将让市一级和县一级的官长们和地方士绅一起来维持对局面的控制，而不必从这个地方团体外去召集军队。

可以说岑春煊的这个团练改革计划是很有道理的，从这里可以看出岑认识到了帝国官僚机构必须获得地方贤达、精英人士的密切合作：他宣称成都的省保甲局（团练保甲总局）过去的工作毫无成效，因为它是由官员们来领导的，而他们任由它日渐腐败。重新组建的这个局将由官方和地方士绅的积极参与来共同领导。而地方士绅的参与是因为这与他们自身的利益息息相关，这将使得这个团练保甲总局长期有效地运行下去。岑指示这个局的领导班子参考黄遵宪在湖南组建警察的规章制度，还指示他们在拟定改革四川治安部队的计划时参看欧洲和日本的警察制度。像在湖南一样，省城额外有自己的警察队伍。在一年之中只有冬季和其他必要的时候，才召集地方上的人员，组织起来进行定时的巡逻，以代替起辅助作用的团练队伍；而在其他大部分的时间里，成都市的街道和商场受到一支专业化的警察队伍的持续而长期地监管。〔8〕

成都这第一支专业的警察队伍，它的大部分体制与活动在这个城市和中国其他地方都已有过先例。正如我在第二章里说过的那样，19世纪末期成都的保甲局只是名义上担个“保甲”的名称而已：它的领导者还是官方机构，即便他们极少进行训练，它所掌握的这支队伍仍是由国家提供给养的专业化队伍。成都的某些军事单位专门用来从事治安工作，清朝时期只有成都像北京一样用军队来进行综合性多样化的治安工作。（北京军事警察的全部工作就是维持北京市的治安，长期行使一定程度上的对街道及居民的控制。在先进的电子监控和通信技术发明之前，它的这种监控远远超过了世界上绝大多数大城市的警察局所能达到的水平。）〔9〕

但是成都新政时期的警察改革仍然意义重大。在1902年这个危急存亡之际，由清政府发起的这一改革是一次广泛开展的、艰难尝试的一部分，以期控制一个难以驾驭的省份。成都的警察局从四川省的财政里面获得了金额巨大的津贴和资助，几乎在几年之内，在成都大街上每天不分日夜，都有1200名经过严格训练的警官和警员按时轮班巡逻值守。由于做出了这么巨大的努力，在成都，国家的权威比以往更为彰显和有效得多，而且可以想见比在全省其他任何地方都更为突出。这个国家控制的新工具的成功建立，点燃了它的创造者的雄心壮志。特别是周善培，他尝试利用这个警察机构和它的预算以及它所拥有的特权，将成都塑造成一个他一心想要使它成为的、一个由东京精神激发出来的城市。为了这样做，他基本将成都的管理放在了全省行政管理议事日程的最前面，这是成都在帝国晚期从未达到过的位置。国家的公仆们变得史无前例的精神饱满，管理着成都的城市生活，开创了一个充满了活力的城市规划和管理的新时代。

下面这一章里将仔细审视周善培和他在成都的同僚们一起所做出的制订规章的计划。在我们开始之前，先对能够帮助他们做出这种计划的成都警察队伍做一番仔细地观察，探讨它的体制和制度模式以及评估它在成都人民心中的接纳度，这样做是有用的。周善培在治国本领方面受过严格的基础训练，而且在这方面还结合了一定的中国行政管理的实践经验——最为重要的是——在“保甲”组织方面的实践经验——并将其与外国警察模式结合起来。他在东京看到的警察模式给他留下了深刻的印象。这种有样可循的例证，结合起来看，显示了他的富有创新精神的制度建设，在1911年之前的那些年里，的确受到了相当一部分城市居民的欢迎。

成都警力：警官和警员

成都的警力是岑春煊建立的第二支警察部队。1901年和1902年，他在山西当巡抚时，便在山西的省城——太原市建立了一支警察队伍，尽管朝廷并没有下令巡抚们这样做。[10]像袁世凯一样，作为太后的另一个宠臣，岑春煊具有相当的主动权，因此有自信，也有能力去自主行事。而且，也像袁世凯和晚清所有其他成功的省级领导者一样，岑也一样不断地收罗有见识有才干的管理人员，将其纳入他个人的麾下。在成都，他指定了一个总办来统领这个新成立的警察局，这是省一级机构通行的惯例。同时他还委派周善培去起草有关警察和培训警员的规章制度。周当时还没有官衔，但是他父亲在省级行政管理机构的人缘关系很好，他自己通过他的启蒙老师赵熙在成都士绅中间建立了关系网，还有他在日本期间的经历，这些累积起来，都使得岑认为他将是一个前途有望的年轻的管理人才。[11]

在周善培所制订的四川警察的计划中，预见到了遍布全省的各行政机构所在地、商业城镇和乡村将会逐渐建立起专业警察队伍，以及逐步代替旧有的保甲和民兵制度的可能性。[12]到1908年，省级机构的改革者们将他们的全部精力几乎完全放在了成都警察的建设上，将它作为所有下级管辖机构效仿的榜样。为了确保成都警察成为出色的范例，岑春煊给予了改革者们数量可观的拨款，以支持他们的工作。二万五千两白银的款项相当于成都保甲局整整一年的用度预算，除此之外，他还从省里各个不同的资金来源抽调了十五万两白银，给予新成立的成都警察局作为津贴，用来支付薪水和添置制服、设备。[13]这样慷慨的资金投入，使得成都警察队伍在作为全省各级官员学习的模范价值形象方面大打折扣。然而，在四川省管辖的权力范围内没有哪一个行政司法机构敢去追究省里的金库，建立这样一支警察队伍所投入的资金来源。[14]警察局指挥部占用了成都市中心偏北地方的一所房屋，那里曾经是保甲局办公的地方。为了按照地理分区来组织警察的工作，成都被划分成六个分区：四个按照基本地理方位分区，一个中心分区，一个是东门外面沿着通往重庆去的大路的外东分区。每一个这样的分区又划分成六个或八个下属分区，所以一共是四十个下属分区。南、北、西分区在城墙外都有下属分区，外东分区包括一个下属分区，专门负责在江上维持船舶往来的警务工作。旗营并不在成都警察权力的管辖之下，但是1906年

图3.1　成都的一个警察下属分局。这栋房子是专为一处警务站所建；其他这类的警务站占用了寺庙、行会会堂，或这座城市里其他的“公用”建筑。（四川成都第三次商业劝工会调查表，1908）

额外为它设立了一个旗营警务所。警务处和警营则设在各自的分区和下属分区（见图3.1）的寺庙里以及一些其他的公共建筑"公所"里，包括几处会馆和慈善团体的所在地。[15]制订了安排警员到交叉路口的岗位值勤，或是按照由警官们画出来的路线图来执行巡逻任务的规定。[16]

为了培训成都警察，警察局建立了"警务学堂"培养警官，还有"巡警教练所"。周善培亲自编辑了课本，并在学院里任教，军官则在训练营里教低一级的新兵操练步伐和使用武器。警官和警员都要听讲"警察主义"的课，包括中国和西方的警察史，以及有关警察对社会所起作用的讨论。[17]对警察个人的行为规范的最为重要的文件就是《四川通省警察章程》，它是由周善培部分根据日本警察规章起草的，经过岑春煊和清政府政务处的审批。[18]从它那详细备至的规章制度中，我们能够完整地看出周善培展望出来的警察队伍是一幅何等的画面！

警察局将按一个高度有秩序的、官僚主义体制的方式运转。规章制度对于新进人员的征召订立了严格的规定，新进人员必须来自诚实本分的家庭。所有的警官和警员都要求有一定的文化，其程度必须达到使他们能够填写局里面制作的无数的表格，以便警局能对警员的活动进行监控。警察在当值时遇到一切发生的事件时，必须携带记事本，将其记录下来。被委派到各下属分局监管旗下四十多名警员的警官必须负责填写五种不同的表格，包括每日逮捕人员的记录，还有轮值表、交接表、分派人员表和对警员完成任务的评估表。在各分局及其下属分局的警官，按照周善培的规定甚至还有更多的文书工作要完成。

周善培对于培养成都警察的专业作风的概念明显地受到一种

忧虑的影响，他担心新式警察会被人与过去一身陋习的衙差和“保甲”局的局丁局勇混为一谈。[19]他订立的规章制度反复地提醒禁止警员进入城市居民的家中，即便是那些有犯罪活动嫌疑的人，在没有获得警局的授权的情况下，也不得进入其家。警员不得向前来报案的人勒索钱财。违反这项规定将受到的处罚是削去一只耳朵，作为耻辱的印记。只有当嫌犯在佩有武器和具有危险性的情况下，警员才可使用警棍，警棍的一切使用都必须由下属分局向分局报告。警员的制服必须突出显示警员所在的下属分局的名字以及他自己的徽号。订立的规章须公布，并以小册子的形式分发出去，鼓励市民向警察局报告警员滥用职权的行为。[20]

行为规范要求警员在执行警务时，要穿戴制服，不得谈笑；对居民说话要有礼貌，要有耐心；走路步态要庄重，只有在特殊情况需要时才能急速奔跑，否则不得随意乱跑；须将辫子盘在头上，前额每七天剃发一次。除此之外，警员不得携带或佩戴任何在着装规定中没有明确提到的东西；不得出入招待会、娱乐场合的人群中，除非是去执行监管任务；在执行公务时不得打伞，不得抽烟，不得吃东西，不得饮酒喝水或购买东西；不得进入茶楼、烟馆、戏院或其他“不宜进入的场所”，除非是奉命检查。[21]警察，不同于衙差，必须要有尊严。

等待着一个刚入营的警察新兵的生活，就犹如海军新兵营里的生活方式那样严格。住在下属分局警营里的警员们每天在规定的时间，在警营里进餐，按照负责警官制订的时间表就寝。规章制度限制了每个月只能请假两天，而且只能是在紧急的情况下方能请假。当然，警察比驻城部队的士兵可以请假的天数多一些。岑春煊在向朝廷报告建立警察事务的奏折上，是这样展望他对警察应对社会所起到的广泛作用的："对上，他们应对政府的许多事务起支持的作用；对下，他们应为人民的正确行为起一个表率的作用。"〔22〕这样的描述也许正是可以用在清政府对一个理想的知县的寄望上。

再者，新式警察从其受到的训练和外部的仪表来看，倒像是纪律严明的士兵。说到他们和民众的关系，他们应是关心和乐于助人的，同时也是严格的和行为端正的。他们的社会作用是要作为帝国王朝在当地的道德化身；与其说他们是人民的公仆，还不如说他们是街上的县太爷，他们应当保护普通民众，激励他们规规矩矩地过日子。按照周善培的规定，可以这样来看新政时期的警察改革，是企图将清朝官僚们的想法，作为国家的道德力量更加密切地施加于人民。这种努力"要借助于地方官场的大力开展"，如全大伟①所指出来的那样。〔23〕改革力求取代衙差，却绝没有人从理论上看出他们不仅不是非道德性的，也不是官方难以控制的工具——肯定还没有人曾经想过他们应是人民的表率，是一支专业化的、正当行为的细心保护者，这是一定的。他们不是人民的父母官，或许确切地说来只是作为长兄的官长。〔24〕

为了鼓励警察起到道德模范的作用，这份规定还提出要求，必须定期支付他们足额的薪水，使他们不会迫于生计而去鱼肉人民。它还提出应该敞开任人唯贤的大门，让警察能在这个基准上获得职位晋升。而衙差在绝大多数情况下是没有这种可能性的，他们的子孙被禁止参加文职官员的考试。警员如果考评优秀可望

---

① 全大伟（David Strand），美国哥伦比亚大学博士，学术领域：历史学、政治学。著有《一个未完成的共和国》。——译注

提升到警官。特别优秀的警官可被挑选进入下属分局任职。积累了一定数量的执勤服务奖的警官可以提升进入省局的另一分局，在文职服务位置上，行使代理知县的职务，或是任职指挥军事单位。[25]即便是调到成都驻军中服务，警官也还具有某些县长级别的传统职责；被指派到分局的司法警官被赋予了权力，可以聆听轻罪案件和一般的纠纷争端的审讯，对于那些在警庭被发现有罪的，有权施加一系列的刑罚，包括：拷打、罚款和强制做义务工。[26]

周善培对建立一支强大的、纪律严明的、专业化的警察队伍抱有极大的期望，他们能够以高水准的道德和个人的担当，来承担起几近于家长般的责任。然而，有几个因素阻止了成都的警察，使他们无法迅速地达到这些目的。首先是在1903年4月27日，第一批警察走上街头开始巡逻之后不到一个月，岑春煊就被朝廷调任，周善培陪同他一起前往广州奔赴新的工作岗位，这个计划便受到了当头一棒的打击。岑春煊让周善培替他为广东的新军训练军官。其次是岑在成都的继任者锡良对警察改革兴趣甚微，让这一支新生的力量放任自流，在接任后的两年间没有做出任何指示。[27]即便在周善培于1905年年末返回成都后被锡良任命为警察局的总办，情况也未能好转，因为这时这支警察队伍仍在某种程度上继续遭受着一个问题的祸害，那就是在整个帝国的晚期，中国的地方民事管理机构所遭受到的：高踞在上的高官显贵和他们的底层下属人员之间缺乏有效的合作。

戴安娜·拉里①注意到在清朝军队里，存在于军官和他们指挥下的士兵之间的社会隔阂还不是很大。军事生涯不会受到人们多大的尊敬，与文职官员、富裕的商人、饱学的绅士们相比较，军官和士兵之间有着更多相同的经历、相同的期望、相同的生活体验。拉里指出这种状况在民国时期有所改变，部分原因是现代军事学校的建立，给予了它们的毕业生一定的声望，因此也吸收了出身于精英家庭的子弟。〔28〕晚清时期民国军队之间的官兵关系相比晚清时期，警官和警员之间的社会隔阂更大一些。这种隔阂部分是由于警官和警察新兵之间存在的出身背景和前途的巨大差别。然而，由于周善培担心新式警察会被人们等同于旧式的衙差，他把这种担忧写进了规章制度里以指导警察队伍的发展。周在新的规章制度里为警官留下一定的晋升空间，以建立他们的声望，使他们成为有能力的、热心的人民公仆；而对于警员，这种机会便很稀有。在对待警员的要求上，警察局看重的是服从，如果第一声命令的服从没有及时做到，便会受到严厉地对待。

成都警察局的警官必须是非本省籍，来四川赴任的文职官员，或是军官出身的，可以是四川籍。想到军事学院培训的报考者，需通过考试征召入伍。绝大多数的申请者都是级别低、等待委派的候补官员。20世纪初期的那几年里，出钱买身份、地位的做法明显增长，结果造成了成都候补官员的数量猛增。买得“监生”地位的人都为官方的资金筹集适时地出了一大把力。这些筹

---

① 黛安娜·拉里（Diana Lary），加拿大学者，获历史学博士学位，后在英属哥伦比亚大学任教，是该校的中国研究中心主任。著有《中华民国史》《军阀士兵：中国的普通士兵》。——译注

集得来的资金用于海防或是救灾。这些人便被财政枯竭的朝廷在省里的行政管理机构里授予了极小的候补资格。到1910年底，四川省里以这种方式被授予候补资格的官员人数积压过多，官方不得不组织慈善资金资助没有补官而滞留在成都的外省人的生活。〔29〕1911年总督提出对一切愿意返回故乡原籍的低级候补人员支付回家路费。〔30〕

例如有一个叫作路广钟的人，1902年到达四川，他的身份是低级别的县监狱的典史，他如果获得一个警官的职位，吸引他的不仅仅只是薪俸——一个下属分局的警官每月可获得五十银圆的工资，这是扎扎实实的一笔钱（而警员每月只能获得五个银圆的工资，外加食粮）——还给他提供了上升的机会，在官僚机构里谋得一个职位。省级制度规定了每一位被委派到四川的候补官员，在他能够被评估指定到一个实缺之前，他必须在一家政府机构里作为“副职”（委员）至少服务一年。〔31〕被委派为副职的工作包括：管理税收机构，调查司法案件，监督地方志书籍的编辑进展，以及充实到保甲局。〔32〕警察局在1902年之后为进入官僚机构工作创造了新的机会，警察分局和下属分局的局长，其资格都可等同于“委员”。

从另一方面来看，许多这样的年轻人还发现选择警察工作事业的本身自有其优点，因此还是很吸引人的。就像新军一样，警察局无疑被看作是一个具有光明前程的机构。从它本身来说，也许它并不处于“文明”概念的核心，但是，由于在日本的现代历史上，警察改革被赋予了重要性，它是“维新”的核心力量，而维新又可以翻译成“现代化改革”，而这就是在20世纪早期一个又一个去日本留过学的年轻的爱国者的目的。1910年底至少有十五个年轻人从四川东渡日本学习警察工作。[33]那些去日本学习最时髦的课程——法律和行政管理的人，在回国后也劝说省里的领导，建立现代化的学校，培养一支现代化的警察队伍是创立立宪制政府过程中最为重要的几步。[34]在成都的警察规章制度中指定的警官制服包括西式的徽章和皮靴、饰品等物件，它们向至少是社会的一部分人宣示了它们的佩戴者是属于未来的人，是一个向前进的强大的新中国的建设者。警员的制服也结合了西方的特色。（见图3.2）。总督锡良在某些方面是相当保守的人，据说在他到达成都时曾经批评过警察制服“太过洋气”[35]。

图3.2　成都北门四圣祠街。居民们和传教士L.L.阿伦以及一名警察（正中间）已经摆好的姿势。照片背面的注释说明这位警察的个子“比平均要小一些，这条街道上的人群衣着也比一般人好一些”，传教团已经事先将街道打扫干净了。拍摄于1908年（加拿大联合教会资料，维多利亚大学档案，多伦多：目录编号：No. 98.083 P/20.）

图3.3　警庭过堂画（《通俗画报》，1912年7月1日）

警察的工作也为人们提供了一些笑话。1912年的一张画，画的是一个警察下属分局的警官搞审讯的场面（见图3.3）它与县官在堂上过堂审讯的熟悉的形象惊人的相似。原告正跪在警官的案前。案桌上摆放着折叠得整整齐齐的申诉书，以及各种各样书写判决书的文具。警员分站在警官的两侧，正用心地听着；而警官则坐在一张高台旁，居高临下地面对着诉讼当事人。虽然这张画画的是民国元年的成都警察，但它看来好像是从一开始就要把下属分局的警官画得像在堂上听审的县官。但是一张1908年的照片，拍的是成都的一个类似于这样的警察局（见图3.1），却根本看不到一张像1912年画中的那种高台。[36]画中的原告跪在警官面前，明显地暗示了这些人在执行他们的工作时，沉浸在一种“父母官”的独裁主义的气氛中，这必定是为了让许多有雄心抱负的年轻的候补警官取笑而已。

对于警官的要求是非常严格的，关于他们工作的评价保存在北京的皇史宬里。从这些档案中可以看到，他们被要求严密监督下属，常常要上街巡逻，定期参加局里的会议。有一首名叫《官场现状》的讽刺长诗发表在一本成都旅游指南里，其中有一句向人们告知：“工作舒适，在支应局里点卯，把这一天熬过，这就是警察。”[37]周善培于1906年明确表示，他认为几年前他培训的许多学生后来证明对工作都不胜任。那年他被聘为局长，在一百多个警官中他解雇了32位，理由各种各样，例如：表现毫无能力、胡乱处置重要案件、办事越权、一味地贪污腐败、狎妓嫖娼、任由下属放纵、疏于纪律的整饬。[38]警官中一些不端行为的案例，以及受到的惩处都在当地的报纸，《四川官报》和《成都日报》上登载，受到了人们的关注。[39]

然而对于那些给周善培和继他之后担任警察局局长的人留下深刻印象的警官，他们获得的报酬算是可观的。许多警官发现成都警察的工作是真正有保障的，他们后来都成了警察这一行有价值的专家。有22名警官自警察局成立后的头六年里就至少工作了五年。[40]其他警官离开成都警察局的原因只是因为他们被邀请到四川其他地方去组建警察局。[41]举例来说，路广钟的事业生涯就显示了一名成都警官事业追求所能达到的高度。路是警察学院的第一期毕业生，在成都的下属分局和分局干了五年。1907年他在成都市全体警官的综合考评中获得了第一名，赢得了警官级别的晋升，但仍保留在南城分局局长的位置上。他继续定期为警察事业捐赠献金，直到最后他终于获得了一个独立部门（资州）长官的职位。1909年，锡良的继任者赵尔巽委任他为成都西南的邛州知州。1911年，他回到成都成为警察局里的一名高级警官，兼任警察培训学校的并列校长。[42]

一般警员不像路广钟那样，能在警察学院找到一把成功往上爬的梯子。他们所受到的培训相对来说几乎没有上升的希望，尽管周善培也曾决心要扩大文职部门的范围把他们都包括进去。他们的出身背景与那些警官相差太远，他们无法进入这个生机勃勃的，由周善培这类人所开创的城市改革的新世界中去。不过，或许正是因为他们不曾具有他们的上司那种积极主动的精神，新进来的警员在成都社会群体的许多居民中获得了相当正面的声誉，这一点在我们仔细调查了公众对于警察的反应之后将会看到。

1902年末，从成都市周围的城镇乡村，以及为了支持新军的建立而被解散的绿营军队在当地的驻军士兵中招收了1800个警员。[43]虽然规定要求他们必须有文化，但是他们中许多人是既不认识字也不会写字。1910年新来的巡警道下令警员要开始按规章制度办事，要坚持填写工作记录，这就暴露了他们的这一缺陷。必须指出的是，尽管他们没有文化，许多很有经验的警员却是出色的员工，于是他允许他们请有文化的同事帮他们填写报告。与此同时，他也要求他们学习写字，并警告他们，如果在三个月之后，他们还不能自己填写报告，他就要解雇他们。[44]

由于这个警告，以及周善培于1906年清除了一些警官，局级警官可以随意解雇全体警员。没有任何申诉过程。他们还可以随意惩罚警官和警员，不受太多的限制。然而，对于警官和警员的惩罚方式是完全不相同的。累积了许多过失的警官，如果过错轻微，便处以罚款，如果他们的过失严重，则被剥夺官阶并开除。警员则要遭受肉体的处罚。1906年在《四川官报》上公布了一宗案例，两个下属分局的警官因为没能调查出一宗杀人案被撤职，但仍然保留局籍，并在局里宣布他们将面临“苦差”的惩罚。那个下属分局的局长及其助理被“抽棍一千下”，并颈戴木枷围绕总局游行示众。[45]

对警官和警员施加的惩罚之严酷是一种征兆，表明了警察改革者缺乏对他们平民出身的下属相应的信任。成都在1903年采用了西方模式的沿一定路线巡逻的制度，这种做法需要把一定的权力交给每一位巡警。而实行新政的官员对于警员的看法从来就没有提升到足够的高度，无法鼓励他们形成自豪感：他们是行使法律的独立而公正的代理人。警察当局仍然倾向于把他们看作是行使有限目的的工具，而不是能够自主的行动者。他们的活动范围受到限制，能去的最大范围就是普通市民在城市里居住的公共区域。在本地报纸上登载的关于成都居民和警察组织之间交往的故事所牵涉的民众都不是精英上层人士，他们只不过是小商小贩、轿夫和妓女。富裕一点的居民总是避免和警察打交道，这就使人不由得想起出现在《成都日报》上登载的两则新闻片段：

1904年12月19日：本月11日（阳历是12月17日）在通济桥一家陈姓居民的住处，一位警员在他家堂屋里被人抓住。该警员身着警察制服，他被捆住送到了警察局里。据悉他企图引诱一名少女。

1904年12月20日：几天前警察林原章在通济桥看见一个男人神色匆忙地走进陈家的住所，感觉他神色可疑。于是这名警察跟着他走进院子。陈家院子里的住户们把他捆了起来，送进警察分局，分局又将他解送至总局。这位警员随身提着一个灯笼和警棍，显然没有他图。但他是新招进来的巡逻警，不知道规章制度里有一条规定声明：没有警察局的许可证，不得进入居民家中。他受到了惩罚并被开除。在第二则报道中警察当局的出面，显然是急于要使城里的有钱有势的人相信警察不会在没有得到警局的明确指示下，允许进入他们的住所干扰他们的生活。

他们希望保护自己，免受腐败行为的指责；因此他们尽力压制对他们“别有用心”的推测。而另一方面林姓警察的同事们也许从这次事件中获得了一个截然不同的教训：既然错误是在热心执行警务过程中犯下的，还遭受了严厉的处罚，聪明的做法就可能是在行动时尽可能地避免遭受上级的指责。

1903—1911年，成都的许多警员都尝试了触及底线、消极执警。在季度考评中，他们的警官极少因为属下的警员被发现超越权限或是虐待平民而惹上麻烦事，尽管许多警官自己常为了这些原因而受到批评。警员们变得更加无视正确行为规范。他们光着脚去站岗，或是不正确着装。他们在执勤时打盹，或是不经请假就离开营地，有时候甚至完全找不着人。他们在光顾茶馆和鸦片烟馆时被人逮住。曾经有警官因为没能阻止他们的警员将妓女带进军营而受到处罚。[46]但是仍然有一些认真做事的警员：1911年花名册上四十位下属分局的警官中就有三名进警察局时还只是一名警员。[47]他们在当警员的时候如果没有相当数量的功绩积分获优的话，也不可能获得提升。

作为警察局总办的周善培想要通过吸收读书人来报考警员岗位，以达到他提高警察队伍素质的目的。1907年他成立了警察培训学校代替培训营，就此切断了警察和军队之间的关系。这个学校招收学生的基础规范，明显地不同于从成都居民中的招生。《四川官报》的评论员报道“中等社会”（他们意指“中产阶级”）是第二期申请人中的大多数。评论员认为这意味着成都人在思想意识上更加进步了。他说的这句话意思是指做警察开始被认为是一份体面的职业了。[48]1909年报考警察学校第四期的申请人参加了两个部分的写作考试。第一部分是以《通力合作》为题目写一篇两百字的作文。第二部分是就下面的论点写一篇讨论文章：“愿意向他人讨教的，工作会更出色；只依靠一己之力的只会裹足不前。”有五十个人写的文章被认为合格，获得入校资格。[49]于是1908年后进入成都警察队伍的警员也许比前几年招收的学员，受过更好的教育，尽管从他们考试的作文题目来看，局里仍然在意他们是否服从组织的控制，但还是希望他们在执行警务时更具有主动性、积极性。然而，1911年警察当局仍然还不得不批评警员中存在一种趋势，他们在处理街头争吵时害怕自己被卷入进去而避免过多的干预。[50]

1908年秋天成都的一次突发事件使得警方的管理官员陷入两

难。这件事情，涉及警察学校的新学员和成都的中学生。一方面警方希望建立一支专业化的警察队伍，在成都的公众生活中强制推行一种新秩序；但是，另一方面，他们所处的环境是，公众中一部分具有影响力的人认为警察与卑鄙而霸道的衙差没什么区别。那年秋天，成都的学校举行第三届户外运动会。来自警察培训学校的代表，在开幕式表演了一场军事化的操练，一系列事件由此爆发。在跨栏比赛中，一名警察培训生和另一名赛跑者发生了争吵。这个赛跑者代表成都县的精英中学，他指责那个警察培训生在比赛中把他撞倒了。警察学校的培训生亮出了开幕式表演时用的刺刀，准备挡开冲上来的一群中学生，打斗变得激烈了。中学生强行夺走了五十把刺刀对抗警校学员，直到愤怒到极点的官员们带来了卫兵，这场混战才被制服。

在接下来的几天里，成都的许多学生走出课堂就警察培训生从头到尾参与了这次事件的事实提出抗议。抗议信由教育部门送交总督衙门。衙门出面对这次争执进行了调解，指责警察培训生不该用暴力。[51]学生们甚至还反对与警察培训生共用一个运动场，然而这种做法就意味着一定程度的阶级意识在起作用了。警校的学生是官方努力吸引的受过教育的年轻人，他们感受到了这种阶级差别的意识，对代表了成都精英中学的、目空一切的学生大为愤怒。郭沫若的回忆录中对于他在晚清时期在成都度过的学生时代的部分，也表现出了一种高人一等的优越感。这种感觉使他选择了走“正道”的学校，而对于其他走“旁道”的学校不屑一顾。所谓的走“正道”的学校就是综合性的、正规的学校，看重人文学科和理科；而所谓的走“旁道”的学校就是职业学校和专科学校。[52]处于新政改革中的官僚政治机构建立的像军事和警察这一类的学校，把它们与发展联系起来，这就对人们头脑中关于职业和专业的等级制度的根深蒂固的思想发起了挑战，由此造成了紧张的对立状态，这是毫不令人惊奇的。按照作家李劼人所说，他大约也参加了那次秋季运动会，这次打架事件一时之间严重地损害了警察队伍和成都学生之间的关系。[53]它也许使得总督衙门的一些人认为过去的警察还是有诸多优点，他们态度谦逊、不惹事、行动迟缓。至少他们没有去触犯精英阶层。

虽然周善培在1906—1907年任职警察局总办期间就已经得出结论说，警察在规范社会秩序方面的工作，做得不尽如人意。他似乎早就认识到要建立一支更为有效的警察队伍，任重道远。他借助警察学校来吸引受过良好教育的警员的尝试，与另一项创造是共同开展的。这项计划是一根将警察这股力量更加牢固地扎进社会的定海神针。周的计划就是培养街正，作为警察和城市里的街坊四邻之间的沟通者。这种想法反映了中国传统的政治理论的影响。这样做的话，比起后来的警方当局让警员采取更为强有力的行动的做法，或许会在大多数的社会群体中，受到更为热烈地欢迎。

局正和街正

周善培为成都警察最初起草的规章里就包括了一项条款，每个下属分局指派两名局正。这极有可能是从黄遵宪为湖南制订的方案里借用过来的。周于1897年在长沙服务，对此非常熟悉了解。在第二章里提到过，黄曾要求长沙的精英社会团体共同参与他的新式警察局的工作，并推荐当地著名人士到警察局服务。周善培的方案里规定了由两名“人民选举出来的”本地人来充当分局警察和分局居民之间的沟通人。然而，规则上并没有说明他们的职责。对于早些年在警察局里服务的这些局正的身份和活动的报道也很少见。有几个分局的警官因为诟病任命局正一事，受到了惩戒，但是诟病的实质内容却并未记载在警局的记录。[54]或许是当地居民对于选举过程不满，抑或是警局官员认定由下属分局推举的一些局正不称职。局正的选举过程大约管理不严。1908年，一位男子自称是成都教育界人士，向警察局请愿，要求：“仿效西方选举地方议员的模式来投票选举局正和街正”，警局对该建议表示赞成，《四川官报》的评论员也在报纸上接口表示支持，但是接下来的几期报纸里对此计划没有进一步地报道。那一段时期在警方的公文里也没有任何关于这个建议的记录。[55]

在这个请愿中提到的“街正”，是对警察机构的一种主要补充，这是周善培在担任警察局总办之后不久，于1906年提出来的。周打算让街正代表人民，充当警察和他们所辖街道居民之间的沟通人，配合警方的工作。每个下属分局只有两个局正，却平均包含有将近9000位居民，任命了足够的街正（据1909年的一份人口普查有379名），和居民人数的比率接近每800位居民对应一名街正。[56]按照湖南的模式，局正主要是将地方精英人士引进来，对警方提建议，帮助他们在需要的时候筹集资金；那么街正的作用就更像是中国政治理论中存在过的“保甲”头领。街正——志愿者团体的头领——帮助警方提供街坊四邻的信息，向其他居民讲解警方的规定和法则。他们在理论上来说会帮助他们的邻居，通过他们与警官之间的沟通，使得治安工作更有效，同时提请警方的注意警察滥用职权的行为。

周善培1950年代在他的回忆录中谈到他之所以重新启用“保甲”制度，并将其附加到警察体系中，与他的专业警察紧密地联系在一起的缘由：

> 过去的成都只有“乡约”和“地保”，因为这类人见了官，必须在他们面前下跪，为他们办差事，没有规矩人愿意干这些工作。我负责警察局的时候，我让每条街道公开提名（公推）一个街正。指明他们可以和当官的坐在一起协商办事，并且只帮助警方办公务；不得让他们干其他的差事。这样规定之后，绅士们和商人也都愿意出面来当街正了。[57]①

由此看来，周善培似乎应该对他自己做出的这一番努力感到满意了，他所征召得来的人充当着警方和街坊之间的中介，能够依靠他们与警方协同合作办事。然而，令人遗憾的是，街正和警方之间的关系实质是一方面；另一方面街正和他们的邻舍之间的关系实质，从残存下来的历史记载来看，并不是完全清晰的。作为社会公众的调停人，街正出现于民国时期（1912—1949）[58]，报纸上越来越频繁地出现关于他们的报道。可能是因为1911年之后，随着警察队伍的日渐衰败，街正们变得更加活跃了，他们在地方上的事务中起的作用更大了。然而在民国时期，报纸上对地方上的事情的新闻报道范围变得越来越广泛，因此较少将视角集中在正规的管理机构的活动上，这就足以解释街正和他们工作的新闻报道范围为什么越来越广了。

---

① 此处非原文，由译者从英文回译。——译注

有证据显示局正和街正在从他们的街坊四邻中征收税款方面起到了一定的作用。1905年，警局开始向商铺和居民征收税款以支持警方活动的开销。向其他企业例如茶馆和戏院开征的特别税收，经过修改的警察规章制度，由1909年继周善培之后接任的巡警道提交内务部。它包括了一项条款，每个季度对于帮助征收税款的局正奖励一笔奖金。然而该项条款，未提及街正。[59]这也许是在局正和街正的职责之间区别对待的进一步的例证。后者与街坊上打交道；日复一日地密切交往；而前者在至关重大的事情，比如筹集资金上，他们的工作是更为直接地与警察联系。1911年一位局正被授予奖章并得到由警局局长亲笔书写的“热心公务”的墨宝，表彰他在城中一个贫民区为修复道路做出的努力。[60]

局正和街正有些时候共同合作，一起就社区代表的地位主张向官方呈送请愿书，甚至有些与警方工作没有太多关联的事情，他们也会这样做。例如：1909—1910年的冬天，一名局正和几个来自东区分局第六下属分局的街正就一所小学的管理运作问题，向省级管理机构提交了一份请愿书。他们的签名列于请愿者签名的最前面，紧跟在他们后面的签名是那些自称为“首事”的人。首事极有可能是街坊上众多好事者的为头人，他们提出街坊上每年要办的事。[61]于是，在一定程度上局正和街正利用他们的职位和由警局授予他们的官方认证作后盾，当权者提出内容更为广泛的主张，有时其范围都超出了警察系统的职权范围。街正可能也被授予了小官职的身份。根据一本出版于清末的成都的旅游指南所说，1906年时，成都的每条街道上都建立了“讲理公所”[62]它们建立的时间与街正的任命时间正好相合，这未免使人产生联想。但是对这些场所的构思以及它们如何运作却完全不得而知。

没办法完全说清楚街正的职责，有一定的随意性，比如说作为替警方提供消息的人，调停者，收集公众意见的人，有时还可能是税款的征收者。李劼人在他的小说《大波》里给我们作出了一幅虚构性的描画，里面就有这样一个人。《大波》是一本关于1911年革命前他在成都度过青年时代的长篇小说。李所描绘的这名街正是一个本性善良、受人尊敬，地位介于精英人士和平民百姓之间的人，在街坊们中颇有声望。他们常常和他像朋友似的闲聊，聊聊这个城市里的新闻，发生了什么事。[63]他与街道上攀权附贵的民防队长们大不相同。而这一类的人在李劼人关于1920年代的成都的故事中，常有一席之地。[64]上面所说的那个街正在他的邻舍们中间所起的作用非常有限，他是街坊邻居们的窥视孔，通过他，他们可以了解这个社会无所不在而又相隔很远的官场世界以及国家机器的事情。

街道治安

虽然我们对街正和警员之间的合作程度缺乏清晰的了解，但是我们可以就成都的警察改革对公共生活造成的影响做出评估。成都的警察也许不像周善培在1903年想象中的那样，是高大健壮、正义的化身，但是他们日日夜夜，一天24小时地，人数众多地出现在街面上，单凭这个存在，就足以对维持秩序井然的城市氛围贡献出巨大的力量，而这个城市氛围正是周希望在成都创造出来的。警局的官员们欢庆他们成功地挫败了扒手、小偷，抓获逃跑的婢女，把失物交还给主人方面取得了成就；警方为了在节庆日和其他特别的场合控制人群拥挤所设置的工作程序也起了效用；警官和知县们，以及他们的跟班侦探协同合作，侦查严重的犯罪活动；警察局下属分局的警官成为清朝官场和成都居民之间打交道最为频繁的中介，这些都是他们参与公共生活达到的效果。

警察每天在大街上巡逻，大街上的垃圾已被清扫工打扫干净。清扫工由警察局长期雇用，是警察局里永久在籍的成员。根据警局的命令，全城灯柱点起了2000盏油灯（见图3.2），它们在夜里照亮了（还相当地昏暗）已被打扫干净的街道。1906年周善培任警察局总办时期，他还将街道上的，被他认为是人类废墟的碎片——失业的游民和乞丐——清除了出去。他把他们都送到了贫民习艺所。他建了好几所贫民习艺所，由警察局来控制和管理。他希望他们能在这里受到启蒙，教导他们通过生产劳动会得到回报的道理。就这样，警察局开始了它的工作，而这是新政规范城市生活的几个关键因素之一。周善培毫不怀疑，警察改革的成功，对于赢得公众对他创制的其他一些城市改革的举措认同是至关重要的。

最热心于报道成都大街上警察活动的是那些欧美传教士，他们为新警察制度感到高兴。英国在华内地传教团的裴焕章，他从1890年代初起就一直住在四川的西部，他在一篇早期的报告中宣称："街道变得宁静了，也干净了，也没有了过去常有的争吵和街道堵塞的情况发生；偷盗的现象也由于夜里有了警察巡逻而大为减少。"〔65〕他的一位同事注意到了，警察队伍建立初期发生的一件小事，它充分体现了警察调解平息事端的技巧：

我们的一位传教士正坐轿穿过一条热闹拥挤的街道，平常一贯粗鲁的轿夫们撞上了一个乞丐，不知怎么被他缠上了，他们把他的讨饭棍给折断了。一位路过的绅士，建议给“几个小钱”赔偿他的损失，但是，一位在岗的警察，在轿夫们想出处理办法之前，迅速地处理了这件事，令乞丐和惹事者都很满意。〔66〕

李劼人也注意到了在成立警察队伍之后，茶馆里吵架的次数也锐减了。〔67〕

每当有大型的公众集会，例如集市或是许多定期举行的庙会和行会的聚会时，都会请来新式的警察显示他们的威慑力。1903年在成都市中心皇城里举行的最后一次科举考试中，警察对人群实施的控制措施格外令传教士们感兴趣。为了吸引有文化的听众

图3.4　1897年举行的三年一次的科举考试，一群清政府官员站在考场的入口处。（加拿大联合教会资料，维多利亚大学档案，多伦多：目录编号：No. 98.083p/19）

图3.5　1897年举行的三年一次的科举考试，外国传教士和中国助手们准备发放宗教小册子。（加拿大联合教会资料，维多利亚大学档案，多伦多：目录编号：No.98.083p/12）

来听他们的传教，传教士们占据了考场入口的附近位置（图3.4）向赶考者免费分发宗教小册子（图3.5中显示的时间表示他们六年前也是这样干的）。从他们占据的那个有利位置他们看到了下面的场景：

> 总入口的正前面一大片地方，几乎被士兵、警察、官员及其副手们占满了；他们的副手正在维持秩序……没有发生意料之外的事，只见几百名学生，还有几百个苦力，肩扛木板的人，童仆们携带着蔬菜和精美的食品，一群男人赶着一头猪——都挤在一个狭小的空间内。我们的新式警察真是好样的。他们站在自己的位置上，用非常轻巧的竹条武装自

己，把它有力地挥动起来，效果奇佳，每当有胆大的苦力暴徒闯进来，都把他们赶得远远的。[68]

和考场前面站成几排的警员一样，全城的驻地警察和巡逻警都被全城的居民看成是可视的提示，提醒他们在可接受的公众行为和不可接受的公众行为之间存在着一条界线。1908年光绪皇帝和慈禧太后去世时，警察总长下令警员强制实施不得佩戴珠宝和穿鲜艳衣裳的禁令。警长们指示警员不要威胁和恐吓，不要强行撕下这些服饰，而是要“平静而有礼貌地劝告”那些刚从远离城市的地方来，不知道这条规矩的傻里傻气的乡巴佬。[69]

若威慑力仍然制止不了犯罪，警察局就将进行调查。按照警察局自己的记载，这种记载作为警官评估程序的一个部分，是必须向中央政府报告的，偷盗是警察局要处理的最为常见的犯罪类型，其次便是绑架、赌博、伪造和非法买卖，如枪支。谋杀案件很少见诸报告，一年顶多有两次。六个法庭过堂审讯过的犯罪案件总数量，对于一个人口超过30万的城市来说不算大。根据上报给北京的报告来看，六个警察分局的法庭听审过的案件全部加起来每年的总数量平均大概为50件左右。[70]周善培1906年在《四川官报》上公布了一段为期三个月的警方记录。从报告来看，到警局来报案次数最多的是要求追捕私逃的妻子、女仆，以及学徒，通常指责他们的罪名也只是偷盗。[71]

在警察局建立初期，沿固定路线巡逻的警察会被指派到特定的路线上去调查特别的罪案，1905年在《成都日报》上报道了这样一宗案子：

> 警察局下令，市内各旅馆须让老板将旅客的贵重物品保存在旅馆的写字柜台内，以防止偷盗。一位来自新疆名叫艾杰的穆斯林商人，下榻在皇城附近（穆斯林聚居区）的春里旅馆，他随身携带了十一锭黄金……有九锭从他的房间里被偷走了。他向警局报案。据悉，下属分局的警官已经派出警员，兵分四路去进行秘密调查。

第二天，报纸报道，已经在距离成都西南方向大约128公里的眉州抓获嫌犯们。眉州的知县派出衙差与警察一起将犯人押送回省城。[72]成都警察因其巡府衙门警察的特殊地位，允许他们把追捕范围扩大到自己的分局外。1906年几名成都警察被特别委派到成都东面的南部县，抓捕同盟会几个已被牵涉进起义活动的领导者。[73]1910年，响应北京内务部的指令，省警察局宣布计划在局里成立一个永久的刑侦队，下令各下属分局推荐出色的警员去接受警探培训。[74]

其实在刑侦队成立之先，警官们就已经因为破获一宗阴谋而获得了很高的声誉：那便是1908年的苏子林案。根据警方和其他省级权威部门的报告，苏子林是一个地下帮派的头目。1908年他宣称自己是“梧花王”[75]，并集结了他手下的信众准备袭击成都的政府机关，还有教堂和其他外国建筑。密谋起义的前一天，成都警方便听到了风声。警官们带领一班警员来到北门外面的一间茶馆，在那里他们逮捕了苏子林和他的一些同党。其他人员在城墙内的一家旅馆里被抓获。领导这次案件调查的警官就是成功地追踪到了南部县叛乱的那同一班人。被授予高级勋章的路广钟是其中的一员。[76]

前年的一宗案子——生辰阴谋——在某些方面与苏子林一案有些相似，不过，它却表明成都警察在维持城市治安方面并非独一家的。1907年一群年轻人在日本留学期间加入了革命党，计划在给皇太后祝寿那天的集会上刺杀省级官员。一个革命者制作了六枚炸弹，一个十六岁的同党雇了一乘轿子将其藏在轿内带进城来。然而，消息泄露了，几名同党被抓，那时正值城中宵禁，阴谋者们居住的旅馆遭到了搜查。〔77〕按照代理总督赵尔丰向朝廷打的报告，〔78〕在此案中，成都知府和成都县以及华阳县的两个知县挫败了这次阴谋，他们出动了自己的人马将革命党逮捕了。

“生辰阴谋”案说明地方上官员的原班人马在成都地区仍然十分活跃，尽管那时已经建立了新型的警察队伍。成都县和华阳县的知县仍然需要无数的跟班在他们各自的县份里施展自己的权威。1909年以前，警察系统在这两个县的城镇和乡间还不曾取代旧有的衙役系统。直到1909年，一个特别热心的成都县知县在省级权威机构的鼓励下开始精力充沛地执行警察制度的改革。那一年，成都县知县宣布他已经将他的办事员和衙差解雇了一大半，对于剩下来的留用人员都发给了他们特制的身份标牌，以免他人假冒。华阳县知县那年也报告说解雇了100名办事人员。〔79〕

虽然在成都市警察队伍建立的早期，在县衙门里仍然有许多衙差在工作，但是没有证据表明在衙差和新型警察之间存在过冲突。警察开始在街道上巡逻时，警察局等于宣称成都市内维持公共治安例行工作的责任由它来承担。然而在新式警察改革开始前就存在的复杂的治安系统，包括了许多各种各样的治安人员，这些人员不是全部都能立刻被取代的。因此衙差仍然在成都起着作用，他们仍是做着各种不同的其他治安工作的人员，就像《成都日报》上这个故事所说的：

> 本月十二日，几名士兵和民兵从华阳县的土祝庙押送要犯李书堂进城（去受审）。他们在黄昏时分进城，在西顺城街的戴荣生旅店里过夜。四更天后，罪犯趁着看守都已入睡，便从屋子里爬了出来。中心分局第六下属分局的孙警官和熊警官带领警员进行搜捕。他们天亮时在古中市街十三号抓到了他。[80]

显然警察局公布这个故事是要叫大家注意，相比衙差、民兵和士兵的疏忽大意，警察的警惕性是非常之高的。不过，这个案件还暴露了一个事实，在1904年底前，犯人被押送进城后，是要递送到县衙门的，而不是送到警察局。在处理政治拘押犯时，如果有多重的权威机构相对应的话，势必会引起混乱。

在“生辰案件”中，警察未起作用与起事者的身份有关。起事者都是受过良好的教育、有着诸多良好社会关系的青年。当案件涉及成都的上层精英群体时，官方便不会选择警方来处理。有地位身份的人以及与官方阶层有来往的人被认为是易于接受省级教育官方和其他省级行政机构的管理，他们从来不会在警庭露面，即便是违反了警方制度规定，例如禁赌时也如此。1910年有一名男子就因为再次赌博在成都被人抓住，马上被剥去官职，命令返回原籍。巡警道将这件事直接报告给了总督，总督下令成都知府审讯。[81]相比之下，普通的城市居民就会在警察下属分局受到讯问和严厉的处罚。在处理涉及军方的犯罪案件时，警方会向军方请求帮助。1910年成都市兵营里的一个喝醉了酒的军官和几个朋友错把一家私人住所当成了窑子。当邻居们试图去劝解时，这位军官抓住了其中一位，将他带回驻军司令部。警局收到投诉之后，要求兵营指挥一起参与对那个军官的控告。[82]

在大多数情况下，案件涉及有官职地位的人，不管它是涉及军方的，或民事部门的或是有官衔的，都会由警方迅速地转交给相应的省级官方部门。周善培任局长期间，警局的确承接了几件高端人物的案件，涉及有良好背景的被告：包括一名成都县衙门里的办事员，被控参与秘密社团活动和通奸；一个有官职的人被控干预司法案件，一个人称“地方恶棍”的人是南郊保甲局局长的侄儿；一个与人发生争吵的轿夫是赵尔丰雇用的；而昭觉寺的掌门和尚被人指控将情人带进了庙门。[83]周善培把所有这些案例都公布在当地的报纸上，毫不掩饰地要求警察局对全城各行各业的居民建立统一的一体化登记。他在查警方收集得来的1906年人口普查档案时，大张旗鼓地派出调查员首先来到省金库的所在地。按照周的叙述，司库愤怒地拒绝提供要求查阅的资料，并傲慢地回答：“这个地方不是藏娼妓的窑子，也不是赌徒聚赌的赌窝。”然而，周在总督锡良的支持下，命令司库亲自到下属分局报到并填写人口普查表。[84]

周善培对警察局的规划，将其权威覆盖于整个社会群体之上，这种做法使得他在官场圈子里很不得人心。这也许就是他任职警察局总办仅仅只有一年半便被调走背后的主要原因。1907年，新的行政管理法规由中央政府颁布，设立了三个新的省级职位：提学使（教育监督）、巡警道（警察厅长）和劝业道（经济发展监督）。周被任命为劝业道。在这个职位上，他仍然致力于成都的改革，这一点我们将在第四章中看到。接替周善培的是原成都知府——高增爵，他是巡警道的第一任长官。虽然高也是警察制度的积极提倡者，他却并不打算将警察的权威提升至成都精英社群之上。他将主要的努力放在向四川其他地方推广设置警察机构。[85]

地方对警察的反应

周善培将他的同僚们都置于警察规章制度约束之下的大胆尝试，也许是想要为警察立威，营造一种公正无私的光辉形象以赢得公众对他的警察方案的敬畏。周非常在意成都居民对警察的反应和想法。1906年他派出警官到所有下属分局的警务站，每个月两次向公众讲课，向他们讲解警察的职责，以及为什么需要他们的工作。周自己就在中心分局上了第一堂课，他讲话的抄本发表在《成都日报》上。“如果我们不对某几种人和某些行为的自由实行制止，”周这样解释道，“那么就没有办法去保卫其他所有人和他们行为的自由了，因此我们必须对某几种人和某些行为进行限制。”他列出一张包括九种人和行为须要受到警察规章制度制约的表，其中包括道士、妓女、拾荒者以及算命的。[86]公众对于这种思维方式的反应不曾见诸该报的报道。

警察局施政纲领中的另一些特色和一系列的讲座比起来，似乎倒是赢得了更多的支持者。就像周在日本观察到的警察那样，成都的警察在警务责任之外还包括一系列公众服务。其中对于成都意义最为重大的就是警察局的救火行动。在1903年到1908年之间对于警官的评估表明，警察每个月救火三到七次。[87]在警察队伍建立之前，救火是专门由街坊上成立的水桶队所干的事，他们从沿街设立的巨大的蓄水箱或蓄水池里取水。一旦火灾有蔓延开来的危险时，衙门的差役就会跑来拆除邻近的房屋，建立隔火带。警察局原先也采用同样战术，但1905年警察局下令成都兵工厂制造了几十个简易水泵，警察队伍内部的专业消防队员定期使用水泵进行实地训练。[88]1906年周善培在警察总局建立了一个高达12米的瞭望塔，再配上防火警钟，协同工作。每当发现了起火点，瞭望队员就会按照一种密码敲响警钟，向消防队指示起火的地点。[89]1910年高增爵将消防队队员扩增到80人，外加40名培训生，在市内不同的地点又增建了两所瞭望塔。他宣称升级了的消防队在市内不出五分钟就可到达任何起火地点。[90]

成都的起火频率高，新成立的警察部队便有了大量的机会展示自己。根据一位传教士的报道，1907年城中发生的一次可怕的洪水，成都警察做出的反应，显示了他们是一个强有力的和有效的机构。警察“对于淹没在洪水中的地区，有序地向受灾的家庭分发饼干，命令危险地段的家庭立刻搬走……许多妇女和儿童都是被男人们背出来的；但是在有些地方警察不得不制作木筏，用它们救出了无数的人。”[91]从1907年秋天起，警察队伍里几乎每一位警官和警员都因为洪水救灾事迹而在季度考核中获得好评。

火灾和水灾，就像犯罪一样，并不是平摊在每一个人身上。有钱人早就已经将自己很好地保护了起来，远离城市中的危险，因为他们许多人都是住在城北地区，住在高筑的院墙之内，有门房把守。警察消灾去祸迅速反应能力强，从中最为受益的是商人，他们都住在东门内，在易于招火的木板商铺内拥挤着，那一带是城市中地势最低的区段，1907年的大洪水就曾经积滞在那里经久不退。繁忙拥挤的商业地段和更为远离大路、大街的居民区比起来，偷盗的事情也是更为常见。《成都日报》上就登载了大量的付费广告，那是大东街沿线的商人们发来的对警察的感谢信，感谢他们为之追回了心怀不轨的学徒和偷走的货物。

1905年发布了一条通告，宣布警察将要开始对所有的商铺和居民每月收取500—1000个铜钱的税款，帮助警方支付工作费用，由此开始成都市民便站在了反对警察局的立场上。在开始征收房地产税（房捐）之前，警察局的预算完全取自省里的资金。岑春煊在1903年的一则关于警察局的公告中，为此进行辩解如下：

> 因为警察的职责就是保护人民，因此人民就有这个责任为警察支付费用。这是一条世界各国，包括东西方通行的原则……然而，从一开始，人民还无法提供太多的支持，从警察的建立所获得的利益还不是立竿见影的。如果我们要求他们支付费用，那么不满势必无法阻挡。〔92〕①

前几年成都警察的费用是由所有四川人民来支付的。因此1905年2月做出将负担转移给房产持有者身上的决定没有得到成都人民的欢迎。不满的情绪不受控制；商人拒绝交税费，关闭商店表示抗议。传教士们报道说政府严厉地处罚了罢工罢市的领导者。然而他们又说，警察局立刻发布了一份公告，声称商人们误解了警方的初衷：此税只征四个月。抱怨的声浪就此迅速地平静

---

① 此处非中文原文，由译者从英文回译。——译注

了下来。[93]然而，过了一段时间，警察局开始征收一项与此相类似的税费，重新取名曰："灯油捐"，大约是要提醒市民们这笔钱的一种用途。让周善培在1906年重新点燃警察的能量，让商人们相信这支警察队伍是值得支付这笔费用的。[94]除了1908年那次的秋季运动会引起了学生们的骚乱之外，继1905年的这次罢市之后，再没有针对筹款问题或是清朝时期成都警察行动的有组织抗议的任何记载了。

成都警察中的警官和警员逐渐地赢得了社会群体中许多人的信任。人们开始频繁地向警察求助，请他们出面去调解发生在街头的争执。由政府出资，1904年才开办的《成都日报》报道了1911年之前的那些年里许多这类事情。其中最典型的是发生在商铺店主和顾客之间的争吵，眼看着就要升级为双方老拳相向或是破坏财产的地步，这时会有一群人围拢来观看，就会有某个人去叫警察来。偶尔会报道有旁观者将格斗者强扭至下属分局警务站，将他们的争执诉诸警察处理。从李劼人的小说来看，成都人民长期以来就养成了喜欢当众高声争吵的习惯，然后戏剧性地闹到茶馆或是市场里，当着观众也即是陪审团的面来上演这一幕。警务站成立以后，这一类的公开争执就常常发生在那里，为什么要换个地方，或许部分原因是因为1903年颁布的警察局的规章，禁止在茶馆里评理。[95]

就这样，成都警察发现自己在社会群体的大多数人群中因其自律和为公众服务，获得了认可并建立了声誉，而这正是衙差长期以来所缺乏的。然而，根据郭沫若的说法，许多成都人对周善培本人十分憎恨，恨不得要"食其肉，寝其皮"[96]。共产党的将军陈毅回忆说，晚清时期在成都，他还是孩童时，每当他顽皮，他家里的人就会说：“周秃子会要来把你抓走。”[97]周的恶名不是由于他创立了新式警察。许多人因警察而受益，例如卓有成效的消防救火，偷盗现象的减少，从而心生感激，成都很少有人因这些灾祸而承担高昂的损失。周之所以不受人待见，更确切的原因是他在成都对公众不良行为进行改革的那股热情。他利用警察去行使他的文明化使命，这一点我们将在下一章中看到，但是极少有人去指责警察，他们贯彻执行的可正是他们老板自己对这座城市的改革计划，这是再清楚不过的啊。

第四章　进步之风

晚清城市改革进程

1906年整个秋天，周善培利用他通过对成都警察的有效管理获得的声望和权威，将他的行动积极扩展到了成都生活的其他领域。与后来那些改革者不同的是，他和他的同道对于这个城市的经济发展和物质上的实实在在的发展并没有一以贯之的计划。但是他们却有一个压倒一切的目标：那就是建立公共秩序，提倡民众的勤劳，特别是在劳苦大众中要提升这种美德。国力是要通过建立一个遵章守纪的社会才能得以强大；当然对城市来说，小小的、实在的变化有时候是必需的，但它必须是为社会的变化、制度的变化而产生，必须从属于社会和制度的变化。为了推动创造一个有秩序的，有活力的城市，周大大扩展了警察队伍的职责和警察局所能涉足的范围，将像整治环境卫生，整饬医药行业、卖淫嫖娼，以及流浪乞讨这一类事也包括在内。1907年之后，周作为经济发展的指挥者、负责人，将他的改革扩展到了更为宽广的商业事务中：包括行会改革以及工业和一种新型的商业文化建立。

在贯彻实行这样那样的改革过程中，周善培和他的同道对于通过努力使成都的变化达到一个什么样的目标，并没有清晰的蓝图。正如我在第二章中所提到的，周似乎是一直在努力赶上明治维新活动家们所取得的成就。明治维新时期的活动家们将东京经过一番有技巧的改造，变成了一座“世界等级”的城市。周对于在成都建立一个卖淫特许区的兴趣表明了他对东京的欣赏。日本小说家们对他们的城市由明治维新的改革所催生的变化，感到很是不安。他们将吉原区①看成是旧日的“江户文化”被“腐化”的一个中心，我认为这只不过是一种挖苦的说法。在周善培看来，1900年存在过的吉原区是一个治安很好，有条不紊的城市空间的典范，并不是一颗使人抑郁的醒酒石，叫人想起由于现代工业文明的出现所付出的代价。[1]

周善培像许多其他晚清时期的知识分子一样，常常使用一个词义模糊的短语来表达他对成都改革的意图：他声称他要干的就是“开风气”。从词义上来看，这个中文短语的意思就是表示敞开环境，让新鲜空气流进来。这句话常常被晚清时期的许多精英人士使用，它的意思就是文明化，敞开来接纳“进步之风”。这种对文明化的渴望从本质上来说，在新政时期成都的许多积极分子来看，是理所当然能接受的。日本明治维新成功地建立了经济和军事强国，对于像周善培这样的官员来说，就足以表明日本的

---

① 吉原区（Yoshiwara），是日本江户时代公开设立的妓院集中地，位于东京都台东区。——译注

强国发展的道路是进步的、文明的。其他人也能够集合在这个“开风气”的号召下，将其理解为是一个“恢复道德风气”的更为传统的呼吁。对于存在于“文明化”翻译的三个中文字中的内在矛盾，周善培自己也没有看出来。周在成都取得的成功，在很大程度上要归因于他办事时的杀伐决断，绕过了对他关于这座城市、这个省份未来远景的直接讨论。让他既能得到成都精英阶层中的文化保守主义分子的支持，他们从他身上看到的是成都最为杰出的学者型官僚中的一个才华横溢的学生，决心要将儒家学说中治国本领的绝大多数传统传承下去；又能吸引更多的激进分子支持他，他们希望看到成都加入工业化城市和进步的民族国家的新世界之林中去。

清朝末期，周善培在成都培养和鼓励了一班坚定的改革社会的群体，并起用他们，在一段时间内他们联合起来支持新政时期的许多首创事物。1906到1909年，他是这个群体事实上的领导者。在四年的活跃期间，周利用他在总督衙门里的重要位置吸引了成都的士绅商界精英人士，吸收了他们的才干、能力以及资金。他和他的同道发起的一系列改革，为成都的管理树立了模式、典范，其影响一直维持到了清王朝崩溃之后。然而，周对成都的治理在1909年开始动摇，当中央政府的立宪改革产生了“自治”议会时，这个议会迅速地将他们自己放在了总督衙门官僚的对立面。立宪政体复杂的地方政治和革命迅速结束了成都的新政时期，它们是我们下一章的主要内容。在这里我们只对晚清时期成都的改革社会群体以及他们集结在周善培周围时期的城市管理模式，还有按照他所理解的打开城市迎接“进步之风”做仔细地观察。

成都的改革群体

成都晚清时期的改革群体本身大多是新政改革的产物。成都相对来说很少见到精英人士的公开活动，这是19世纪晚期江南地区独具的特色。直到1901年前，才有少数几个成都的学者，其中最著名的是宋育仁，参与了1895年由康有为和他的同党们发起的爱国政治论战。他们是在中日战争惨败之后觉醒起来的一群。但是他们“输入文明”（用《蜀学报》[2]发表的声明中的话来说）的努力，在慈禧太后察觉后发起的1898年的政变中已经消亡了。新政改革的发起给予这些学者以及他们的追随者们一个积极参与政治活动和进入新型机构工作的新的正当理由。这些新型机构例如像学校和公众的协会，都是改革运动产物的一部分。1901年到1911年之间，成都见证了商会、铁路公司、教育协会、农业协会、鸦片禁烟会以及四川戏曲改良公会等组织的建立。[3]所有这些协会、组织的领导人几乎都是有功名的人，和宋育仁、周善培关系密切。[4]他们中有些人都曾有过在日本的经历。

徐子休（1862—1936）是这些领导者中最为杰出的一位。作为一个有造诣的学者，徐子休对于1898年六君子在北京被斩一事深恶痛绝，他放弃了在清政府手上求官晋爵的一切想法。取而代之的是，他开始学习西方的政治学理论，全身心投入到改革四川的教育事业中。1901年总督邀请他参与挑选学生去日本留学的工作。他组建了一个学校，名叫东文（日语）书院，为出洋留学的学生做准备。两年后，他自己也去到日本游历，调查研究了那里的教育制度。那年，他还帮助建立了华阳书院，这是成都许多新式学堂中第一所采用新政特别规定的组织机构和课程的学校。他是1905年成立的川汉铁路公司的积极支持者。他促使成都精英上层人士相信并接受政府关于通过征收土地附加税来为铁路投资的计划，并为此出了一把力。按照这个计划，土地所有者通过缴纳土地附加税可在铁路公司获得股份。1904年他又劝说总督衙门派遣学生去比利时学习铁路建设和开矿。他是第一所省级正规学校的校长，又是两所新的省级机关：教育总会和农会的会长。[5]1898年的政变使得徐子休开始反对清政府统治，但是他仍然深受精英统治理论的约束，坚持帝制的观念。于是，他就成了周善培和其他省级官僚的理想同盟者。他们这样一群人，想要通过推行能人统治以及权威主义的官僚政治来取得经济发展并建立一个更为严密规范管理的城市社会。

在新政时期的第二阶段，立宪主义者，一种新型的超官僚主义政治的领导者在成都出现了，他们对省级行政管理机构发出了公开挑战。像徐子休这些新政早期成都大多数杰出的人物，接受了周善培的以国家为中心向改革前进的论点，但有少数人表现得很独特，非同寻常。这些人中就包括了一少部分同盟会的革命者，他们反对帝制，因而拒绝与像周善培之类的官僚合作，其中就包括了那六个在1907年“生辰事件”，企图刺杀总督衙门官员失败而被逮捕的少年（见第三章）。周善培后来声称，他曾帮助劝说过他的上司对这六个犯人宽大处理，他们都出身很好的家庭。[6]其他的同盟会会员要么在成都的一些新学堂里教书，要么在里面读书，但是他们身后都未能形成大量革命的追随者。[7]有些人，像杨庶堪，一个未来的四川总督，则离开了成都，去了重庆，那里是一个干地下活动更理想的地方。

晚清时期的成都有一位别具一格的人物，他是另外一种类型的革命者。傅崇矩，《成都通览》的作者，他对成都居民闲暇时的大众文化做了创新性的评论。傅的父亲获得过功名，在省里有一定的地位。他从小在城市里长大。他在青年时期，就是一名多产的作家，写作的题材、范围很广，包括清朝的军事史和国际贸易。1898年，他还只有二十来岁，便成了尊经书院的学生，经常往宋育仁办的改革杂志上投寄文章。到此时为止，他的经历和徐子休非常相似。然而，与徐不同的是，傅崇矩拒绝进入精英人士教书育人的常规生活，不愿意和高官显贵们在一起谈天论地，与之相反的是他选择了做一个新闻报人，一个“大众启蒙”的倡导者。1900年他成立了自己的出版公司，该公司出版了成都市的详细地图。1901年他开始发行用通俗口语写的启蒙新闻报：《启蒙通俗报》，一份面向大多数为半文盲的成都市居民的报纸。1909年他又增加了一本画报。[8]为了鼓励成都居民看报纸，他开放了两间公共阅览室，里面除了他自己的报纸杂志外，还提供了北京、上海等地的期刊。1903年在去日本旅游的期间，他买回了彩色印刷设备和一部电影放映机。[9]傅利用所有这些媒介向成都介绍与晚清改革运动相关联的新文化价值，包括普及识字、提升市民意识、勤奋努力，以及爱卫生，反对裹脚和吸食鸦片烟。

傅崇矩关注普及识字，并劝说大多数城市居民认识新文化潮流的好处，这些做法在成都构建了一条通向改革的不同寻常的通道。在中国东部，晚清的“大众启蒙”运动获得了相当大的支持，产生了许多像陈独秀这样杰出的活动家，陈后来建立了中国共产党。一些提倡为大众办报的倡导者甚至走得更远，他们声称国家只能由普通的农民、艺人、商人和士兵来拯救；受过传统教育的阶级，太故步自封，不能改革中国。[10]在中国东部，那里商业财富的增长早已改变了人们对于社会等级制度的观念；然而，有这种看法的人相对来说仍然很稀少；在成都，这种理论甚至都少有听众。傅崇矩动员对全体选民进行广泛改革的努力在1911年辛亥革命之前并没有获得更多人的效仿，直到辛亥革命之后才有所改变。基督教传教团的报告中暗示他不得不转向外国社群寻求帮助，请求他们为他办的报纸投资。〔11〕傅与传教士们接触，他愿意向更大多数成都居民开放他的阅览室，以及他对新奇的商业冒险的热情（例如成立了一家制造和出租人力车的公司，在当时被认为是一种富有创新精神的启蒙形式的交通工具）使得他被成都具有地位意识的知识界看成是一个特立独行的怪人，将他从精英圈子里清除了出去。〔12〕

尽管傅崇矩被成都的改革运动精英圈子给孤立了，他广受欢迎的报纸宣传还是让新政获益不少。傅用相当简单的文字、漫画和对当前流行的事情的说明，努力使他的读者相信许多文化改革的价值，那是周善培和徐子休通过管理严密的制度改革所追求实现的。在成都所有的活动家中，傅崇矩是周善培最有力的支持者，他支持周善培创立新文明和警察队伍，认同周对城市改革的热情以及所起的领导作用。而周善培，也在他的一些城市改革方案上面给予了傅一些帮助。尽管周善培在他所写的官方文献，以及他的回忆录中都从来没有提到过他与傅崇矩的交往，这是事实；但是毫无疑问，周在城市机构和商业建设方面给傅提供过许多数据，傅都把这些写进了他的《成都通览》中。该书从1909到1910年共出版了八卷。这套书对成都那引人入胜的介绍是一个真正的里程碑，《成都通览》对成都市的历史、居民、行政管理机构和文化机构、风俗习惯、商业方面做了全面的审视和评述。在例如像“成都人民的性格和习惯”，“成都需要禁止或是改革的方面”这些标题下面，傅崇矩断言说他的家乡具有发展新型城市文化的潜力；即便他列举了需要克服的障碍：自鸣得意的商人缺乏进取心；懒惰的官吏沉溺于鸦片；迷信的妇女把算命的人请进家门；知识界内部的派别斗争以及对官员们的阿谀奉承等，[13]他仍然充满了信心。傅崇矩和周善培，他们两个人以不同的方式，都将成都市的改革放在政治日程的第一位。

成都人民对改革的接受

成都的改革群体，以其小而精英化为特点，常常在重要的公众意见中起作用，支持制度上的以及文化上的改革。傅崇矩在宣传方面的努力也对这种公众意见的形成做出了贡献，但是对于成都在新政时期的这份改革热情还有更为重要的其他来源。在这其中最为突出的是新式学校。正如一些历史学家指出来的，科举考试的取消以及公立学校体系普遍的建立为新政运动的活跃兴起提供了至关重要的推动力。1905年通过取消科举考试，将官员的补充与学校体制联系在了一起，清政府几乎是在一夜之间便建起了各种新的教育机制。到1907年底，四川省有了将近八千所公办和私立的学校，学生人数超过了二十四万，全部采用新的国家教学课程。学生人数之多超过了任何其他省份。这些学校在年轻人面前展开了一个知识的外部世界，也使他们产生了一种反对帝国主义的思想感情，还吸引成百上千、学有所成的留日学生从日本返回四川，来到这些学校里任教。[14]中国的传统教育也没有忽视，但是除了背诵儒家经典之外，新式的中学和高等学校的学生还有例如像模拟政府和世界历史这类课程。根据1908年成都的官方省级印刷社出版的书籍来看，其中就有许多打算用作课本的：例如各个不同国家法律体系的论文，其中还包括一本叫作《自强卫生学》的小册子。[15]

一位1908年到过成都的英国游客参观了省级高等学校，评论道："学生们强行把这些西方科目的内容生吞下去，也不怕会引起知识的消化不良。"她还注意到有大量好奇的旁观者站在敞开的窗子旁观学生们上课。[16]新式学校就是这样为宣传改革纲领本身而服务，同时也对推广新政奠基的思想起到了促进作用。

当代的日式教育，以及在这个基础上形成的新政时期教育的全套课程，给予了科学和技术突出的地位，为迅速发展工业化所需要的工艺、技术提供了较好的条件，中国许多年轻人对这些科目有着强烈的兴趣，希望"实业救国"。在四川，虽然1910年由基督教青年会[17]的秘书处办的机械工场展览会进行了这方面知识的普及，那些私营者想要获得先进的工业技术还是没有现成的市场。新政时期，国家机构的扩展比经济机构的扩展要快得多，在政府工作的声望仍然很高。对于许多成都人来说，新政改革之所以受欢迎是因为它们有望提供工作机会。20世纪前几十年里，城市是大量受过教育的人们渴望的家，他们指望在那里找到受人尊敬、稳定的工作，特别是那些有望获得提升进入官场的工作。成百上千的新式学校的毕业生想方设法进入警察和新军的队伍，因为这些地方招收工程师和测量员，还有战地军官。对于雇用工作人员能够起到影响作用的省级官员，例如像周善培来说，可以利用他雇用方的身份为他们的新政纲领的实施获得实质性的政治支持。[18]

在雇用人才方面采用唯才是举的做法，其意义对于四川新政的实施，起了重要作用。这一点可以从公证处和法院在选配职员时发生的一场争执得以说明。1911年，周善培在被提升到省院法官的职位上后，他的第一个行动便是拒绝将800个仅仅只是在短期培训班学习过的不合格的学生招收到新成立的法院工作。失望的情绪使得一个被摒弃的候选生跳井自杀，引发了一场针对周的冷酷行为的示威活动。[19]

这件事情的后面存在着的，是成都的新政活动家和四川省其他地方的精英人士之间的紧张关系。1910年秋天，清廷力图将新政的制度改革从省城推广到县府的所在地。这些短期培训班上的学生是作为法官的助手来培养的，他们被推荐来为新政改革做准备，按照一种限额分配制度，由来自省内所有县份的知县们推荐的。早些年，还没有过这种情况复杂的人员征召规定。因此，成都的精英阶层和其他与省城有着密切关系的人，在改革的头几年里，就从这些新的招收人员的机会里大大获益。[20] 1910年的夏秋之际，四川省的立宪主义报纸《蜀报》抓住了法律培训计划的问题不放。成都出身的编辑们对于这个问题气愤不已：仅仅只经过两个月的短期培训的人员就获准可以和那些在成都的政法学院获得学位的人一起参加法律考试。他们把这种短期培训课程比作“刚一走进花轿就开始捆住了手脚”。考试结果公布以后，报纸指责了主持考试的人员的偏袒行为。[21]周善培遣散这些计划培训生的部分原因，也是对来自成都精英人士的压力的回应，他们提出应该对新进人员坚持高标准的准入原则。遭到摒弃的候选人自然会将这一行动理解为成都的精英群体不愿意将这份人才录用的财富与他们来自穷乡僻壤的兄弟们分享。由新政改革而产生的工作岗位对于全省的人来说都具有强烈的吸引力，但是成都的精英阶层由于他们绝佳的地理位置，从而可以利用这一点而获得这些新工作的机会。

国家的发展，除了聘用精英人才之外，还要花许多钱，这是再自然不过的事。艾慈赫德①在对晚清时期四川的研究中，得出结论说，根源在成都的土地所有者，1911年之前的那几年里眼看着他们的利润源源不断地流到重庆商人的腰包里，越来越着急。但是，正如艾慈赫德所认为的，成都的精英阶层对于新政改革花费的关心，主要集中在川汉铁路公司的控股上，这个问题，正如我们前面已经说过的，该公司的资金来源除了土地所有者所缴纳的土地税之外，还要求他们以所缴土地税按比例购买该公司的股份。[22]铁路公司的精英领导层，他们的根基都在成都，当政府于1911年宣布将这条铁路收归国有时，他们的确反应强烈。其他类型的经济问题的抗议在晚清时期的四川非常普遍，但是其中反应最为普遍的人群是远离县城中心的佃农和小农户，税收的增加对他们影响最深。[23]我们在第三章中曾讨论过的1905年商人们因为新增加的警察税收而罢市的事件，在那之后，在1911年之前，在成都只有过几次零星的短暂罢市。

很明显，周善培和其他省级官员们力图给人们一个印象，那就是他们在成都的创建项目都是通过对管理制度的改革和消除腐败来进行的，从而是“自我付费”的。举个例子，我们在第三章

---

① 艾兹赫德（S.A.M.Adshead），新西兰坎特伯雷大学历史系教授，曾就读于牛津大学，哈佛大学，专攻中国历史，在中国盐政管理研究方面享有世界声誉。著有《中国盐政管理的现代化》《世界历史中的中国》。——译注

中引用过的岑春煊的布告，他声称新成立的警察队伍只有在被证明是值得付费的时候，才会向成都人民要求收取这笔费用。总督衙门管理机构也曾尝试过出售官方奖券，似乎很受欢迎。[24]采取的另一个策略是向需要特别的警察监管和规章制度约束的商业企业、公司收取税费。因为像典当行、茶馆、旅馆和戏院这样的商业、企业，由于存在对社会秩序造成损害的可能，容易受到官方的批评；所以警察局声称有权对他们进行管理和控制。在为这些商业行当起草规章制度的过程中，警察局就曾与之协商收取特别的费用以支持一些新政改革计划的实施。

周善培对典当行行会的态度就是一个很好的例子，可以说明他是如何加强政府对商业事务的管控，同时又能为其他改革项目筹集资金。他在一封写给总督锡良，提议建立新的典当行的行业规章制度的申请书中，指出："那些靠此营生的人剥削人民，盗贼依赖他们把偷来的商品进行销赃处理……衙门的下属走卒和士兵因向这些作恶者收取常例费'陋规'而对他们进行保护。"他所制订的新的典当行的规章制度将对典当行的利率进行限制，因此能够对他们订立和征收一笔税款，这笔税款约等于那笔非法的"陋规"，这样互换一下，就能使警察对典当商铺加以保护，使他们免受官吏们或他们下属仆从的进一步需索。周原本打算将典当行业收来的税款用来支持警察局为穷苦人建立济贫所的费用开销，但是他新订立的章程在报纸上宣布后，成都市一个学校的校长便向警察局申请，报告说省里派来的教育委员已经计划将从典当行收得来的税款用于支持成都新建立的学校。警察局答复说他们并不知道教育委员的计划，但是如果说总督已经允诺过，那么警局会和教育委员协商一个妥协的办法。[25]到1911年底，警察局一直在向茶馆、旅店，还有当铺和戏剧表演社团收取税费。至少有一次，警察总长高增爵曾向新成立的商会协商，请求他们为一项新政改革计划筹集资金。1910年他劝说商会同意接受征收一项税费，用来支持建立妇女教养院“济良所”，这笔税费就是对一切不动产的交易征税。〔26〕

除了易于招人伤害的行会和商人之外，对于急需用钱的新政改革者们来说，另外一个最能吸引他们的目标就是佛教寺院了。对于自身有着许多问题的新政来说，这种对于佛教寺庙资源的打压，说明了中国的官僚主义，他们施政的做法在某些本性方面，和明治维新的崇拜者所提倡的这种新型的“文明化”之间，存在着部分天然的一致。周善培是中国众多治国权术思想家中的一位，他们将民众的宗教看作是对官方正统思想的挑战，认为佛教寺庙中财富的积累，不仅是对经济，同时也是对国家行政管理权威的威胁。他利用他在警察局的地位对算命和萨满教的信仰进行了打击，向佛教僧侣勒索钱财。新政时期在成都最引起轰动的警察案件大约要算是这件事了：周声称找到了成都北门外古昭觉寺的寺院大住持结婚并育有一子的证据。这个大和尚受到公开的殴打，并下令开除其僧侣的职位，剥去其身份。作为额外的惩罚，该寺庙被命令为新政项目拿出大笔的献金，并将其六成的地产转交给政府。〔27〕后来，当周主管经济发展的工作时，他征用了都江堰水利工程附近灌县的一所寺庙，将它改作研究丝绸生产的机构。一个外国观察家报道了灌县信众对于周善培对大众信仰的宗教机构的严厉处置极度惊恐，但是对于他的强征勒索并没有组织起反抗。〔28〕

周善培对佛教以及其他宗教团体的敌对情绪，与他对在成都的基督教新教的兴趣形成鲜明的对照。早在1899年，他就曾向新教徒们讨教过有关中国之外的世界的情形，还在一名传教士的家里办过英语教学班。对于像启尔德①这样在1892年到1902年期间在成都市行过医，宣传过新教教义的人来说，此期间是世纪交替期，也是他们事业的转折点。突然之间，他们被精英人士请去当老师，他们的小教堂挤满了人。经过了十年之久的公开的敌意对待，这看来就好像是一片乌云被突然吹散。经过了无可奈何、令人沮丧的二十年之后，启尔德对之进行反思，观察到就在华东镇压义和团拳民起义之后的那几年里，许多人成群地拥到教堂里来，他们之所以要这么做，是因为他们“想要分享一下外国人日渐增长的权势，而并不是想求得在基督教的教堂里基督教体验的赐福”〔29〕。作为一个新近有了权威的机构，基督教教堂吸引了许多怀揣私心的人，他们都有各自的问题要解决，其中也就包括了像周善培这样的人。周善培想要学习西方权术的秘密。启尔德的观察唤起人们的关注，看到了在整个晚清时期外国人在四川的存在以及他们在四川建立的机构所造成的紧张情绪。这种紧张的存在就引发了新政本身的“异质性”，以及周善培的计划在实施开端的环境中到底被这种异质性沾染到何种程度的复杂问题。换句话来说，在成都是不是有许多人认为新政计划是被外国列强的帝国主义军队强加在中国人民头上的一剂苦药，甚至就像他们对帝国都城的圣地进行的掠夺和洗劫一样？周善培将成都的警察局建设成卓有成效的机构，他所表现出来的能力对这个问题做了否定的回答，虽然锡良认为他们的制服“太洋气”。但是更加明显

① 启尔德（O.L.Kilborn），加拿大传教士，医生。——译注

的是，我们必须深究这个问题，我们是否了解地方上对于新政的支持基础。

历史记载上根本找不到任何迹象表明成都人曾经认为新政与这座城市不相宜的原因是因为它们“太洋气”〔30〕。当然，在清朝时期的中国，想要对普通公众的意见做出正确的评估是相当困难的，除了与之相关的常见困难之外，要寻找这类事情的证据又由于另外一种情况的存在而变得非常复杂。因为实行新政的政策是由皇帝的敕令发布的，受到省级权威机构的法定支持，公开的批评也许会被认为是一种反叛行为，从而是非常危险的。然而，对于这种沉默的根源也许另有解释。正如魏茱棣①所指出的，晚清时期的四川省，“太洋气”这个词的意思有点模糊不清，这里欧洲人的后裔很稀少，信仰天主教的信众、人丁却又很兴旺。〔31〕成都的居民没有国际殖民地可以教他们识别外国的建筑和外国的城市公共机构。虽然重庆在1891年就成了通商口岸城市，但是它的外国飞地绝没有发展到像汉口和沿海城市那样，具有鲜明特色的通商口岸的环境和气氛。帝国主义的压力与催生了新政的外国思想，是否被远在中国西南边陲之地的人们将其与改革措施本身紧密地联系在一起，这是一个公开的问题，对于它，我目前的回答是否定的。

新政时期必定被大多数成都人看成是一个大变动的时代，像周善培之类的官员们常常要将他们所做的事情的新奇性和异国情调尽量减少。1898年，宋育仁在他的《蜀学报》上划定了一条官方认可的界线，坚定地认为制度改革者可以从西方国家学习一些

① 魏茱棣（Judith Wyman），美国学者，毕业于密西根大学。——译注

东西，但决不可以盲目地崇拜西方的一切。[32]新政时期当省级官员们光顾新教传教团的一些创建，例如去参观加拿大人在1905年新建立的大医院以及基督教青年会在1910年办的机械展览会时，他们发表的祝贺词总是强调这些项目的实用性，说是它们能够完美地达到传统的治国目标，整饬社会的秩序，改善人民的生计。徐子休在他的发言中，“详细讲述了基督教青年会那宽广的特性，它不仅仅只属于一个国家或是一国之民众。他说，它的世界主义，能使得一个人认识到自己的不足，同时又能赞赏他人的长处，从而仿效之。”[33]然而，赵尔巽在1910年却对全城的父母们下令，禁止他们在儿童们的衣服上缝上红十字，将其作为辟邪物，以反驳传教士们的说法，说是许多成都居民仍然认为外国人很奇怪，令人恐怖，不管他们看到了这些新建筑有何想法。[34]

成都的新政时期是这样一个紧张的年代，也是热情洋溢的年代。然而，新政纲领产生的吸引力：在更为广阔的世界里可以沐浴在知识的潮流中，有新的工作在招手，一个可以展望更为有序的社会，这些巨大的变化足以吸引范围更为广泛的人群。省级权力机构对成都各项计划的资金分配工作进行得小心翼翼，尽量减少人们的不满。最后一点，我们下面将会看得更加清晰，周善培行动的最为主要的目标就是社会的某些群体、某些活动，他们和它们长期以来都被成都的精英人士看作是社会方面和道德方面的可疑因素。周善培利用新式警察和其他新政机构解决了这些可疑因素的问题，成都发生了重大变化，也大大展示了周善培的能力。在这方面说来，这些可疑因素功不可没。那四个“昌”普遍被认为是周善培对于新政做出的重要贡献，贫民习艺所（乞丐工厂）和对卖淫嫖娼的管理被认为是城市建立新秩序所必要的合理手段。因此，这些项目，还有其他涉及公共卫生和公众行为的计划就都由警察局负责。余下的两个“昌”，戏曲改良以及劝业场，是计划以之提升成都的通俗文化和商业文化的。周通过新商会和其他协会组织获得了成都各改革团体的通力合作完成了这些。

警方的治理对象：乞丐、娼妓和公共卫生

早在1903年，成都的街道每天晚上就要清扫干净白天积累的垃圾，并在灯柱上点亮两千盏油灯，给新成立的警察队伍提供合适的环境，给他们开一个好头。警察队伍建立的成功反过来又提供了更大的可能性，便于他们对社会上其他各种无序和黑暗面进行彻底地打击和清洗，这样才能让周善培和他的支持者们称心如意地站在成都向文明化进步的大路上。这些造成社会无序和黑暗的最为严重的因素就是乞丐问题。

中华内地传教团的传教士乔舒亚·韦尔对于20世纪开头那几年里成都的乞丐做了一番研究，估计该市大约有1.5万名乞丐（见图1.6）。他指出，经济上的毫无保障是四川省大量农民和劳动者沦为数量庞大的乞丐的主要原因。水灾、干旱和疾病迅速地耗费了小农和手工业者手中的积蓄。“我还知道，”韦尔继续说道：

> 许多苦力们的情况是他们有可能在一周或是十天之内沦为乞丐。假设一个官吏或是商人雇用了五十个苦力从万县到成都，这路程要走十四天。这个苦力，在启程的第一天，便

> 可得到他应得工资的一个百分比，用作他路上的花销；他大约会留下其中的一部分，给他的家人维持生计，或者，更有可能的情况就是，支付他在等待工作期间所欠下的债务。如果一切都顺风顺水的话，他会在到达省城时留下一小笔余额。这笔钱，再加上他的雇主给他的一小笔“酒水钱”，能使他坐船回到家里，或是使他能维持到他在另外的某条路线上被人雇用为止。但是，如果他在路上腿脚受伤或是受凉，他就得另找人代替他完成他的工作，这样一来，当他到达目的地时，他就可能用光了他所有的钱，大约还包括他从头人（为头者）那里提取的一些“回头钱”。和雇主以及“头人”结清账之后，就没有人再去管他如何回家。在一个陌生的城市里，几天之后，旅馆老板便不会再让他住在旅店中；他已经将自己身上最后一件衣服典当了，一个星期之内，他就会手拿一只碗一双筷子，用着可怜的腔调在大街上呼号：“善人老爷，‘锅巴剩饭’”或是诸如此的哭号。这些不幸的人云集在中国的大城市里，这一类的哭号你经常可以听到。〔35〕

成都的乞丐自己有一个松散组织，按照韦尔和其他外国观察家报道：“他们有一个丐帮帮主，这个帮主得到地方长官的认可，他管理着自己那一帮乞丐，并对当地权威机构负责，保证他的乞丐们行为不出轨。经常可以看到这个人站在大东门外的一座桥上，对他管辖下的这一帮乞丐，当他们出城时，收取一笔钱。”然而丐帮帮主的责任没有多少，他不会负责为他的臣民处理身后事，为他们掩埋尸体。冬天在城里的一些地方，倒在地上的尸体是常见的景象，常常在那里一躺就是好几天。最终，由慈善团体雇人将他们移至贫民家。[36]

这就是成都最为赤贫的居民，在周善培改革之前的生存状况，周为达到韦尔称之为“革命”的目的，将警察局的控制权延伸至成都所有除了乞讨之外毫无任何生存手段的居民身上。周领导之下的警察局在南门和东门外建立了“贫民习艺所”收容健康的成人，一所孤儿院收容赤贫的青少年，一所老弱废疾院，一所苦力医院。警察们都受令逮捕所有在街上行乞的人，将其送到上述合适的机构。根据锡良上报给北京的报告来看，几个月之内，在成都街上一共收到了1500名乞丐，送至两所贫民习艺所。东城墙内新成立的孤儿院早在1907年刚开办不久就成了500名青少年的家。养老院和慈善医院都位于北门外，各自分别接纳了100名和300名入住者。[37]如果锡良的报告可信的话，在1906年和1907年间，成都有超过2000名居民成了受警察局保护的人。

在成都大约有1.5万名的乞丐，不曾被输送到贫民习艺所去的那些人又怎么样了呢？许多人都从城中逃离了。傅崇矩在他的《成都通览》中称赞了警察局乞丐从成都的街上和市场里清除这一行动，但是他又指出在城外的游客仍然会遭遇到这些赤贫者的骚扰，他们沿着最繁忙的道路大量纠集成群。[38]乞丐迁移至城外的郊区，那里是没有警察管的地方，周善培和省里其他官员对这个问题也毫无办法，这是警察队伍建立后，对城市管理项目的吸收消化方面一个失败的证据。

建立贫民习艺所的目的是打算使入住者在里面学会一门技艺，将来他们从里面出来以后，可以借此谋生。入住者们为建造公共建设项目充当劳力，同时会得到一些职业培训。一个入住者在习艺所里面待多久才能有望获得释放，这一点尚不明确。在锡良关于贫民习艺所的奏折里，他说入住者可从他们的劳动所得中获得40%的收入。入住三个月后就会打发他们自己出去谋生。然而一本最近的关于晚清成都警察改革的历史书宣称，标准的拘押期是四年。[39]许多入住者曾试图逃跑；一旦成功逃脱，负责看管习艺所的警官们将会被记过处分。为了尽量减少这种情况，贫民习艺所的主管部门将入住者头上剃去了大半的头发，只留下一小撮作为标记。[40]

孤儿院除了教人读书认字和算术之外，也提供了职业培训。加拿大传教团所拍的照片显示了孤儿们正在编织篮子（见图4.1）和草鞋（见图4.2）的情形。周善培喜欢用一种新政的产品来为其他改革尝试做宣传，并促进其发展。他的这种嗜好明显地表现

图4.1　乞丐孤儿院的男孩们学习用竹篾条编篮子。建立于1906年的孤儿院和成人贫民习艺所对从前的乞丐进行培训，以从事新的职业（加拿大联合教会资料，维多利亚大学档案，多伦多：目录编号：No.98.083P/17）

图4.2 孤儿院的男孩们正在编织草鞋。孤儿们也学习阅读和算术。原来的标题是："乞丐男孩受到基础教育，他们在成都市城隍庙里学一门技术。"（加拿大联合教会资料，维多利亚大学档案，多伦多：目录编号：No.98.083P/16.）

在孤儿行奏乐队的表演上。他为孤儿院做安排，替他们找了一个音乐教师，并提供了组成一个行奏乐队所需要的乐器。这个乐队被西方传教界称为"周善培的乞丐男孩"——他们在葬礼上，以及其他的场合，特别是在那些与意义更为宽广的改革运动有关联的场合，例如运动会以及工业展览会上演奏，为孤儿院挣了不少钱。（见图4.3）1910年在基督教青年会成都分会成立的庆祝会的仪式上，该"乞丐男孩"乐队进行了演奏，有人指出它的全套演出节目中包括了这些作品：如《嗨！哥伦比亚》[①]和《进军佐治

① 《嗨！哥伦比亚》（*Columbia*），西方军乐曲，一首美国的爱国歌曲。——译注

图4.3 周善培的孤儿行奏乐队在寺庙前排成一行（加拿大联合教会资料，维多利亚大学档案，多伦多：目录编号：No.98.083P/15.）

亚》①。〔41〕西方音乐很快就在成都流行了起来。孤儿小号手们在驻扎于成都市内外的军事单位中极受欢迎，对他们有很大的需求。其中有一些人受到军队的引诱，从孤儿院中逃走。周善培不得不请求总督出面，命令军队的司令们在雇用军号男孩们之前先要征得孤儿院管理部门的同意。〔42〕

除了清理大街上的乞丐，周善培还利用他手中的警察权力改变政府处理城市卖淫嫖娼行当的传统方式，尝试通过将其局限在一个区域，使它纳入警察的规范管理和监控之中。他为成都选定的第一个“特许区”的地点，按照傅崇矩的《成都通览》的说法，那是一个长久以来以“下流社会”名声著称的地方。周将其

① 《进军佐治亚》（*Marching Through Gergia*），西方军乐曲，美国南北战争时期的革命歌曲。——译注

重新命名为“新化街”，并在街口建了一个警务站，贴出规则告示。学生、士兵和少年男孩禁止进入该区域。所有妓院都得到警告，如果有上列顾客受到招待，一经被抓住，即将受到惩罚。警方订立的规章制度说明了将妓院集中在城中一个地方的必要性和正当性，这是为了对妓女，同时也是对顾客进行保护，将那些靠剥削妓女为生的罪犯赶出去，为城市社会中这块扭曲而肮脏的地区恢复秩序管理。[43]

为了强制所有的妓院都搬到新选定的特许区，早在1906年周就命令警察在全城所有涉嫌窝藏妓女的住所门前贴上铭牌。这些铭牌上说明了该住户的居民处于监督中，即“监视户”。按照周于1903年为警察局起草的规章制度，警察有权识别住户的“嫌疑特征”，对这类地点进行特别严密地监视。这些是周善培在东京学习到的许多警务工作的技巧之一。[44]虽然他身为警察局的总办，却只把这个技巧运用到涉嫌卖淫嫖娼的住户上。

在周善培所有的新政创制中，关于卖淫嫖娼的政策激起了迄今为止最大的争论。成都的精英社群，在周的其他创制方面，都一致认为对于城市社会的严格管理是必要的，也是一项急需进行的任务，但是在容留妓女的嫌疑户门上贴铭牌以及建立一个特许区的问题上，他们却产生了分歧，争论变得激烈了起来，大多数争吵是发生在官员、精英圈子以及谣言中——在官方报告以及在地方报纸上找不到这类争论的迹象。唯一在这个问题上公开发表意见的是傅崇矩，他的一些声明很难解释得清。在他的《成都通览》一段标题为“成都的监视户”的文章中，傅指出公开的妓女和暗娼从来都是成都生活的一大特色，妓女们一直都有许多俗名俚语来指称。傅写道，周善培现在叫她们“监视户”，这是给了她们一个“文雅的、文明化的”新名字（文明之美名）。傅在这里似乎有讽刺之嫌，特别是他继续写道，成都有如此之多的官员和文人学士追捧和保护那些“粗俗、卑下”的名妓（他特别列举了某个名叫“金蝴蝶”的妓女），她们在精英人士圈子里进进出出，对此，他表达了他的惊讶。但是他接着又列举了那些他认为是特别“文雅”的成都妓女的名单，这表明他和周一样，在本质上并不反对卖淫嫖娼。

周的政策受到来自两方面的攻击。首先，是总督提出的对于“监视铭牌”的抱怨。对于这些反对意见，周在一份1908年提交给赵尔巽的长长的条陈中作出了回答。他在条陈中指出，经过批准的1903年的警察法规中就有这些条款，允许对有嫌疑的住户贴铭牌。这些条款是征求过中央政府的意见并获得了批准的，而且这条政策在贯彻执行中也是极为小心谨慎的：

> 因为卖淫嫖娼而造成的后果，伤害非常严重，难于取缔，因此我下令按照法则办事，贴上铭牌。由于我担心有些铭牌可能会贴错……所以我下令两种类型要分开：公开的和秘密的。如果一个人声称她不是妓女，我们不会给她贴铭牌，但是会指定一个警察时刻监视，并记录下她所有的活动。现在公开卖淫的妓女人数加起来不到暗娼的三分之一……去年自我离开警察局之后，听说有些人因为他们的住所被贴上了铭牌非常气愤和尴尬，以至于自杀。代理总督（赵尔巽的幼弟赵尔丰）命令派人（两个知县）调查，他们发现并无此类事情发生。[45]

1907年夏天关于清白无辜的妇女受到羞辱而自尽的谣言显然传遍了成都。虽然周在他的条陈中没有提及此事，但是警察局给那些被怀疑是妓女的妇女，就是那些被贴上“监视户”铭牌的人，发放了警局的澄清保证书，允许她们将她们的无辜向街正和其他“正直的绅士”倾诉。然后铭牌会被摘除，她们会“照良民一律看待”，然而，如果做过这些保证之后，她们“胆敢重犯前科”，将会被处以“终身监禁”[46]。有一个故事在周的条陈里未曾提到，说的是一个被激怒了的成都居民设计制作了一块铭牌，上面写的是“总监视户”——实质上就是“妓院老鸨”的意思——将它钉在周的住所门上。[47]

特许区成立两年之后，有几个在北京担任高官的四川人写私人信件给赵尔巽，说他们近来听得建立了一条专为妓女而设的街道；他们表示强烈的反对。虽然他们承认卖淫嫖娼在成都由来已久，然而他们强调，与在上海和重庆的情况不同，卖淫嫖娼在成都从来没有被公开地认为是一门可以让人接受的职业。将城中有妓院开业的地区进行清理，并将过去操纵把持妓院的罪犯驱逐出去，警察局实际上是在为道德滑坡助力。按照这些官员们所说，因为这是在帮助妓女们，使得卖淫嫖娼会对正派人具有吸引力。他们嘲笑警察局保证将学生、士兵和青少年排除在特许区之外的做法，并且预言这个特许区将会成为人们拥入参观妓院的一个时髦之地，因为它受到法律的保护。他们从而得出结论说，成都有望很快挤满来自重庆和上海的妓女和名妓。他们敦促赵尔巽赶快将新化街这个地方改变成妇女职业培训中心（女工习艺所）。[48]

这场争论似乎给赵尔巽和周善培的继任者，高增爵警长带来了一些压力。他们没有撤销给妓女贴铭牌的政策，但是在1909

年，他们的确为妓女建立了一个教养院（济良所），仿照早些时候北京建立此类处所的路数。这个济良所，像贫民习艺所和孤儿院一样，提供一些职业培训。按照它的规章制度，警官有权将不满二十岁的妓女强制性地送去这个地方。对年岁大一些的妓女，则鼓励她们自愿进入济良所。对所有入住者，都要求她们放开她们的小脚，不得吸食鸦片。济良所的管理人员有权为她们安排婚姻。傅崇矩的《成都通览》记载了有好几起妓女在济良所待了一段时期后“从良”的事情。〔49〕1912年时济良所仍在运行，其时傅的《通俗画报》登载了名妓何玉卿被拘捕一事。傅报道了成都的男人都对何的婚姻命运极感兴趣，他提议政府通过抽奖的方式，将何玉卿嫁出去，从而为妇女教养院集资。〔50〕傅崇矩的兴趣放在了成都居民中那些较少有这种运气的男人身上，他认为他们比成都市中大多数受过教育的男人更诚恳一些。但是，他也像周善培一样，经常表达他的爱心，想要积极敦促政府承担起为妓女指导她们的生活道路的责任。

尽管有这些争论，周善培的妓院政策仍然保持原状，一直到清朝结束，不过仍然有些妓院拒不迁址到特许区。1909年成都有311所注册妓院（娼寮户），其中有六分之五都设在了北区分局管辖的新化街上；其余的便散在了其他分局的治下。〔51〕就在那一年，高增爵就妓女教养院的问题打给内务部的报告中充满了信心，表示警察局会逐渐终止特许区。他写道，在教养院建好之后，“贴了警察发给的铭牌，并允许她们在城中开业的妓女人数只会允许下降，而不会允许增加。最终所有的妓女都将会从事合法的职业（从正业）”〔52〕很显然这个目的并没有达到。

而监视户和贫民习艺所的建立看来是周善培自己对于成都规

划思考的结果，所以他和随后的警察局当权者都被要求也要响应由中央政府发起的新政创议。许多这类的事务都要求新型警察要做到从实质上去扩大他们对成都市街区的了解和控制。特别是1907年朝廷采取的禁烟（鸦片）政策以及在随后几年里为“自治”选举要做的准备工作尤其如此。这两件事情都要求警察承担起对城市人口的调查任务，以及提供给省级权威机构关于人民的职业和风俗习惯的详细信息。

梅里贝斯·卡梅伦①在她的《新政时期的历史》一书中表明了禁烟运动是“清廷一切改革中做得最为成功的事情”〔53〕。这场运动产生于中英两国政府的争执，英国坚持只要鸦片还在继续生长，而它本身又在中国有销路，印度的鸦片就应允许进入中国。为了禁止鸦片进口，清廷先禁止鸦片在国内的生产，再通过日渐严密的规定，逐步将鸦片的消费宣布为非法。1907年朝廷下令各省权力机构想方设法限制鸦片销售，并对吸食鸦片者进行登记，在四川，鸦片禁烟局（戒烟总局）宣布成立，并开始起草禁烟工作计划。戒烟总局下令成都除26家鸦片烟店铺外，其他烟馆一律关闭。对于这26家烟馆，政府给予特许令，作为政府新设立的鸦片专卖的官方商品出口的口岸。戒烟总局还让警察局负责鉴定吸毒成瘾者，并进行登记，以便让他们获得允许可以在官方的烟馆里得到和吸食鸦片。〔54〕警察局对这项工作的完成度，在历史记载中不是很清楚，但许多警官在禁烟运动中因为他们的工作出色而获得了功劳记载。〔55〕这些获奖功劳也许主要是奖励那些

---

① 梅里贝斯·卡梅伦（Meribeth Cameron），美国汉学家。著有《新政时期的历史》《中国的维新运动（1898—1912）》。——译注

1901年在禁烟搜捕中对鸦片走私和吸食鸦片实施打击的警察。警察对暗中营业的鸦片烟馆实施打击的事，在当地的报纸上得到广泛的新闻报道。

对吸食鸦片者登记造册的工作，并不是成都警察对全市人口进行监管的第一步。1903年的警察法规便指定警察局有责任对所有住户坚持进行长期记录，并通过定期人口普查来更新记录。理论上来说，保甲局也是这样做的。迟至1902年警察局才在全城贴上新的街道标牌，并为每个警察下属分局划定它所管辖的居民区，对单人住户进行计数、编号，并对每一住户已经贴上的铭牌进行登记造册。铭牌上的信息包括：住户人口的年龄、性别及其职业，这些信息都在下属分局和总局造册存档。[56]1906年周善培让警察到每一户居民家中上门登记、填表、造册。[57]

中央政府迟至1907年才开始鼓励警察局尽力对成都居民保持更为密切的关注和跟踪。负责筹备制宪的委员会要求各省总督编制当地的风俗习惯法的报告，以便在法制改革和组织选举时使用。为了达到这个目的，朝廷授权成立省级“调查处”，和地方上的“统计处”[58]。成都统计处有六名工作人员，隶属警察局。在警官的帮助下，成都调查处收集了城市居民的职业、商业机构的地址，人口进出城市的异动情况，人口的出生、死亡及死亡原因，以及在新政时期成立的“法定团体”，团体的大小、开会的时间表等数据。统计处将所有这些数据编制成小册子，每年两次，将其送至内务部。[59]

这个对成都社会所做的详细调查有何用途呢？当然它在警察履行其他受到规章制度限制的活动时，能有帮助，例如在对涉嫌卖淫的妇女进行鉴别时。1909年之后开始了人口普查，警察局也将注意力放在了其他的职业上。高增爵警长发布了一套规章制度，给予了警察局对下列人员发放执照和对其进行管理的权力：“代雇人户”——或者按政府出资的日报在它的报道中所称呼的“所谓人贩子”——他们专管安排买卖妇女，给人做婢女和小妾一事。这些规定被认为是合理的也是必要的，因为它们可以减少送至警庭的诉讼案件，包括绑架妇女或是被说成是绑架妇女的人口买卖。[60]警察关注的另一个目标就是私立“寄宿舍”。它们专门收容来自成都以外，到一些新建立的私立学校读书的学生。对于由年龄在五十岁以下的单身妇女，或是只有年轻妇女的家庭来开办的这类寄宿舍，警方规定认为它们是不合法的，除非这个寄宿舍足够大，可以将妇女与寄宿者有效地分隔开。寄宿舍的屋主须每天下午六点钟去当地的警察下属分局警务站报告，还要每天向警官更新寄宿者的身份和活动。对于任何在二更时分尚未返回寄宿舍的寄宿者，屋主应向警务站报告。[61]因为这类似的规定也在所有的旅店实行，因此尚不清楚警方当局是否更加在意市民对于年轻学子品行的关注所造成的危险后果，或是这类机构也许会成为一些非法活动的隐蔽所，例如图谋革命之类的事情。[62]至于警方其他的规定，尚没有什么证据可以表明这些新举措贯彻得是否彻底。然而，值得指出的一点是：成都的同盟会活动在1907年生辰阴谋失败之后就已经停止了，一直到1911年保路运动爆发之前一直都没有动静。[63]

在我们以上讨论过的大多数事情中，除了有关“保安”这一条之外，警方认为还有两大类其他范围宽广的警务工作：“正俗” 和“卫生”。警方当局自周善培起，对于他们的第一项责任，一般都是满足于讲讲课和发布声明，敦促人民停止给他们女儿的裹足、不再赌博或是痴迷于“愚蠢的迷信”，不在公共场合吵架，不准让他们的孩子成群结队地在街上疯跑，以及衣着不得体等。上述的有些行为被警方规定认为是特别不合法，但是，除了赌博外，警庭似乎也不会检查人们这类的活动。正如我在第三章里所说过的，警察大多只是避免卷入到这类事情中去。

警察局对公共卫生的兴趣开始于周善培对公共厕所的改革尝试。1903年时的公共厕所只不过是一些沿着道路挖的长坑，有人定期照管，将其掏空，并将掏出的粪便出售给城墙外的农民（他们还上门吆喝，收集夜晚的大小便）。1903年的为建立警察队伍做准备工作净化环境，警察局监督在这些长坑前面建起了围墙。[64]1906年周善培为公共厕所的建立标准发布了一套准则，要求它们用围墙将厕所从街道上隔离开来，要有很好的通风条件，专供那些出门在外的人方便之用。[65]傅崇矩在他的《成都通览》中宣称厕所改革是一项不合格的成就，但这可能因为他是一个不大使用公厕的人。清朝结束以后的那几年里，在一份成都警察的期刊里，一个评论员指出民众对周的公厕规定有相当多的反对和不满意。他将其首先归因于一种“公德心”的缺失，其次是警局没有维持公厕的清洁，“已经到了人们一进去便无立足之处的地步”[66]。

1907年夏天，警察局公布了一项计划，要给医生发放行医许可证。600位行医的开业者参加了考试，其中有397位拿到了合格证书，证明他们通过了这场考试。对这场考试过程进行了观察的新教传教士们记录了考试题目，其中有一道题问的是疟疾的病因和治疗。根据他们的报道，一个考试合格的考生给出的答案是：背了一通传统的课文，引用了一个自古以来的处方，这无异于是提供了“一个充分的证据，证明了他对医学科学最基本的原理的严重无知。”〔67〕几年以后，又举行了一次考试，这一次考试，通过的考生被给予了级别评定：24个被判为“优秀”，40个仅仅只是“合格”。傅崇矩将这些人的姓名和评定级别公布在了他的《成都通览》中。〔68〕考试没有通过的医生被告知停止行医。但是对于警察是否能成功阻止他们行医，值得怀疑，因为许多医生仍在不辞辛劳地挨门挨户地从事他们的职业。然而，1909年一位没有发执照的城市医生被控告治疗失当，高增爵亲自听审了这个案件。一家报纸报道了审案经过，高就一本著名的医书上的一段内容问了被告几个问题。当被告“显得很是迷茫，回答不出来时”，高严厉地指责了他一通，命令他返还原告付给他的诊金，“这是对那些误导百姓的江湖医生的警告”〔69〕。这个处罚相对较轻，有点令人吃惊，但是高也许主要是想用这个案例来做宣传，为和警察局更加行动一致做准备，打算将警察局的监督权力扩展到对医疗行业。

晚清时期，警察局开始了一项计划，以公共卫生为名义，对成都市内2824口公私水井的水质，提出了按最简单要求的标准进行检测。〔70〕傅崇矩对这项计划表示了赞许，它还包括：将屠宰场移出城墙之外，禁止将病死猪肉贩运至城内，改善旅馆内的通风条件，对街道边沿的水沟进行清洗，禁止在井边淘米、洗衣，管理染房的处理水，下令居民停止在街区内喂猪。除此之外，他还敦促警察局做出更大的努力。傅崇矩在他的《成都通览·卫生》这一栏目里指责成都大多数精英阶层的居民认为卫生这个项目无非是吃精炼食物如燕窝之类，以及穿毛料衣服。傅崇矩对于卫生这一专栏得出了科学的理解，通过举例，他显示了可以计算平均每天人体吸进了多少空气，又呼出了多少空气。他对空气质量的讨论强调了城市居民的相互依从性，不论贫富，大家共享同一资源。这个人类相互依从性就为警方当局规范管理公共行为的坚定行动的合理性提供了最好的理论根据。傅在他的这段论说的最后列出了一张家庭卫生的十二项生活习惯表，其中包括保持良好的室内通风，怎样洗衣服，怎样使用痰盂，以及每天按时进餐。[71]

虽然警察对城市的管理还不曾达到傅崇矩所理想的广度和深度，但是在周及其继任者领导之下的警察局明显认识到了自己的责任，为民众分忧并确保社会秩序。1907年周善培被调任商务局和劝工局总办，他相当于跨上了涉及成都商业方面等于省级行政管理层面的地位。为了完成任务，他需要与地方精英人士更加密切地合作，开展工作。毫无疑问，他在当警察局总办任上所取得的成就，让他在精英群体中有了实实在在的威望，因此在实施许多城市规划改革工作时更加容易得到他们的合作。

国家监管下的自我管理：新城市官僚和团体

在清政府看来，新政的目的之一是要管理并利用那些受过教育的臣民；因为这些人在1900年前的那十来年里变得越来越活跃，越来越危险，和朝廷疏远。于是他们设计了一个新的框架工程，将精英人士框进地方事务中：将各种专门化的“法定团体”或称“法团”和与之相对应的政府部门配合起来，以便对他们进行监管。有好几对这样的新的法定团体和官僚机构单位的合作关系在1901年之后不久便在成都形成了。以徐子休为首的教育协会和省教育处协同合作；商会则和商务局携起手来，劝业道在1907年由周善培接管；“戏曲改良会”则和警察局以及商务局紧密合作。在1909年之前的那几年里，这些配对的机构合作得十分和谐，至少在表面上看来是如此，他们平衡了国家的利益与社会某个团体的利益。在这种合作中，他们取得了周善培曾经在街正与警察通力合作中取得过的成就——他们通过将社会关键成员与政府办事部门紧密结合起来，实现使国家权威更行之有效的目的。在这其中，各个政府办事部门毫不费力地主导着他们之间的关系。

成都的知识界历来就有积极参与教育事务活动的习惯。不过，在新政时期教育协会在与省教育委员会合作时，对某些事项承担了正式责任。它的任务中有一项是对私立学校进行监管；私立学校的数量随着科举考试制度的取消而激增。在为这类学校订立办学标准，以及对某些教员的资历进行评估时，教育协会总是要征求省级行政机构的意见，请他们做出批准。大体来说，教育协会扮演着低调的，非对抗性的说客式的角色。1908年这种迁就的相处之道引起了成都学界的怨恨，特别是那次户外运动日的混战激起的义愤高涨。那些为了保护被警校培训生打伤的同学的学生们，当听到教育协会的领导敦促他们降低要求，并返回学校时，他们闹翻了天。[72]与此同时，教育协会与总督衙门相关机构私下协商，要求迅速将事情平定下来。成都知府高增爵提升到巡警道这件事是总督平息这次怒潮的一项措施；因为高本人在成都教育界有很好的人缘。[73]

户外运动日事件的前一年，周善培已经从巡警道调到了商务局。在那里，他和成都商会发展出了合作关系，正如同教育委员会与教育协会的关系一般。商会的成立是为了响应朝廷1905年的敕令，商会的会长都由总督衙门行政管理机构来指定。总督锡良在商会举行的第一次会议上的发言表达了他的愿望，他希望商会的建立能使得官方和商人们更加“心连心”，为努力开发该省那巨大的、还未挖掘的经济潜力以和外国产品竞争而做出贡献。[74]锡良的这个建议，将他那管理的眼光放在了全省一体的目标上；他将成都商会看作有用的工具，可以用来达到全省获取成功的目的。商务局也同样如此，它接到指令促进四川全省的工业和商业的发展。

商务局在成立的头几年里，最为显著的成就，是它将在城墙西南角上的青羊宫的场地上每年举行一次的花会，改造成了“商业劝工会”。第一届劝工会是在1906年举行的。一名传教士指出，许多传统产品，例如鲜花、花篮、鸟类以及木制品，在第二年的改革了的劝工会上仍能买到，但是每个县都从他们的工业学校派出了代表来展示他们发明的产品。这些由四川人民创造出来的精巧而具独创性的展品与一个小小的动物园、供应西式美食的餐馆、一个铁路模型、艺术收藏品，以及由赵尔丰为支撑清政府在川西的权威而征战带回来的藏族手工制品，在会上平分秋色，共同占据了中心位置。传教士继续说道：“外国游客最感兴趣的就是那条宽宽的马路，以及那些从南门开来直抵成都西南角上的车辆。在这里肩并肩挤在一起的是老派的行人，手推车、轿子、渡船，以及时新的人力车，乞丐改行成了车夫，还有制作精美的四轮马车，公共马车和脚夫。”[75]锡良的商务局希望商业劝工会能激发全省的创业精神和能量。除了异域风情的动物园，高档的餐馆和新奇的使人愉悦的交通运输，这场劝工会也许还可以做得更好来为成都增色，这座城市作为奢侈消费和文化奇观的中心已经负盛名。

1908年年尾接任商务局总办及全省经济发展督使（劝业道）的周善培，开始负责全省的经济发展和监督，支持了好几项有利于全省经济的计划。其中包括了正在酝酿中的建立一家轮船公司以改善长江上游的运输的计划，以及一系列培训中心以改进四川丝绸的质量以利出口。但是他大多数的时间都放在了提升成都商界的能量以及为成都市打造新的基础建设。1910年在成都市建立了一所商业讲习所，面对第一批招收进来的学员，周善培在他的讲话中敦促他们“面对竞争”，以竞争为格言，因为“竞争是进步的根源”，中国要和外国竞争，四川要和其他省份竞争，成都要和重庆竞争，这个商铺要和那个商铺竞争。[76]尽管他运用了修辞手法来强调竞争，不管他是否让他的听众产生了动力，这班学员却因周善培对经济发展的错误探讨而有了相反的作用。由于他对成都的关注和注入资金，重庆是无法和成都竞争的。周还利用他的机构为了成都的发展而特地安排了合作性的商业冒险。

原先成都市的乞丐一年到头地烦扰是最令商铺老板头痛的事，周善培对成都乞丐的治理使他在商界获得了一些支持。他也在这中间结交了一些关键的同盟者。在这些人中间最为活跃的要数书店行业的会长樊孔周。樊于1884年在成都开了一间书店，成了商务印书馆以及其他一些上海出版物在当地的代理商。1908年周善培推荐任命他担任商会副会长一职，让他在说服成都最富有的商人参与几项发展计划中的大项目投资和安排时助其一臂之力。这几个大项目包括建一个商业场，开一间发电厂和一家大旅馆。樊说动了一群商人成立成都建筑有限公司，他自己当公司的老总。这间公司发行了4万元的股票，在市中心建了一个回廊商场（即劝业场，后称商业场——编者注）。这栋两层楼的建筑于1909年完工，能容纳150家商铺，它是以天津、北京和汉口相类似的建筑为蓝本的。周的商务局发布了用于商业场法则：商品必须明码标价，定期检查，以确保商人维持他们商品的质量不变，并按标定的价格出售。公司还集资两万元到上海买回一台发电机，因此，连拱廊里就可以安装电灯了，这是成都第一批安装电灯的商家。隔壁是另一间以樊孔周为头的公司，建了悦来茶馆。该茶馆建有可容纳1100个座位的观众席，可以观看戏剧表演，还有一家豪华的酒店。[77]通过贷款和游说，周善培找到了许多商人同盟者，帮助他完成项目计划：包括将江水泵入成都（见图4.4），建立起电话系统，在市里兴建几座小工厂等。[78]

显然，作为劝业道，周善培认为自己要扮演的重要角色，是商人之间合作的催化剂。作为纪律的实施者，他又要尽力将商人

图4.4　水车动力是泵水入成都的新系统的一部分（加拿大联合教会资料，维多利亚大学档案，多伦多：目录编号：No.98.083p/13.）

组织和贸易行会紧密地组织起来，将商会变成管理行会事务的工具。所有的行会都被告知，须得去商务局注册登记，并服从他们的行会规则。如果这些规则里包含有周善培不同意的条款，例如：要求全体会员须交纳奉献给行会保护神的祭祀钱，他会将该事提交给商会，并要求它起草合适的行规。[79] 1907年周授权商会成立了“商务裁判所”，以促使商会成为商人自我规范的场所。在它四年运作期间，裁判所的裁判员都是从各行会会长和其他杰出的商人中挑选出来的，对成百上千件商务争执做了听审和裁判。每个案件，裁判员们都会将一份详细的概要，以及对它的解决处理送至总督衙门。[80]

截至1909年，周善培和总督衙门在各个协会和政府部门之间建立起了密切合作的牢固关系网，以支持他们规划管理城市事务上不断增长的雄心壮志，在这个方面，他们似乎一路走来都很顺。被挑选出来领导各个协会的人，对周和他的警察队伍在建立城市秩序方面所取得的成就留下了很深的印象，所以愿意与省府官方合作，确保教育界和商界努力维持各个街区的新秩序，做到人人守纪律。在这方面，文化界的工作也不容忽视，周善培的启蒙老师赵熙和其他杰出的学者也组成了一个协会，对川剧进行改良，那时，正当周的警察局开始着手禁止下流低级表演的工作。这个团体每月聚会一次，讨论他们的创举：对城里所有的演出进行检查，确保它们坚持遵守警察局订立的正派演出的标准；他们还创作新剧本以发扬人们的勤奋和爱国精神，并且反对迷信。同时，他们也帮助周善培对演员实施考试制度。[81]

城市风景线

对于1911年之前发生在成都的一切变化，人们并没有给予这座城市全面的、通盘的考虑。周善培被视作城市的改革者，这是毫无疑义的，但是他所理解的这座城市是一个既成的、实际存在的社会框架，只要对它增添上恰如其分的，制度和技术上的特色，他便能够将民众塑造成一个更有秩序，更有活力的整体。与欧洲和美国的城市设计者不一样，他与他的同道们并没有将（新的）城市布局作为执政政府或国家的价值表达的宏伟愿景。周善培在孩提时代就已经学习得很透彻的儒家学说《周礼》中，已经包含了这样一个展望，它影响了皇家帝都和其他管理机构的中心城市的设计长达两千年。[82]或许这个事实本身就可以解释为什么新政时期的活动家，尽管对于城市已经有了自己的先入之见，却从来没有设想过要为中国城市的形成起草重新设计的，雄心勃勃的蓝图。不过，在大多数具体而特别的方面，成都的城市空间在1911年之前的那些年里的确经历了实质上的，确确实实的改变。

城市的一个经过深思熟虑的变化是市街的开放。1903年，警察开始在街道上巡逻，那些在夜间将交叉路口关闭的栅栏，大多数都被撤除了。与此同时，雇请工人清扫街道，警察的规章制度指示商店的店主不要将其商品摆放在商铺前沿突出的地方展示，建造了公共的商场让蔬菜商贩营业，过去他们都是在最为热闹的街道上沿街摆放菜摊叫卖。随着街道的清洁，警局还尝试清除一些人们讨厌的活动。从1906年开始，正如我们前面已经看到过的，乞丐们已经被清除到了城墙外面的贫民习艺所里。1909年警察就在城墙内边的地方建了屠宰场，并下令成都的穆斯林屠户，不得在他们自己的街区里面宰牛。与此同时，城里的制革厂被强迫迁址到城墙外。[83]

从这些措施里面，我们可以看出一种新的国家权利，对于城市的空间进行控制管理有着如下的一些理由：秩序、卫生以及可以称之为东京模式的“新城市景观”。傅崇矩的人力车生意和周善培的特许区都归因于它们曾大量地存在于东京画面的巨大影响力之中。城市的建设计划中还存在着地方上对于革新的更多的驱动力。在前些年里基督教传教团体的建筑物都不得不尽可能地建得不惹人注目，现在却胆敢向世人宣示他们传教团在建筑学上的非凡壮观。天主教堂利用1895年反基督教袭击的赔款，建了一座石头教堂（即恩光堂——编者注），它建在皇城区的东北面，有一个引人注目的立柱式正立面。其他传教团的建筑都挨着这栋天主教堂，于1904年完工。所有这些建筑物加在一起共占地5847平方米。[84]卫理公会的圣公会传教团在1905年建了一个三层楼的医院，用砖80万块。[85]1903年，加拿大人在城墙以南买了一大块地皮，规划建一个教会大学，1910年以华西协合大学为校名落成，除了其他方面，它还将一种校园设计的美学展示在成都人民的面前。

总督衙门方面对于这些大型建筑物及其群体建筑所表示出来的含蓄的挑战做了回应，却造成了一些不幸的后果。由总督衙门出面建的第一所西式风格的建筑物——一所高级学校，建于1903年，可以容纳500名学生就读。两年后，它便达到了几近倾圮的地步，以至于不得不完全将其推倒重建。[86]尽管如此，常常会有新的建筑出现，耸立在原来的基址上。1906年总督衙门雇请了一家德国建筑公司，在东门外建了一个新的兵工厂，取代了1870年代建在城内的一家。这栋令人印象深刻的建筑，使用了钢梁将一大块宽阔的工厂地皮圈入其内，在1990年代它仍然用作一家机械工厂在生产。1909年建的连拱廊商业场，除了使用电灯以外，另一大特色是还有一面巨大的钟，固定在拱廊顶层上面的一个帽状装饰物上。[87]就像那座兵工厂，宣告四川承担起了备战的义务，这座商业场，以及连带在一起的大酒店和戏院都被赋予了象征性的意义，那就是说，从事商业现在就像攻读诗书一样，对于文明化极具重要性。

成都的精英阶层热情地接受了商业地位的提升，但是在对待妇女地位这个问题上，他们又再一次地分裂，表示出了不同的意见。虽然成都市里有些人呼吁为女孩子建立学校，或是将他们的女儿送至教会学校，但是其他人却固守旧信念，认为对于女人来说，她唯一正确的生活道路，就是接受她的父母或是主人为她安排的婚姻，然后恪守女德，操持家务，并尽可能少到外面去抛头露脸。这种眼光显然与周善培的计划相抵触。周打算向女顾客开放悦来戏院的楼厅，以便她们可以从经过改良的戏剧作品中得到道德教化的启示，另一方面戏院也可以从她们的光顾获得收益。成都第一所专门建来为戏剧表演的戏院成立于1906年，它获得了警察局的允许可以向妇女售票。然而，很快又撤销了许可。傅崇矩对这件事的解释是因为“人们认为妇女（公开露面）是一件奇怪的事情，会有许多意外之事发生”[88]。周善培和樊孔周建立悦来戏院时，他们寻求避免类似的事情发生。戏院设计了两个完全分隔开来的入口，一个是男人进出的入口，通向主要的座位区；另一个专为女性而设立的入口通向用屏帐隔开的楼厅。有了这个设置，加之警察局保证，将额外派出警察到中央管辖区，严密监视戏院的动静，这样做显然使足够多的批评者感到满意，也使总督深信可行，决定让试验进行下去。悦来戏院的管理方也有意迎合讨好政府，定期举行义演，将义演的收益赠送给政府，用来赞助各种官方兴办的事业，例如对妇女的救济。[89]然而，1909年总督衙门却拒绝了另外一个提倡者的要求，他希望建立一个专为妇女开设的戏院。警长对于这个提倡者请求的回答说明太多为妇女开放的戏院的存在会使她们产生误解，以为看戏是她们消磨时光的正当生活方式。[90]

如果说悦来戏院代表了妇女合法走向家庭以外的事务有节制性的一小步，那么少城公园的建立则表示了这座城市中满汉平等相待的一大步。整个新政时期，旗营的管理者一直在遵循成都的制度改革步伐前进，采纳了其中大多数制度变革，并遵照执行。例如，1906年几个年轻的旗人参加了成都警察学院第六期学习，毕业后，他们在营区成立了一支有两百名警察的队伍。[91]然而，在旗人群体看来，新政纲领变得越来越令人恐怖，因为在改革者当中渐渐有了一些看法，认为旗营应该取消，朝廷应该放松满汉分隔的统治。1908年发布的一道通告宣布，旗人的生活津贴将逐步减少，因此鼓励旗人自谋新的职业。这道通告在成都的旗营中爆发了。愤怒的人群包围了满洲将军衙门的大门口。旗人军官试图和他们讲道理，人群中有人向他们投掷石头。总督赵尔巽本人是一个在旗籍的汉人，冲到现场，向人群一顿申斥，并逮捕了几个为首的人。[92]从那时起，给旗人提供谋生的方法，就成了一个新的紧迫问题，少城公园就是一项解决办法。

这个少城公园的计划是将旗营划出一大片长而宽的地带，将其改变成一个游乐中心，由此给旗人社区提供稳定的收入来源。除了收门票以外，公园管理方还出租地盘给人开茶馆，开餐厅，进行经营，又另建了一个戏院供戏剧演出。少城公园大约就像商业场一样，是受到了天津和北京的启发。随着公园在1910年夏天的开业，旗营的其他部分也逐渐向汉人的商铺开放，以刺激这里商业的发展，使得这里的旗人居民可以通过出租地产而致富。最后一任成都驻防将军，写信给他在北京的家人，十分满意地报告说，新的财源注入旗营，滚滚而来。他还说营区的一些居民已经提议要为他立一块纪念牌坊，以纪念他管理得法的功德。按照他所说，公园在开张第一天就售出了3200张门票，有1000个男人买了戏票去看戏剧演出。可能是由于戏院缺乏楼厅，女人不被允许进去看戏。司令本人拒绝参加演出，他担心人群中出现纪律紊乱，那会使得“洋人嘲笑我们。”〔93〕

新的公共空间的利用，像商业场和少城公园这类的例子，由于官方在促进商业方面的利益而层出不穷。官方自己也认为为了实现新政计划的目的，重新利用已经存在的“公共空间”是完全合理的。于是，寺庙被征用来办学校，办贫民医院，以及下属分局警务站。至少有两家警务站是占用了本地人协会的部分院子。1909年，其中的一家协会要求警务站暂时搬出房子，让他们庆祝完那年的财神爷的节日再搬回来。警长拒绝了这个提议，说是该警务站设在这里已经有六年了，以前也从来没有妨碍过他们拜财神。此外，他还继续说道，虽然“人们有权成立协会和团体”，但是执行警务是一项紧急的公共事务：协会应该考虑到它的重要性和优先权，要更多地为公众福利和民生着想。〔94〕

警察机构在全城扩张，却基本上没有建什么新的建筑，因为警局利用了寺庙和其他“公共的”房产。然而，许多其他的新政机构在城墙内却侵占了大块的土地盖起了房子。绿营的旧式军队在城内有好几个射击场，在1911年之前，大多数射击场都消失不见了，因为有各种各样的办事机构申请在这些地块上建商铺和房屋，并出租，为学校和其他建设项目提供资金。政府也强迫私人业主出售他们的地产以建设新的办公大楼。〔95〕新政时期，城内新建筑相继而起，到1910年时有些地段的地价已经上涨到了1903年的十多倍。〔96〕1905年，考场的考棚被拆除之后，皇城的新空间被打开了。那块地被指定用来建学校和商务局。〔97〕

总而言之，城市形态的变化随着周善培和他的同僚们为促进经济的发展和使成都秩序化所做出的机构改革而协同发生。制度的改革是1901年到1911年的新政的核心。1909年前，四川的省级行政管理者对改革进程的控制相当有效。然而在1909年之后，政治事件相继发生，提倡政府自治与发动革命，成为两股强有力的敌对方。

第五章　社会自治和革命

1903—1909这几年，对于周善培和那些高度评价社会秩序、公共卫生以及由政府资助的雄心勃勃的经济企业的成都市民来说，是非常美好的一段时光。欧美访客对此感受甚深，这是一定的。一个在1909年拜访过成都的英国访客给出了如下的评论：

> 成都毫无疑问是中国最干净的城市，或许也是所有纯粹本土城市中最为进步最为开明的一座。它的街道很宽，整理得很好，外国人在此可以随处走动而没有些许干扰之忧。几乎每一个街角都站着一名警察，许多街角都设有岗亭。警察们身着某种欧式制服，显得干净整洁，态度绝对地文明礼貌。他们头戴小型的黑色水手帽，比较讲究的还戴上了本地产的线织手套，手持结实的手杖。总之，他们是我们遇见过的最佳类型的警察。也没有邋遢的，嘴里可怕地哀嚎着的乞丐。这是首长的一项了不起的功劳！几年前，成都的乞丐人

数多达两万；但是他下定决心，要改变这个现象，也取得了全面的成功。我们碰到了一大群衣着干净整洁的学童，得知他们就是那些乞丐的孩子。首长将他们召集到一所很大的学校里，在那里他们受到了职业教育，教育经费由市政当局支付！[1]

1909年，可以看到，周善培的积极作为已经使得外国人把他作为成都市市政当局的“首长”来讲述了，尽管他实际上只不过是一个在省级职位上兼了很多职责的官员而已。然而，周善培在成都最后的几年里，由于四川省的政治情况，城市发展渐趋停止。在他因为为成都做出的贡献而得到这番评价短短两年时光之后，周善培就不得不从他藏身的孤儿院里逃出，逃离那帮愤怒的人群。据说他是穿了女人的衣服才得以翻墙逃离，为了逃命而离开了四川。[2]直到1949年之后他才回到了四川。

周善培一直坚持认为他之所以在1911年秋天颜面尽失地离开成都，是由于一小撮有地位的人对他的嫉妒或者说是嫉恨所造成的。早在那之前的几个月，清政府在没有与川汉铁路公司进行任何协商的情况下就做出决定，将川汉铁路收归国有，并因此获得了外国的投资。这个决定导致了紧张而复杂的政治危机。周善培深深地卷入其中。周的敌人——在他们中间，他认为最难以放过他的是那几百个候选生，他刚刚把他们从法庭录用人员的备选生中剔除出去——利用这个形势散布有关他的恶毒谣言。周坚持认为，这些谣言完全是对他行为的歪曲，抹黑了他的声誉。不管这个解释是如何轻描淡写，虽然周在这个城市的身份是清朝的官员，但在这之前的两年里，他已经成了“地方自治”运动的中心人物。而这个运动使得“地方自治”的组织和机构遍布了全中国。清朝最后几年里的立宪主义运动打乱了在省级行政管理机构和省里精英阶层之间小心维持的利益平衡，这个平衡是通过国家和民众之间的关系进行重新调整的要求而达到的。发生了一系列的冲突，包括中央政府、省政府官员以及新成立的省级议会的领袖人物关于影响四川的大事的责任的划分，在这其中，关于铁路的争执仅仅只是最后的、又最引人关注的一件事。

1910年到1911年，谘议局和川汉铁路公司对于清政府关于宪制改革约定的期限拭目以待，成都市的政治气氛极度紧张，到了一触即发的地步。从某个方面来说，成都处在了中国政治走向的风口浪尖上。因为周善培和他的同僚与改革的精英人士成功地取得了一致，支持成都的警察和新型的城市管理，因此省府的管理和统治在王朝走向颠覆的最后几年里不曾发展到引起严重斗争的地步。选举进入到谘议局里的人和四川省许多地方上的议员高声反对官方的政策，他们视这些政策为于国于省有害之物，但是他们却对政府对成都生活日渐严格的管理和规范表示认可，而且做了更进一步的推进。

四川的保路运动彻底摧毁了清政府统治的合法性，同时也摧毁了周善培的事业。当为了抗议铁路收归国有的决定而发生全城罢工时，周善培作为城市的管理者，最叫他引以为自豪的时刻来临了，其时“他的”警察和街正维持了这座城市的纪律和秩序。二十七年之后，他满意地回忆起英国领事于1911年9月间来拜访他一事，当时领事告诉他，在英国没有任何一座城市能够在发生总罢工时没有暴力发生，还能够保持两个星期之久。[3]但是在那年年底周善培离开了四川，成都的管理工作落到了地方手中。

周善培付出了巨大努力而创建的城市秩序一时之间破坏殆尽，却又相对迅速地得以恢复。然而，城市管理机构再次成为成都优先考虑的最高权威，那又是十多年之后的事了。

成都的宪政：法制改革

晚清的立宪运动，正如闵斗基①指出的，在某种程度上吸引了一些支持者，因为它面对的是在中国政治理论家们中久已存在的，对中央和地方政府之间适当分权的关注以及集权制的官僚体系的衰微。在许多晚清时期的作家看来（特别是周善培的良师黄遵宪）地方精英人士组成的议会在大多数社会公共事务上能够比中央指定的官僚们处理得更好，因为他们对他们的社会、他们的社区无比熟悉，无比热爱，愿意为它们做出奉献。〔4〕然而，在其他宪政思想家们看来，这个运动已经发展到其意义远不止是在官僚机构和地方绅士之间行政管理职责平衡的转变。梁启超在他新政时期的流放生涯中写下了影响深远的多卷著作，其中介绍了民众参与政府管理是公民的权利和应尽的责任的概念。独立报纸，例如上海的《时报》刊登了关于民主政府的论文，呼吁出版自由，这样才能对政府形成独立的监督机制。〔5〕

在成都，允许自治机构自身权力的扩展，人们对此产生的改革社会的热情远远超过了他们对于公民自由概念的兴趣。然而，正如我们下面将会看到的，谘议局的领导者们在与总督衙门官僚

① 闵斗基（Min Tu-Ki），1932年生人，韩国汉学家，首尔大学历史系教授。著有《中华帝国晚期国家政体与地方权力的变化》。——译注

机构对国家权威机构的合法权利以及对他们权力的限制发生的争论中，他们偶尔使用到的论点论据使得这个城市中的政治演说措辞都发生了改变。那么在我们转向这些争论之前，先来看一看成都在新政时期的地方法规，以及它是怎样受到了晚清时期的法律改革的影响，这将会有所帮助。

周善培在编写1903年成都警察规章制度时，表现出受到了某种宪政思想的影响，在这份规章制度中明显地出现寻求对国家权力的限定。尽管周具有精英政治的思想特点，他写定的这些规章制度中的特征大约仍可归因到他对日本明治维新后期警察规章制度的信赖，以它为仿效的模型。1903年写就的这份公文借助这些词语："有立法权的"、"有执法权的"、和"有司法权的"来规定了警察局的权力以及权限。详细列出了运用这些权力的每种限制。警察局有权制订一切涉及地方治安事务的规定，但是这些规定不得妨碍"人民应有合理之利益"。在1903年制订的这份警察规章制度中有24条这样的规定。它们主要是对警察的指示，当他们遇到普通公民一方有不能接受的行为时应如何处理，但是他们也须对这类行为进行限制。例如"在公共场所维持秩序的规定"要求那些计划在本市商场或是其他公共场所举行特定集会的人，必须事先通知警方，并获得允许。警局得到通知后，便会派出一个警察到场执行特别的职责，命令他阻止妇女，不得混杂在人群中。"市场规定"禁止人们在街上养猪。"人口普查的规定"中解释了警察在收集人口信息时可以做些什么，以及不可以做什么。[6]

总督岑春煊在一份写给朝廷的关于1903年规章制度的报告中声称，这些条令规定的起草，曾经征求过地方上的意见。[7]大多数涉及具体问题的规定，例如搞人口普查和查赌博，这都是地方长官历来关注的问题。特别值得注意的是，这套规定不像通常官方发布的公告，用的是那种一贯忠于朝廷的正告式的口吻。这些规定只是使人觉得它们就是地方法令的有系统的表达。警察局有责任公布和执行这些规定，并且必须使之符合地方形势的变化，在“人民理解”的前提下，获得总督的批准之后，有权修改。新规定在每条街道的公告栏里公布十天前不得强制实行。1903年的规定在那年刚刚建立的政府公报上发布，并且指示警察对于每一个新来到这个城市的人，在他们进入城门时，向他们讲解这些新规定。〔8〕

1903年关于管理公共行为和警察行为的地方法规编纂成册，而且也制订了修改和公布规定的标准程序，如果这些法规不依某些官员个人的意志为转移而获得了合法性，并得到了遵照执行的话，这本可以标志着地方社会管理的一个转折点。当然，国家——在这里总督就是国家的化身——仍然是地方法规的最终仲裁人，它的义务只要和地区的领导者“商量”就行。不管怎样，地方法规稳定不变的正文，它本身的存在，包括对警察权力的限制，本可以有望为法律本身的思考开辟一条新路出来。地方警察法规本可有望成为，就像一个地方社区的风俗习惯和行为标准经久不变的汇编，只有当社区情况以及社区人民的观点发生改变时才可对其进行修改。

然而，1903年之后的几年，省级官方机构及其长官们阻断了这方面的发展，继续对地方事务发布命令和指示，根本没有去参看1903年的那些法规。1907年周善培再度执掌警察局，他又另外发布了一系列关于公众行为的准则，其中有些相同主题已经在1903年的法规中提出来了。然而新的规定却是采取了指令的形式，而不是规定。1903年的文件证明了那些促进公共秩序，提升道德，或是改进环境卫生的法规中的每一条的合法性、正当性，而1907年的条目却是由非常具体而简短的词语所组成的命令："不得在大街上争吵"，"不得恶劣地殴打女仆"，"不得将你出售的商品误拿给智力有障碍的人，进行欺骗"〔9〕。1903年的法规从来就没有成为一整套有系统的地方条令的基础。官吏们只要自己差不多遵守了地方法规，就一身轻松了。的确，周善培家长式的管理作风将他自己对1903年的法规文件做出的明确无误的许诺，即地方规定将标准化和制度化，彻底地一刀砍断了。

与周善培发布他那言简意赅、具有权威性的警察指令同时，中央政府正逐步加大力量促使新政改革的标准化，为成立一个采用宪法体制的政府做准备。1907年之前各省的行政管理者在贯彻执行总的新政敕令时，有了很大的自由度。总督和地方长官们也的确在一起讨论协商，互相交换策略，他们必须将经过议定的规定、法则提交给新政机构，并将他们的行动报告给中央政府以求得批准。然而，总的来说，在省一级层面上的试验在改革的早期阶段是得到了鼓励的，甚至在新政特别看重的几个方面，例如：商业（1903年），教育（1905年）以及警察（1905年）〔10〕，其相关的中央部门都已经成立之后，也是如此。当朝廷做出了1905年的决定，决心向宪制前进一步时，对于全国的法律体系进行详细而全面的审查便成了必要的行动。法律权威沈家本①按令于1902

① 沈家本（1840—1913）法律权威清末官吏，法学家，浙江吴兴人，新法家代表人物。——译注

年开始对《大清律例》进行修订，但是直到做出采用宪制的决定之后，除了商法方面，该修订工作几乎还没有什么进展。[11]于是，朝廷颁布了一部经过修改的刑法典和关于新闻和警察的新法典。沈的法律改革委员会还设计出了一个关于法庭的分级制度，将法律案件从地方长官的手中分离出来。到1910年底，成都建立了三级法庭：为两个县设立的两个“地方分厅”，一个为整个成都府而设立的地方法庭，以及一个高等法院（省内另一个高等法院设在重庆）。[12]

由于成都晚清时期的司法记录未曾保存下来，因此新的刑法、商法和新闻法的法典在对这座城市的管理方面所产生的效果难以评估。商法的确使得周善培收集成都商界信息的行为合法化，因为商法要求所有的个体商号必须到商务局登记，于是商务局便能将商业统计资料收集汇编，送到商务部了。[13]周也许发现了这是他和成都商人们打交道时一个有用的工具。傅崇矩的《通俗日报》被卷入可以称作是成都首例运用新闻法的案例中。案子的具体细节表明，至少在一开始，新的法规是为官方利益服务的。1911年，那时傅不在四川省内，报纸的总编和一名十六岁的记者被高等法院的一个法官控告犯有诽谤罪。这名记者在法庭上承认听信了谣言，说是该法官无视一项法律程序的规定，在法庭上吹嘘他与官员们及其亲属的密切关系。他没有核实这个传言的准确性，便将它写下来，交出去发表。编辑承认将其作为一则新闻未经证实便发表了。采用了此类谣言的危害性就在于它可能损害新建立的司法体系的可信度，因此成都地方法院对这名记者和编辑处以按新闻法的诽谤条款中，可能的最大罚款：每人200元。法院还要求警长调查该报是如何雇用这名记者的，因为新闻法规定报纸从业人员的年纪不得小于二十岁。[14]

在所有订立的新法规中，“违警律”在改变政府在成都施政的方式上有着最大的潜力。这个法规限制了警庭原本具有的司法权以及处罚方式。这样做，便挑战了已经成为成都生活管理的最为强有力的机构的权威。[15]在这个法规中概括了有八大类的错误行为在警察权力的管理范围之内：1.政治事件，例如：造谣生事，妨碍公务；2.公共安全问题，例如：对危险物品的处理，或是精神病人，或是发疯的动物对公众造成的威胁；3.对交通的管理；4.对通信事务的管理，例如：对邮件的破坏；5.对公共秩序的管理，例如：滥用公共财产以及以高于官价的价格出售商品（大约可参看饥荒时节对粮价的控制）；6.事关道德和风俗习惯的管理，例如流浪乞讨以及无证卖淫；7.对健康和卫生的管理；8.对财产所有权的管理，例如虐待他人的动物。任何没有归入这些类别的不当行为将归正式的法院的系统处理。结果，法律将例如婚姻、财产争执的民事案件以及，例如打架斗殴、小偷小摸这类的刑事案件移出警庭的司法权力之外。1910年之前的那几年里，警庭经常要通过调解来处理这类案子。报纸说明了这类事件之所以归属警察来处理的缘故：围观的人群中总会有人将对抗的双方带进最近的警务站，以求得对他们争执的解决，这就说明了警局的裁决官员在有效解决邻里纠纷方面已经树立了一定的威望。[16]

警察法规限制了警庭能够施加的罚款处罚不得超过“十五元”以及拘押处罚的期限不得超过十五天。违反了警察法规定的商业公司，可以处以关闭。警庭不再被允许殴打犯人，或是让犯人颈戴沉重的木枷，这都是周善培时期两类常见的惩罚形式。

1910年，成都的警官报告说，在警局的监狱里，周善培曾经要求犯人坐成一排，一边示众，一边编织草帽，现在这里已经变成了一个等待审判的犯人的拘留中心，警局法官被命令不得使用任何形式的体罚。[17]

尽管省级警察的权力部门表面上依从警察法规的要求办事，但他们仍然担心，这会伤及他们维持社会秩序的能力。1909年高增爵警长要求赵尔巽向内务部阐明警察法规中的一条允许官方将其运用到地方情况上的条款。他计划修改成都既有的警察规则，以弥补他在警察法中看到的巨大漏洞，他想要知道对于各种各样的公众不当行为可以适用何种处罚。[18]接替高担任巡警道的周肇祥继续在那些超出了警察法规规定之外的范围内办案。当有关此的抱怨传到了赵尔巽那里，他向其求取解释时，周这样回答：

> 作为巡警道，有责任监督地方事务。人民的文化水平还不高，社会的成分又非常复杂。我们不能简单地直接搬用西方和日本的那一套办法。目前司法系统还没有独立，人民仍然害怕受到地方官员衙门沉重的收费负担，因此他们宁可把他们的诉讼提交给警长。自从警察局成立的第一天起，警长就一直在接受刑事案件和民事案件。[19]

警察局不肯轻易地将司法权交给新成立的法院。然而，即便警官愿意这样做，他们也会引用新的法律来为他们自己的利益服务。周善培的商务局实施了一个计划，向城市居民发放小额贷款，帮助他们建立起街边货摊，或是从事其他风险较小的商业活动。在法院体系成立之后，他劝说一名法官要求警局继续他们原先的做法，派出警察向久拖不还的借款人收取应付的借款。警长拒绝了，他指出，有法律专家已经告诉过他，不按时归还贷款不是刑事案件，而应该按照商法交由法庭处理。他继续说道："这不是警局要推诿麻烦的任务，而是有关权限的法律问题。"可以要求警察去劝诫他们下属分局那些拖欠贷款不还的人，但是他们能做的事也就是到此为止了。[20]周肇祥这样固执己见，认为警庭仍然能在警察法规定的范围以外有处理法律案件的作用，这个貌似有原则的立场，只不过是表明了省级官员们发现新法规在他们自己的官僚政治的斗争中仍然是有用的。但是这同一个工具，也可以用来反对他们。这一点正如我们在下面将要讨论的，周肇祥和谘议局打交道时发现的情况那样。新的法律体系刚建立的那几年里，官员们都使用法律来为他们自己的目的服务。随着代议制议会的建立，人数越来越多的精英阶层为了达到新的目的开始向法律提出了他们的权利要求。

成都的宪政：谘议局和成华城议事会

四川的精英阶层对于清政府1909年号召选举地方议会和谘议局十分欢迎。官方批准的宪法学习协会已经在许多城镇办得如火如荼，在法律学校注册入学的人数剧增。[21]参与自治机构的前景证明甚至对于警官都具有吸引力；警察当局不得不发布一道命令，禁止警官卷入公众协会的事务，这样才能使官方领域和自治领域中间维持一道清晰的分界线。[22]

总督衙门对于控制"官方政府"和"自治政府"之间的那条分界线有强烈的兴趣，因为他们希望将谘议局和地方议会纳入商会和其他那些我们已经在第四章中讨论过的“合法团体”这种已然建立的模式中去。在他们看来，自治政府是在中央和地方利益之间起调停作用的一种习惯表现形式，只是现在更加正式而已，它们由总督衙门官员和地方精英人士共同来操作。周善培在与商会的合作中已经表明，官方机构指导经过选举出来的委员会去实施经过精心规划的公共发展项目，能取得很大的成功，就像商业场那样。在人们看来，一时之间，似乎自治政府也会以同样的方式来运作。

1909年秋天，总督赵尔巽在谘议局第一次召开的会上讲话，表示了他对官员们和议员们能够在一起和谐地工作的信心，尽管“人人”都预言了在他们之间会有竞争发生这个事实。在强调了目前处于国家危急存亡之际需要团结之后，赵又号召官员们和议员全体都要记住自治政府功能的目的就是要使国家更加强盛。他宣称，一切权力都属于国家；官僚机构和地方代表机构，它们本身都没有独立的权力。只不过是国家将某些任务交托给了它们每一方，因此各方都应尽其所能，负起责任来，为国家服务，不要互相对对方的工作做出错误的干涉。[23]

由104名代表组成的这第一次会议开会计时一个半月，尽管赵尔巽向大家发出呼吁，要求大家团结一致，服务于国家，但是在官僚们和议员们之间的摩擦还是不可避免地发生了。在闭会仪式上，赵尔巽警告代表们，他们对于“监督管理”兴趣太大，而对“帮助管理”兴趣不足。议长蒲殿俊[①]敏捷地报以回答，说这

---

① 蒲殿俊（1875—1934）四川谘议局的议长，1904年中进士，1905年公派留学日本，保路运动的主要领导人。（四川广安人）——译注

两者是不可分的。如果人民被拒绝给以机会，对于官方如何使用人民为了帮助政府的管理工作而奉献出来的资金进行检查和评估的话，那么人民将不会再愿意提供这种帮助。[24]但总的来说，会议还是进行得相当平和的。总督衙门方面向大会提交了数条建议：如为警察以及教育系统的扩大筹集资金，对此谘议局提出批评，说这对人民是巨大的负担，并反过来又提出几个措施以减少行政开支，对此，总督提出反对，因为这些措施与中央政府的法规相抵触。[25]然而，还没有哪一方在任何具体的问题上持不可调和的立场。

在谘议局成立的第一年里，它考虑到的问题极少与成都管理过多相关，这是毫不令人奇怪的。毕竟，授予谘议局的权力是要通盘考虑涉及全省的问题。尤其重要的是，在省城以外的地区对于新政的贯彻执行，比起成都要麻烦得多，也更具分裂性、破坏性，在这方面谘议局给予了极大的关注。例如，在警察问题方面，想要扩大县府和乡村的警察系统，在中央政府的敦促下，1908年加速进行。然而成都的警察队伍是得到了省财政大幅度的津贴的，又受到了高级官员的密切监督；而县政府就不得不去寻找地方上的资金来装备新增加的警力，还得从警校聘请缺少经验的毕业生来领导他们。整个四川省由于警察和学校扩展而带来了税收增加，以致怨恨日益增长，在县级警官和地方精英之间发生冲突，议员们不可能不知道这些情况。[26]另一方面，在成都，警察队伍的权威是在1909年牢固地建立的，而谘议局也显然无意去干涉省警察局对于城市事务的管理。

谘议局早期提出的几个建议，与周善培对成都的经济和文化发展的计划配合默契。谘议局的议员们呼吁建立省银行，以稳定货币流通，放开资本用于工业发展。他们还敦促政府支持在成都成立“通俗教育舍”。议会解释说，成立的目的，是要提高四川人民的文化水平，使他们能够抵制迷信，认识新政的价值。教育舍将贯彻这个目的，加大戏曲改良团体的努力，将“不道德的”倾向从大众文化中清除出去。[27]

1910年，成都、华阳两县组成的议事会（成华城议事会）召开了第一次会议，他们缺乏谘议局所具有的清晰度和声望。该地方议会由从六个市区选举出来的60名代表组成，成都县三个区，华阳县三个区。这60名代表又从他们中间挑选出15位，组成一个执行委员会（董事会）。该议事会本身及其执行机构在历史记载上都是相当模糊不清的组织。与谘议局不同的是，他们的活动在地方报纸上极少有公开的报道。的确，就连议会成员们本人的身份也都十分不清楚。这个扩大了的议事会有10个代表旗营的议员，这个群体的加入无疑严重地损害了该组织的内聚力。在当时的报纸上，该议会唯一一名被提到的议员是这个执行委员会（董事会）的一个名誉委员，他是一位“名举”。他当时也是每月发行一期的省公报的编辑。他的名字以铅字的形式出现在报纸上，是因为官办日报的编辑们表扬他们的同行为自治政府做出的贡献，他公开表示拒绝接受地方议会要支付给他担任书记工作的工资。[28]

议事会的相对默默无闻也许是由于它与省级权力机构之间达成的一种默契关系。市议会似乎已经接受了这种观点：认为它的作用就是对官方政府工作的补充，对于官僚机构授权、省政府本身又无法去实行的公共福利项目，就由议事会去贯彻执行。它刚一成立，就被允许通过收取酒店（这些酒店已经向警察支付了一笔费用）以及长途运输的搬运工人的税费来为“自治政府”筹集资金。[29]议事会成员一致同意从这笔征税接收过来的钱中使用一部分，用来扩大小额贷款的机构，之前周善培的商务局已经有过这种操作。[30]议事会的其他大多数活动包括那些私人慈善团体长久以来在这个城市里所做的：向穷人分发大米、药品以及有衬垫的衣服，收敛无主的尸体。为了迎合时代精神，议事会还安排了关于政府自治的公开讲课，建立了一间读报室以及三所教授识字的初级学校。[31]

假以时日，议事会也许会在城市事务上为自己谋求到更多的机会。有迹象表明它对能够在地方法规上承担起更多责任颇感兴趣；1911年它提出要在市内禁止黄包车。总督赵尔丰同意考虑这个提议，但是就在相关管理机构重新拿到了这笔款项后，马上便安排了购买黄包车。[32]随着清朝末年政治危机的兴起，再加上惯常受到这种拖延策略的对待，以及官员们和精英人士的偏见，议事会确实没有真正的机会来提高积极性。即便它有这个机会，议事会也没有这个打算来加强它和更广泛的城市群体的关系。如果希望增强它对强有力的省级机构例如警察局的相关影响，这是能起到作用的一步。倒是警察局通过街正与成都市的各邻里街道建立了直接的关系，议事会对此没有做出任何改变。

议事会的建立对于街正的作用没有任何影响，这件事实明显表明了总督衙门已经成功地在“官方作用”和在成都的“自治政府”之间实施了区分，并清晰地表明了后者的从属作用。街正处于警察和社群的交叉点上，他们和议事会的关系本应是协商的关系，如果事情与议事会有关联，或是议事会也能做这件事的时候，那就会与之协商。街正可以与其他的自治政府机构一同协力代表人民的主要利益，这种想法已经在1908年得到过一次短暂的表达，其时一个成都居民向警察局请愿，表示为了更好地促进宪制政府的发展，应该对街正也进行正规的选举。[33]但是议事会并没有紧跟这种思路，尝试在它与街正之间建立更为紧密的关系。或许有权有势的警察局对于沿着这些思路而来的一切建议都予以了否决。然而，议事会的议员们也许自己也不喜欢这些想法。他们唯一提交给谘议局考虑的提议，并不是要将他们的关注点延伸到更为广大的全体选民身上，而只是要求对他们自己相对于官僚机构的地位做出一个澄清。议事会要求谘议局，在自治政府机构和政府官方机构之间通信往来中修正用词。他们之所以反对这些用词，是因为它们表达的语气就像是在对军官讲话。正如汤若杰①指出来的，议事会对于官员们在对老式风格的社团领导者（例如军官）说话时表现出来的充满了权威主义的做派没有觉得有什么不对。然而，自治政府本身处于一个完全不同的社会领域，它和官方处于更加同等的地位。存在于议事会议员们身上相别于军官的精英优越感无疑阻止了他们去思考，在他们的自治政府事业上，街正恰好是他们潜在的同道。[34]周善培曾经努力去劝使“有头有脸的人”出面当街正，但是议事会的议员们大约一直将他们视同地位低下的“保甲”成员。

议事会将自己看成是卓越超常的地方领导，一个极为高尚的机构，关心的是社会的福祉，但是却又不通过其代表的政治网络

① 汤若杰（Roger Thompson），美国学者，西华盛顿大学教授，1990年将毛泽东的《寻乌调查》翻译成英文，在美出版。个人著作：《宪政改革时期：1898—1911中国的地方议会》。——译注

与社会联成一体，这种趋势一直延续到清朝崩溃很久之后。正如我们将要看到的，民国时期的街正继续与警察协同办事，而市政府却又常常以高手云集的委员会自居，对于警察或是更加广大的社会群体鲜有影响。

1910—1911年的政治危机

1910年秋天，谘议局召开成立两周年大会时，总督衙门机构费尽心机艰难维持下来的有秩序的政治气氛已经严重恶化了。那年在几个县里由于新政的税收制度和人口普查造成的乡村不安已经发展成了公开的反叛。形势的发展使得成都的紧张情绪上升。[35]谘议局的议员们发现乡村的情况使人焦心，这便加剧了他们对地方当局和中央政府的不满。正当总督衙门的行政管理机构急需地方精英的合作以抑制民众普遍的不满时，谘议局开始对官方摆出一副公开反对的姿态。谘议局在两周年的大会上出现了一个值得注意的现象，全体成员对官员们进行了攻击和指责，其中就包括了对巡警道周肇祥的弹劾。在这种公开对抗的新气氛中，成都部分精英团体站起来公开反对清政府在1910—1911年冬天以及随之而来的春天里所采取的两条政策：决定推迟成立国会，以及川汉铁路收归国有。当总督衙门无法平息精英人士对第二条政策的反抗时，这个纹丝不乱的统治基础被砸个粉碎，一场群众反抗的运动在一个长期以来是清政府权威的坚强堡垒的城市里爆发了。

乡村的动荡不安不是促成成都在1910—1911年政治紧张的唯

一因素。立宪主义运动从跨省的新纽带中吸取了力量。张朋园①概括了立宪主义者迅速扩展的宣传运动，他们在1909年从全国各地齐聚上海，计划出一个统一的策略——提升自治机构的权威。这第一次会议四川没有派代表参加，但是谘议局的领袖蒲殿俊，作为拥有最高文职功名，又曾经在日本留过学的人，他和与会者都是密友，于是他便卷入了要求成立国会的请愿运动中。四川另一个活动家，一直将朝廷和立宪主义者之间越来越强的仇恨的关系告知成都的精英界，他就是邓孝可，是谘议局公报《蜀报》的一名编辑。[36]

《蜀报》本身的存在显著地改变了成都的政治气氛。在《蜀报》于1910年秋季成立之先，就有好几家地方期刊报道四川发生的事情，促进了新政的发展。这其中最为重要的是《四川官报》和《成都日报》，它们都成立于1904年，受到政府的资助；它们的办报人员都是由行政管理机构从候补官员群体中挑选出来的。官方通信组成了这两个报纸的主要内容，但它们绝不是总督衙门官方手中简单的工具。它们的新闻记者经常提交曝光地方管理工作中存在问题的新闻稿件，这两家经常登载来自华东的立宪主义新闻报上的社论和新闻消息。这些新闻报刊包括例如：《申报》《时报》和《中外日报》。[37]然而，这两家期刊的编辑都是在官方与精英合作的框架内工作的；他们也许会挑战政府以期政府进行自我改正，但是他们绝不会做出这样的提示：如果没有激进

---

① 张朋园（Chang Peng-yuan），毕业于美国哥伦比亚大学，专治中国近代史，担任台湾“中央研究院”近代史研究所研究员。著有《1909—1949晚清以来历届议会选举述论》——译注

的改革或是对官方做出直接的批评，便没有改正政府行为的可能。

《蜀报》从第一期刊物的发行起，它的开场就与众不同。《蜀报》的发行人朱山宣布《蜀报》不像其他的四川期刊，它不可避免地会要讨论一些政治的话题；没有任何“权威机构”可以阻止它这样做。谘议局和官方之间发生的争执新闻，过去只限于内部人员知道，或是通过社会以谣言的形式传播，现在却白纸黑字公诸报端。《蜀报》用非常强硬的词语支持谘议局领导者们的观点。1910年11月发行的第六期上，严厉批评了总督，他不允许谘议局向政府机构和学校派出调查员，审查他们的组织情况和账本。“连普通老百姓和外国人都有权访问和参观（学校和政府办事机构），然而谘议局的议员们却被拒绝给予这种权利。”编辑们由此得出结论说，这一定是贪官污吏们要对管理失职和贪污腐败进行掩饰和包庇。[38]对于省一级的行政管理官员来说，他们不习惯于公开为自己做出合理的论证，他们只会从现成的官话里挑出两句:“造福于人民”和“弘扬道德”，除此之外便说不出什么东西来，足见这类公开的攻击必定是使他们极端恼火。

《蜀报》自称是谘议局的喉舌，受到成都所有“合法协会”的支持。教育协会的领导者徐子休，他的名字出现在《蜀报》第一期刊登的支持者名单中。然而，实际上这家报纸掌握在一小群能言善辩、激进的立宪主义者手中，其中包括吴虞，一个受过日本教育的法律专家，他是这家报纸的首要编辑。这些人表示他们极其忍受不了四川大多数精英人士，忍受不了这些人对于官方和新政普遍采取的那种服从和忍受。尽管徐子休名列他们的支持者名单，《蜀报》的第一期就刊登了对教育协会的严厉攻击，那时它刚刚开过第一次周年大会。该协会400多名成员中仅仅只有60位勉强参加了这次大会，开会不到三个小时没有讨论任何话题，只是争吵资金问题以及对官方与想要去冒教育风险的人的敌意，于是不得不终止。报纸哀叹道，相比其他的省份，四川的教育界看来无力承担起全省人民急切需要的有效的领导。《蜀报》这样脱口而出的话语扰乱了成都的政治生活，因为它公开地批评总督衙门官方，又挑战了长久以来在全省精英人士中普遍存在的，一种遇事就采取和解、调停的政治风格。

巡警道周肇祥在1911年秋天被《蜀报》驱逐出四川省，他是第一个尝试到新闻报刊威力的四川省官员，这时人们才对新闻报刊有了新认识。他的麻烦开始于头一年的秋天，谘议局攻击他超越了警察法规授予他的职位的特权，这个指控激起他将上述事件写进呈送给赵尔巽的呈文中。谘议局挑他的毛病，因为他下令全城所有的药房都要安排一位全天值守的雇员，以便随时回应人民对药品的紧急需求，接着他又派出住在药房附近的人深夜去检查是否能在药房买到药。谘议局将其视为扰民。更糟糕的是，周迫使药房为修整街道赠送一笔献金，说这是对扰乱秩序的补赎。警察法规不曾授权他做出这种处罚。这些指控都登载在第六期的《蜀报》上。[39]在周肇祥对赵尔巽就其行为做出情绪激动的辩解中，指出警察法有不恰当之处，并为他对药房的管理以及他对这个事情的处理引用了成都警察的先例，声称药业行会已经做出裁决，认为处罚公平。[40]显然这番话令他的庇护人赵尔巽很满意。这件事没有载入官方记录的档案中。

虽然在这个反对周肇祥的事件中，谘议局引用了警察法以及法律对于国家权力使用的限制，但是对这个事件最好的理解只能是从1910年起所产生的存在于谘议局议员们和总督衙门官员们之间的权力斗争的来龙去脉中找原因，而并不是象征谘议局将其全副身心贡献在了为成都全体市民争取合法权利的事业上。假设是周善培罚了药房的款，当他执掌警察局时，这类的事情他没少干过，那么与他关系密切的谘议局头头们，也许会极力赞赏他的“有效的管理工作”。谘议局的领导们不喜欢周肇祥，他缺乏周善培那种和成都各界社会团体打成一片的能力，又总是喜欢将权力集中制的政策凌驾于官员——精英的共管之上。[41]赵尔巽于1911年初离开四川去新的工作岗位就职之后，周肇祥就变得更容易受人中伤了。四月，他给了他的敌人一个中伤他的天赐良机，其时他关闭了一家报社，因为那家报纸报道了他在一家西式餐馆做东，举办了宴请，这件事确系可以受到恶意中伤的丑闻，原因是那天正好是一个特别的日子，是皇太后去世的哀悼日。谘议局的头们又再次利用《蜀报》攻击周肇祥，指责他又一次越权，这一次他干涉这家报纸的运作，强迫为它进行印刷的私人公司停止印刷。[42]这件事情在《蜀报》上披露之后不久，周肇祥离开四川去满洲“去研究乡村警察改革”，那里是赵尔巽新任职的地方。[43]

关于这个事件有好几个事实都指向它后面的原因是出于个人的对抗，是《蜀报》的编辑针对周肇祥，这表示了周善培很可能涉及周肇祥的倒台。凡是参加了周肇祥那次宴请的客人们，本可以认为他们的行为也是对已故皇太后的不敬，但他们的名字没有一个被《蜀报》曝光。这次宴请本身就是在每年一次的工业展览会的场地上进行的，展览会是由周善培监管的，而这个丑闻是在工业展览会的日报上披露的，这家报纸也是周善培建立的。报纸由长福印刷所承印，而该印刷所又是由樊孔周建立并掌管的，樊本人是周善培在商会里的密友。虽然周肇祥的丢脸也许是源自个人派别的斗争，这是长期以来中国精英政治的特点，但通过将他的不当行为在《蜀报》上公开，并援引新的法规来对他进行指责，这种做法仍然表现出了在官员和精英之间的私下协商和妥协的老式政治风格，这种做法已经到了遭受人们诟病的程度。[44]

谘议局的选举特点让人们更增强了对清政府权力的反感，这种情绪表现在了另一件事中。1910—1911年的冬天，成都的学生起而应对《蜀报》发起的挑战，因为它对四川精英界的顺从提出了批评。然而，在这种情况下，谘议局的领袖们犹豫不决，是否要支持行政管理机构的挑战。学生们继续罢课，反对清政府否决早日召开全国国会的呼吁。领导了立宪运动的全国的活动家们联合起来在1910年秋天又提交了一系列这样的请愿书，11月清廷命令他们停止请愿活动并离开北京。这个打击立宪主义运动的消息迅速传遍全国，成都学生于1911年元月份走出课堂。省教育委员将学生们召集来，谴责他们的行动削弱了中国的国力，会招致日本人在满洲的扩张。被激怒的学生们回答说，是政府拖延实行宪制的行为导致了外国的入侵。成群结队的学生上街游行，向人们解释他们这样做的原因并批评政府的政策。[45]在第三章中我们讲过了总督赵尔巽两年前在户外运动日处理过类似的抗议活动，现在他再次将教育界的领导者们召集到他的办公室里，命令他们对学生们进行整顿，恢复秩序。他还打算将抗议运动的领导者抓起来，但是这个人设法从城里逃走了。[46]按照郭沫若的说法，他当时还只是一个中学生，谘议局议长蒲殿俊本人也曾尽力劝说学生复课，最终他们还是回到了课堂。[47]谘议局的领导者们虽然一直急于坚持他们的地位等同于官员，不过他们仍然对于过多地、没有节制地参与政治争论可能带来的危险感到不安。

就在学生罢课之后不久，紧接着赵尔巽离开四川。对于赵尔巽个人来说，他走得正是时候，避免了卷入1911年春夏之际动乱的保路运动中。然而，对于清朝来说，却正是它的不幸。四川的官场缺乏一个强有力的领导者，能够杀伐决断地处理存在于行政管理工作中的派别斗争和谘议局以及川汉铁路公司对铁路收归国有决定的愤怒反应。周善培的回忆录中指出，从这段时期起到以谘议局的领导者为首而组成的保路同志会这一段时间，逐渐联合起来而情绪激动的城市各界社会团体，面对着一个胡扯乱说的总督衙门管理机构，一会儿鼓励各协会领导者们坚持他们要求收回国有化的政策，一会儿又命令他们服从帝国的意志〔48〕，他们命中注定要分裂成敌对的阵营。

四川的保路运动改变了成都的政治进程；精英阶层对于促进城市发展以及对立宪改制和在帝国体制内实行自治的兴趣，全都被一种全面铺开的强烈的热情给熄灭和吞没了。这种热情就是以国家主义的名义实现省内自治。〔49〕铁路股票持有者协会指责主要负责铁路国有化政策的大臣——盛宣怀，说他将建设这条铁路的权利从四川人民手中夺走，交到外国资本家手中，这就是一种“卖国”行为。“四川是四川人的四川”成了号召省内许多不满的党派集合起来，并投入到保路运动中去的口号，直至这个运动发展到了超出它的有名无实的领导者——包括抱有同感的官员，例如周善培在内——的能力所能控制的地步。1911年的夏季是成都的新政走向终结的时间。总督衙门的官员们和精英人士分享关于全省的优先权利以及他们各自的行政管理作用已经化为乌有，而且引起了全面的反抗，人们明白这一切不可能再恢复了。周善培借以建立他个人声望的新政，再也无法支撑下去了。到1911年秋天，周作为一个被排除在外的官员，那些曾经从他在成都的积极作为中获利而又一贯支持他的人，除了帮助他逃出这个对他充满了敌意的省份之外别无他法。

成都的罢工和围困

保路运动带来的危机使得四川省的行政管理机构处于瘫痪状态，它对清政权的全面崩溃做出了极大的贡献。在成都地方事务更加受限的背景下，保路运动的历史显示出了运动领导者的组织才能，以及在新政中建立的城市公共机构及其制度的弹性。然而，政权从清朝的管理者手中转换到一个新的省级政体，这个过程也导致了军人和秘密社团对成都影响的滋长，这个新现象，正如我们将在第六章中看到的，会成为民国时期城市政治的突出特点。

1911年6月17日，川汉铁路股票持有者在公司位于成都的总部召开了一次特别的代表大会。公司管理方得知清政府计划为建造汉口和成都之间的铁路干线而筹措资金，便准备拿出一笔外国贷款，将政府刚刚从私人控股的铁路公司手中拿走的管理权接管过来，他们在得知这个消息四天之前召开了这次大会。股票持有者在得知他们将被收归国有的铁路干线的投资，可望收回的只是政府发行的债券，而不是现金时，他们心乱如焚，现在这笔外国贷款更是激起了他们的义愤。他们痛斥中央政府，指责邮政和通讯大臣盛宣怀将国家利益出卖给外国人，再加上反对国有化政策激起的呼吁，使得会议厅里大多数听众热泪盈眶。有目击者声称那八个被警察局派来监视会议的警察也加入了泪流满面的人群中，喊着："我们也是四川人，我们也爱我们的家乡。"[50]与会者们一致同意成立一个协会，组织反抗，接着全体出发来到了省财政的司库，目前正在代行总督之职的王人文的衙门。王接待了他们并同意将四川人民为了建设和管理他们自己的铁路，投入这项工程的详细情况传达至中央政府。[51]

股票持有者代表的行进队伍，其中包括谘议局的领导，从公司总部走了大约400米，来到了省金库的衙门，这是一次前所未有的政治行动，就像《蜀报》对于官方的公开批评一样令人震惊。[52]惯常坐私人轿子在大街上穿行的人，发现他们自己卷入了这场共同参与的公开抗议的群情激愤中。在这次行动的戏剧性冲击中成立的保路协会迅速组织起演说者队伍，他们分布到成都的大街小巷里，在接下来的几周里，他们集合起全城的居民支持他们的事业，这些居民中只有极少数的人持有铁路股票。在早些时候热情投入召开国会的运动的学生们，大多因失败而消沉了，现在又积极热情地加入到了这个新的战斗中来。保路运动的各个分支在每一所学校一跃而起。6月25日，好几千人在南校场聚会，听着群情激昂的演讲，为由协会挑选出来，将案件上报北京的人送行。三天以后，妇女保路同志会举行了成立大会。成都的商人和四川戏曲演员也成立了他们自己的组织，据报有二十多名代表了全市穆斯林社区成员的分支组织也成立了。当时只有十二岁的黄季陆为头组织起了小学生协会，在协会总部的大会上作了发言，他后来成为国民党活动家，以及台湾的历史研究所（国史馆）的所长。[53]成都街道上许多分支协会的诞生受到了运动的时事通讯《四川保路同志会报告》的热情欢迎。该报于6月26日创刊后便频繁地发出报道，对各分支协会以及各分支协会的许多人抵押东西出资或是抵押土地来支持保路事业的行动，发出热情洋溢的评论。[54]

运动的下一个阶段来到了，成千上万的学生走出成都回到他们家乡的县城，他们身负协会交付的任务，将协会的信息带给他们的亲友和邻居。整个七月和八月间，各县都成立起了保路协会，协会的领导者多是新学校、县议会、农会和在各县府的自治研究所的负责人。他们在和成都的领导者联合时，好像中央政府已经通过新政的各机构获悉了四川人民一致明确的意见，不取消收归国有化的成命便别无选择。运动将会取得成功，各分支协会将解散，政治生活会恢复正常，只剩谘议局的领导者们指望着得到北京的官方更加认真地看待。

然而，在北京，由于部分在京为中央服务的杰出的四川籍人士，他们对国有化政策的支持，使得保路运动明确的信息被弱化了。在这些人中间，最令成都的活动家们头痛的是宋育仁，他是早期四川的工业化和制度改革的提倡者之一。这些人辩论道，国有化是必须的，因为铁路对国家的利益至关重要，而且私立的铁路公司已经表现出了在这个巨大工程的管理方面的无能（它投资的老式银行由于在1910年上海的金融危机中破产而失去了它积累的大半资金）。到1911年，在这家公司被授予了修建这条铁路的权利之后，六年的时光过去了，它还只铺了仅仅几英里路长的铁轨。

8月2日，四川的新总督、赵尔巽的幼弟赵尔丰到达成都，他刚从西部过来，在那里他对清朝统治的西藏东部地区的一次起义进行了镇压。在接下来的三个星期里，他试图在朝廷和保路运动的领袖们之间进行调停。根基在北京的官员们，没有为他这个工作开方便之门。邮政和通讯大臣盛宣怀向朝廷上了一个条陈，在这个条陈中，他将学生们叫作一群乌合之众，说他们意在挑起麻烦。这样形象化的描绘自然激怒了活动家们。中央政府劝说铁路公司位于湖北宜昌东部总公司的经理，离开公司，辞职到政府的铁道部门工作，并将公司的账本随身带来。成都公司的全体员工感觉被出卖，保路运动处于困境。作为回应，协会的领导者们号召在成都发起了全市罢工，罢工起始于8月24日。[55]

8月24日的早晨起，成都所有的商铺都关门歇业。赵尔丰派出高级别的官员来到街道上，敦促商人们开门营业，但是大多数商人只是当官员们在场的时候才将关闭他们商铺前面的门脸，抽掉几块板子作为敷衍。罢工运动延伸到了学生和工人们当中，还包括那数千个逃离了城门的乞丐和搬运工人。搬运工要给城市供水及运走生活垃圾。警察仍然在执勤，保路同志会向成都城中所有的分支组织发出呼吁，要求帮助维持城中的秩序。罢工计划要使北京相信四川人民的团结一致和决心，因此，这个罢工就必须是有纪律的、有秩序的。为此，罢工的领导者在几天之后表现出了一定的灵活性；小贩们重新出现在街上，搬运工人恢复了必要的工作，维持城市居民的环境卫生和健康。[56]与此同时，成都人民找到了一个新的方式来表明他们的严肃认真，同时又使得政府难于给他们的行动贴上反叛的标签：他们为光绪皇帝竖立纪念牌位。李劼人写到，这个新的策略最先是由商铺老板开始的，他们担心会派士兵来强迫他们开门营业。为了表示反抗，这些商人们在他们商店的前门贴上供奉光绪皇帝英灵的牌位，以表示罢工出于对先皇的忠诚，因为是他授予了四川人民修建这条铁路的权利。不久，越来越多这样的牌位出现在了全城，有些还贴到了横跨大街的牌坊上。这些牌位给官员们造成了麻烦，当他们乘坐高大的轿子要穿过低矮的牌坊门洞时，不得不从轿子里下来，城里人看了心里直乐，这给成都市造成了紧张的气氛，但官员们又不敢下令将它们摘下来。按照郭沫若所说，成都人相信满洲将军没有参与到铁路论战中来的原因是，他被困在了旗营中不敢出门，因为旗营大门外面就有一些牌坊，他不愿意从轿子中下来，从这些牌位底下走过。[57]

罢工开始两个星期后，进入官方和精英之间共同合作监督成都事态的最高峰。无论哪一方都不希望城中出现骚乱，使得铁路争议问题复杂化。官方每天都要和抗议运动的领导方见面，交换信息，协调他们的行动。在罢工期间至少召开了两次公开会议，讨论安全问题，官方和地方领袖分享指挥权，鼓励大众保持克制。[58]周善培曾经在一次会议上告诉过街正们，他们身负重任，在街坊上遇到紧急情况时，他们便是去完成拆除雷管这项艰难任务的人。他解释道，一般情况下，遇到公众纠纷，警察快步上前终止，但是遇到政治危机时，他们的这种快步上前的行动就会造成误解，导致严重的冲突发生。据周的回忆录所说，街正们十分感激地接受了他的劝告。[59]协会领导者们为城中居民因罢工而遭受到的困难提供帮助，警察局也同意暂时停止向茶馆和戏院收取强征的税款[60]，所有这些行动都是为了保持新政机构的运转，例如，警察在保路运动期间就淡出公众的视线。于是，在成都，在新政和铁路冲突之间，一直维持着一条清晰的界线。

两个星期之后，罢工并没有迫使北京发出表示和解的一纸声明。运动的领导者们开始讨论全省范围的反抗征税的好处与坏处。全城情绪高涨，盛宣怀和北京其他官员的形象逼真的漫画开始以大幅纸张的形式穿街过巷。[61]与此同时，中央政府对赵尔丰解决这个危机施加了更多压力，并命令中央铁道专员端方去成都调查赵的管理工作。9月7日，赵采取了严厉措施，召集了九名抗议运动的领袖，包括谘议局和川汉铁路公司的领导者来他的衙门，把他们都监禁了起来。当消息传出，人们聚集在衙门的大门前，高举供奉光绪帝的牌位，呼吁释放被关押的这些人。赵尔丰的士兵开枪射击人群，打死了好几个，打伤了许多人。那一晚，士兵占领了城中心的所有街道，推倒了所有供奉先皇的纪念牌坊。[62]

成都的大屠杀立刻震惊了周边地区。事件的消息迅速地传达到了城墙外面的活动家们的耳中，其中最为著名的消息传递方式是通过“水电报”：200块小木片，上面写上了抓人的简短消息，号召大家武装起来。这些小木片被扔到了城东的江水中，顺流而下，被运动的支持者们找到。[63]几天之内，来自附近城镇的同志军向成都市进发，抗议这次大屠杀，要求释放被关押的人。新近刚在西藏几年的战斗中杀红了眼的赵尔丰的军队，将同志军赶跑了，但是他们又更快地聚拢了起来。接下来的几个月里，在整个成都平原的同志军头领的领导下，好几支队伍携手联合起来。虽然这些队伍声称要和成都的保路同志会团结一致，但是他们也还怀有另一个动机，那就是他们对在新政时期的机构手中吃尽了苦头的怨恨。1911年秋天，在同志军与皇家军队争夺县城的斗争中，整个四川省的学校、警务站和收税机构全都遭到了洗劫。[64]而成都市却将城门紧闭，切断电报线路，在一片叛乱的海洋中，成了一座孤岛。

清政府统治的终结

尽管省内一片混乱，赵尔丰却比清政府许多总督的任职期更长。当武昌的新军在10月10日宣布起义，并迫使他们的司令黎元洪宣布湖北省独立时，他们的行动引起的类似事件波及了全中国。在四川，赵尔丰从西藏战役带过来的军队就像老式的“巡防军”那样，仍然忠实于他。他们主要是由从湖南、湖北征募来的兵员。四川的新军中除了一支由230名士兵组成的队伍在成都以南宣布叛变，并在十月的第一个星期里进军到了重庆之外，他们仍然忠于清王朝。[65]然而同志军和地方民兵在四川省的一些边沿地带取得了胜利，几个敌对的县政府，11月中旬在四川各个不同的城镇里仍然维持着他们的统治。在这个关节点上，赵尔丰将保路运动的领袖从监禁中释放出来，让他们同意与之合作使省内恢复秩序。在所有邻近的省份都已反叛清王朝之后，这时呼吁四川省的民兵组织放下他们手中的武器显然毫无效果。成都的精英人士奉劝赵尔丰，将他的统治权力让位于谘议局的领导者们。谘议局于11月27日宣布四川省独立，蒲殿俊成为总督，成都市内到处飘扬着彩色的旗帜，上书一个“汉”字，周围绕以18个小圆圈，它们代表中国的18个省份（见图.5.1）。满清政府的权力就此终结。[66]

赵尔丰下台的条件包括他自己继续担任西藏边界地区的地方长官以及和新成立的四川省政府达成的一项协议，继续为他在西藏的部队提供资金。四川的领导者还同意保护成都的旗营，对满人、蒙古人、穆斯林和汉人一律平等相待，只除了那面新立的“汉”字旗。尽管如此，少城旗营区域，士兵们和他们的家人

图5.1　1911年11月成都高举起了一面革命的旗帜。旗帜中央的那个汉字代表汉民族，在这个“汉”字周围的十八个圆圈代表当时中国的十八个省份。（加拿大联合教会资料，维多利亚大学档案，多伦多：目录编号：No. 98.083P/23.）

仍然惶惶不安。反满的情绪在国内一些地方高涨，在湖北荆州、杭州和西安的旗人社区，在这些城市发生革命的过程中遭到了袭击，许多人因此而丧命。[67]然而，在成都，灾难并不曾降临到穷困潦倒的少城，而是落在了成都的东部和北部区域那些有钱的商人和绅士们，以及还缺乏经验的省政府头上。12月8日，在蒲殿俊的行政管理机构刚刚形成之后不到两个星期，城里的士兵发生了兵变，劫掠了省里的金库和许多繁华的商铺以及有钱的居民，并放火焚烧他们的店铺和房子。

兵变就发生在蒲殿俊正打算着手处理无所事事的士兵在城市中惹出的麻烦日渐增多之时。就在宣布独立之后的几天里，士兵们在街上闲逛，到处找乐子，惹麻烦。巡防军曾经帮助过赵尔丰镇压叛乱，他们都是从中国的其他地方征募过来的士兵，面对独立之后的四川，他们对自己的未来心中毫无着落，这无疑使得他们的神经高度紧张。或许是这个原因，他们中的许多人在城里到处昂首阔步，寻衅闹事，穿着、行为就像戏台上的武士。城市居民，特别是女人们见之十分惊恐。一系列由违法乱纪的士兵引起的事件都可归因于这种心神不安；这些闹事包括：两名川剧演员遭士兵绑架；一家妓院发生了一场大争吵，新军士兵和巡防军闹起了对立；一家报纸的编辑批评了士兵的野蛮行径，报社遭到了洗劫。〔68〕蒲殿俊决定解决这个问题，便将成都所有的巡防军召集到东校场，准备进行一场军事检阅。在那里，每位士兵都要注册登记，并下达任务和给予三个月的军饷。士兵们也的确集合了，但是当一排子弹扫射到队形的外围时，队伍马上乱作一团。蒲殿俊和他的官员们四散逃命，士兵们在市里横扫过大街小巷进行掠夺，还有一些胆大的城市居民跟他们打帮手。〔69〕到那天结束时，商业场，这个新政文明化努力的象征，光秃秃地立在那里，空空如也，所有的窗玻璃全都被叛乱的部队砸个精光，所有的货物也都被人群搬走。周善培就在那晚逃离了这座城市。〔70〕

然而，一定程度上的秩序还是很快就恢复了。街道上组织了民兵，在街坊上进行自保。有一支集结在成都郊外的较为守纪律的同志军，领导者带队进了城，在谘议局大楼里驻扎了下来，组织起了街道上的巡逻。新军队伍里军阶最高的四川人尹昌衡，他的司令部就设在了北门外，他也带领一支小分队进了城，下令威胁，任何人若是被当场逮到对商店和住家进行掠夺抢劫，格杀勿论。尹在危急时刻除了是一个杰出的军人以外，他还是股票持有者协会首领的妹夫。劫乱过去之后的那天，一个当地显要人物的代表团来拜访他，希望他担负起督军的官职，组织起一支新的管理力量以取代蒲殿俊失败的统治。

尹的副都督，罗纶也被请来担任谘议局的副主席。罗纶在劝说旗营解除武装并向新的省政府的权力机构归降时起了很大的作用，这是一项非常艰难的工作，它解除了进一步发生动乱的恐怖之忧。罗担任副都督一职后，马上将他家迁进少城的一所屋子里，以便少城的居民确信他们不再会受到袭击。政府向旗营的居民保证，供给他们几个月的大米津贴，对于他们在少城的产业发给证明书，并给予他们按照自己的意愿出售这些产业的权利。〔71〕

尹昌衡先是将他的政府设在皇城大楼里，因为赵尔丰仍然占据着总督府的衙门。然而，在动乱之后的那几天里，仍有迹象表明赵还抱有重获政权的希望；据谣言传说，兵变与他有关联，带有他的旧头衔的布告仍然贴满全城。最后，尹昌衡宣称截获了一封赵发给他的仍驻防在西藏的部队的紧急信件，命令他们进军成都。鉴于这种情况，尹带队伍将赵尔丰逮捕。在皇城前面召开了一场快速而公开的审判，以执行赵的死刑为结束。尹骑在他的马上一路向着东大街走去，一面向人展示赵尔丰被砍下的头颅。〔72〕

一个星期后，1912年元月一日，孙中山成为中华民国的临时大总统，四川的领导者们立刻宣誓忠于这个新成立的国家。革命已经降临成都，但是革命对于这个城市将意味着什么还不十分清楚。

第六章　革命以后：军人、贤人和袍哥

1911年秋天对整个四川省的警务站、学校和税务所的侵袭表明，在省内大部分地方实施的新政计划并不招人喜欢。然而，在成都，学校得以幸免，也没有人利用十二月份的军事兵变去袭击警察。成都居民并未对成都在过去的十年里所发生的变化公开表示否定。然而，无论如何，1911年的革命还是对成都的生活产生了极大的冲击。革命者推翻了清王朝，将城市从强有力的总督衙门官僚机构的支配下解放了出来，而正是这些管理机构尽他们所能地将成都转化成了新政文明的典范。然而，还没有有效的政府来替代清政府的管理机构。革命以后，根基立于成都的省级政体寻求获得他们的前任曾经有过的支配权威，可是却都徒劳无功。

新政机构——成都的警察、商会、自治议会，在革命后，仍然继续存在，但是，由于政治环境的变化，它们对社会公共事务的控制力量被削弱。警察失去了大多数的资金来源和声望。街正和新成立的城市民兵组织承担起了许多地方安全事务的责任，而这是警察现在无力掌控的，尽管警察的管理当局也偶尔做一下挣扎，想要重振他们的职业权威和声望。商会也不再受到总督衙门官方的庇护，也无人邀请他们参与为成都市的城市发展做一份贡献；它反而受到压力，被迫为相互敌对的军阀的队伍提供资金。1914年袁世凯终止了政府自治机构，1916年他去世后又重新召集，却发现对自治政府原有模式的兴趣已然不再，极少有人会再考虑它们。

与此同时，一种新形式的机构出现了，并在成都的管理上起着重要的作用：这就是半秘密形式的兄弟会组织，常被人称作哥老会或是长者与兄弟会（下面会做更为详细的介绍）。城市里许多男性居民，在革命之后的那些年里都参加了哥老会的分会组织，成为“袍哥”这个松散的组织的一员。这个组织遍布成都平原——有时候，在一定的情况之下——还延伸到了中国的其他地方。四川正规的国家政权在19世纪晚期和20世纪早期的软弱无能使得这些哥老会迅速成长。甚至在1911年之前，四川和邻近省份许多社团的公众生活，都受到了哥老会强烈的影响。随着清王朝的垮台，哥老会那种具有明显风格的办事行为方式也进入了成都。

由于四川的内战在1920年代逐渐加剧，省内的政治状况也变得更加混乱无序。哥老会的生命力得以形成，并具有了新的功能。然而，成都的袍哥绝没有将成都市本身看成是它可以从事特别发展的一个对象。在他们看来，成都市和其他任何地方比起来，都能为更大规模地组织起哥老会的活动提供机会。但是除此之外，他们认为成都市和整个成都平原上其他所有的城镇和乡村比较起来，没有什么特具意义的不同。这种对在城市和乡村之间的社会形态的无差别认识，叫我们回想起新政时期之前清朝总督衙门对城乡之间无差别的态度。然而，哥老会已经在国家力量薄弱的区域得以发展；像1911年之前的成都这样一个行政管理中心于是就相当于一块敌对的领地。

民国时期，哥老会对这块敌对领地的占领和占用也绝不是完整的，尽管大多数军阀都声称他们控制了成都，但是在这里积累了财富的商人们，还是发现他们不得不为兄弟会提供膳食等供应。城市中其他公众人物与袍哥们相对来说甚少打交道，然而，他们还能在城市生活中为自己谋得一份起作用的机会。这些人主要有两个群体：被称为“五老七贤”的杰出学者，以及和成都的外国社群有联系的活动家，其中包括基督教青年会的支持者。这两个群体，与袍哥们不同的是，他们都有意识地促进成都发展成一个城市，虽然他们的做法很不一样。这些长者和贤人，他们都是社会改革精英人士中的遗老遗少，都想献身于自己的梦想，将成都发展成中国西部的文化中心。另一方面，基督教青年会，持续促进成都与发展城市改革的国际潮流相接轨，即便哥老会削弱了对经济和街道社区进行管控的政府行政管理。

内战中的成都：政府行政管理的衰退

革命之后，哥老会、传统的精英阶层以及与外国有密切合作的活动家对城市生活的影响，应该放在权力斗争这个因果关系中去理解。这种权力斗争对四川造成了十多年的损害，削弱了成都市的政府行政管理或说是使其发生了转向。1911年的革命摧毁了帝国的体制，而就是这个体制为政治抱负开辟了途径，为官僚体制和人民之间，以及中央和省市之间的关系奠定了基本格局。革命领袖们相信，对这个体制的摧毁，会让他们在一个新的宪法基础上建立一个更强大的国家，但是他们失败了。在国家和省一级的层面上有太多的政治问题在民国初期仍然没有解决。在成都，蒲殿俊从清政府手上夺过政权之后只有十二天，他的省级政体便垮台了，其原因是：对非四川籍的人是否能被允许在四川省的公共事务上起作用这个问题的争执。在赵尔丰去职之后的几天里，一个非四川籍的成都居民——前官员和候补官员、教师和商人组成的一个协会，想要在新近充满了敌意的氛围里保护他们的利益。[1]据说尹昌衡长久以来就因在非四川籍的上司底下做事而愤愤不平，而其他一些有抱负、有野心的人无疑也有同感。[2]尹受到12月8日发生的兵变的激发，决定要处死赵尔丰，这也许就是给蒲殿俊的那个小圈子里的人发出的信息，他们中的许多人都和清朝官方以及其他一些非四川籍的人有着密切的关系。尹发出这个信息就是想要看看他们中有些人是不是还要留在四川。不管赵的死亡是不是一剂催化剂，1911—1912年的冬天，有大量的非本地人离去，其中就包括成都警察中的许多警官。[3]1912—1937年成都几乎所有杰出的公众人物以及政治领袖都是四川籍人，或者至少是声称如此。

虽然尹昌衡在1912年元月宣誓四川效忠于中华民国，但由于袁世凯总统企图再次坚持中央政府的控制而引起立宪争执和权力斗争，使得在1913年到1916年间在四川的部分地区发生了反袁护国武装斗争。民国早期中央政府的软弱无能也刺激了尹昌衡的同僚中一些人的野心，他们都是受过军事院校教育的人，而这些军事院校当时是作为新政的一部分而得以建立的。甚至在袁世凯于

1916年去世之前，四川各个不同的军事单位的领导人就已经开始将这些队伍转变成私人的军队了，他们利用这些军队在四川的各个地区扩展他们的势力。1917—1935年期间，这些军队之间发生了成百上千次，大大小小规模的战争，将四川省分割成了各自的占领区，这些占领区频繁地扩大或缩小，以及相互易手。[4]在这样一个政治极端破碎和动荡的年代，任何一个国家的，或是省的计划，要想达到晚清新政时期的规模都是绝对不可能的。

这些为期二十年之久的战争在无数的方面给成都造成了影响。[5]居民们目睹了，有些人甚至还参与了那些年里可怕的暴行，特别是当军队轮番占领并控制这座城市时。[6]对立群体间的骄横也许还可以忍受，但是面对这样一种事实：成都不再因为是省内具有势不可当的优势，并占主导地位的城市而能享受到特权和经济利益时，一种防卫感便油然而生。[7]在新近政权分散的四川省里，重庆充分利用起它在贸易和通信网络里的关键位置。虽说贸易由于战争受到了相当的影响，重庆的经济却比成都的经济发展要快得多。到1920年代，它的人口数量已经超过了成都。在那十年中的几年里，军阀刘湘宣布重庆为四川省的省府。[8]

从城市管理的角度来看，连年的战争所造成的至关重大的结果就是复杂的城市管理机构，特别是警察的衰败。成都的警察队伍，在周善培对于城市文明化的展望中是一个关键的组成部分，由于资金和人员都转向了省内的战争，这个队伍明显地败落了。全省的军事化和成都警察的退化轨迹在杨维的生平故事中都有描述。杨维在不同的时间段里领导了多次反抗，他曾经是当时成都警察局里最高级别的警官。

1887年，杨维出身于川南叙永县一个富裕之家。而叙永县，是孙中山在省内建立的极少几个同盟会的基地，有人数众多的追随者的县份之一。杨维十多岁时，就在日本学习过警察的行政管理，在那里他加入了孙中山的组织。1906年他参加了一次华中地区的起义，起义遭到镇压之后，他辗转回到四川。1907年当四川的官方高层聚会纪念皇太后的诞辰时，他是共谋刺杀高官们的参与者之一。阴谋败露之后，杨被捕，被判处终身监禁。最终，他在监狱里度过了四年时光。随着清王朝的垮台，关在成都监狱里的革命者重获自由。[9]

当杨维于1911年年末从监狱中释放出来时，他留给年少时的郭沫若的印象是，一个坚强的革命者的形象：一头蓬乱的长发，一张苍白而坚定的脸，一种极度庄重的气质（图6.1，这是杨维大

图6.1　杨维在成都狱中，1911年11月25日拍。（加拿大联合教会资料，维多利亚大学档案，多伦多：目录编号：No.98.083P/14.）

约在他重获自由时，在狱中拍的一张照片）[10]。由于杨有在日本受教育的经历，以及他与革命领导者的关系不浅，尹昌衡任命他重建成都的警察队伍，并利用这支队伍来控制受到兵变冲击的成都街道的秩序（图6.2，身穿警长制服的杨维）。杨除了召集成都警察在动乱之后的那些日子里重新恢复工作之外，他还命令进行武装巡逻，对在街上涉嫌掠夺者开枪射杀勿论。对当场被逮住劫掠的为首者，或是散布清王朝还残存的流言者，将其在热闹的十字路口以及商业场的前面示众。杨的传记作者将在这座城市建立“革命的新秩序”的事迹加在他的头上。[11]紧接着杨恢复了由周善培创立的警察机构，其中包括警察学院、贫民习艺所、孤儿院和慈善医院。作为一个立志献身于革命的革命者，他还宣布

图6.2　杨维于1912年3月担任成都警长（加拿大联合教会资料，维多利亚大学档案，多伦多：目录编号：No.98.083P/15.）

了男女平等的政策。妇女再一次得到警方的允许可以在戏院里参加戏剧表演，这些戏院是在新政时期开张的。[12]郭沫若报道说杨维在成都人民中间受到了狂热的欢迎。[13]

1912年7月，尹昌衡骑马带队走出成都的城门，身负一项使命，将西藏归于新成立的中华民国治下。杨维从在尹的机构里任职转移到了代理督军胡景依的手下。显然他与他的上司之间发生了冲突。在尹为发动他的西藏战役而进行了大检阅的两天之后，报纸便报道了杨维辞职准备离开成都的消息。在全城居民群情激昂的呐喊之下，尹昌衡的母亲与杨维见面，恳请他返回，杨维同意了。[14]但他的返回是短暂的。胡景依在袁世凯的支持下，很快被任命为总督。在那之后不久，杨维被召到北京，袁将其送进监狱。与此同时，尹昌衡带领军队返回成都，威胁胡景依，说是要兵戎相见。虽然尹和胡最终达成了协议，将尹派回西藏，成都这座城市再次经历了战争逼近的恐怖威胁。[15]这种战争威胁的恐怖已经成了习以为常。

1914年底，杨维在四川在京工作的杰出人士的帮助下，设法从狱中被释放，在警卫押送下回到了他的原籍县城。[16]他立刻参与了鼓动反抗袁世凯的运动，1915年又加入了由强大的蔡锷滇军为先锋的倒袁运动。1916年春天，四川省的总督宣布从袁的共和国中独立出来，杨维又再次回到成都，开始了街道上的巡逻工作，这一次他是省内新军的第一支队的司令。然而当袁世凯派部队来收复四川时，杨维被迫再一次出走成都。[17]

倒袁运动以及袁世凯在1916年夏天的死亡促使了国家和各省政治瓦解的进程。接下来的十九年里，没有任何中央的政体来对四川实施多少控制，虽然有许多东部来的军阀，他们一会儿倒向这边，一会儿又倒向另一边，煽动四川内战的战火。蔡锷由于赢得了倒袁运动领袖的声望，于1916年秋天挺进成都，成了四川的总督。但是他对成都的控制仅仅只维持了几天；不久便离开去日本治病，并死在了那里。他的离去将一场权力斗争突然之间抛进了驻在成都的四川几个不同部队的司令之中，有的部队忠于袁的继任者，有的则是蔡带过来的滇军和黔军。1917年，在成都街市上就发生了两次街战。成千上万的城市居民被杀，有些街道被浇上煤油，然后丢上火把。在第二次冲突中，当一方的军队迫使另一方的军队从他们建在成都市中心的堡垒中出来时，他们将皇城的一部分围墙都冲垮了。[18]在接下来的七年里，对成都的控制频繁易手。1918—1920年，成都被熊克武的军队占领，熊是来自川南的另一位前革命同盟军活动家。杨维又再一次被任命为四川省警察局的局长，直接指挥成都的警察部队。然而不久，熊又觉得急需要杨去担任军事司令员。四川的军队迅速地扩展。到1919年，有正式番号的军队从1911年革命时期的5.3万人增长到了号称30万人。[19]那一年杨维完全离开了他的民事管理工作，将他余下的全部生涯都献给了战争和军阀政治。1927年他又再次入狱，这一次是被武汉国民政府给抓起来的。杨维被释放之后，从政治生活中引退，回到成都，在那里他"闭门谢客，整天地吟诵佛经和道教经文。"他于1928年因病死于成都，死时年仅41岁。[20]那一年成都落入三个各自为政的军队的共同占领中已经第三个年头了。

杨维在1918年担任成都警察局局长的经历，表明了周善培对于警察机构和制度的设想和展望，认为警察机构是城市社会的有纪律的、统一的、强有力的管理者。这种想法与省级权力机构的观点完全是两回事。省级官方机构的兴趣完全在于怎样打败他们的军事对手。杨维在日本所受到的警察管理工作方法的教育和周善培受过的训练是一样的，那仅仅只是早几年前的事，因此杨维对警察的概念和他的前辈是一致的。1912年他还能起到作用，确保所有新政的警察计划纲领幸存下来，使得成都能够从帝国时期过渡成为一个共和国的城市。六年以后，他在地方报纸上发表声明，公开表示他对于警察队伍的衰败感到震惊。警察已经没有了灵魂，将他们的责任视如鸿毛，他们的上司对之熟视无睹。由此他得出结论，城中的居民已经将警察看成是对他们的折磨，是他们的苦恼之源。杨呼吁要下一番力气对警察进行全面的重新培训，命令警官每日和警员见面，讨论如何加强纪律和提高从警的知识以及技巧水平。他还计划恢复警员培训学校，从中学毕业生里面招收学员。他出版了一本详细的指导手册，这叫人联想起周善培的1903年法规。这本小册子讲解了警察和民众应该如何表现，互相向对方表示适当的尊敬。〔21〕

1918年，杨维将警察队伍里许多他认为是腐败的或是不称职的警官和警员清除了出去。他计划雇用和培训一些补充人员，来使警力恢复到从前的水平，但是这个计划还未完成，他便离开了警察局。他的继任者张群，后来做到了上海市的市长，曾试图继续杨未完成的工作〔22〕，但是张的任期也只持续了一年多。在整个1910年代和1920年代期间，成都的人口在不断地增长，警察局号称有大约600名警员，大约是晚清时期警察人员的一半。〔23〕谈到警察局的资金来源，一份1920年公布的官方报道断言，到1916年底，成都警察局每月从向茶馆、经纪人、投机商和戏院以及妓院征收得来的税收中可获得两万六千元，大约相当于革命前的预算水平。[24] 1916年到1930年之间的警察资金来源没有可靠的信息，但是一份近代的警察史声称在那些年里，警察不得不靠向他们执警管辖区的住户以及商铺企业等敲诈勒索来收取他们那少得可怜的薪资，因此被公众看作是比乞丐好不了多少的一群人。[25]

另一个导致警察丧失执警功能的因素是城中大量毫无纪律的散漫的士兵的存在。士兵对警察作为城市社会保护者的形象造成了威胁，而这个形象是周善培和杨维曾经千辛万苦努力培植出来的。1912年，就在杨维结束了他第一次作为警察总长有限的任期不久，省政府抱怨说禁止吸食鸦片的法规在成都实施得很不得力，因为驻在城中的士兵居然干起了销售鸦片的勾当，警察不敢干涉。[26] 1914年，警察局长发布了一道公开告示，任何权力机构，除了警察局之外，无权调遣警察，这明显是指向军阀的。[27] 1917年发生的街战中，敌对的军队拒绝警察，不许警察扑灭他们点起的大火，那是用来阻止他们敌人的前进而点燃的。撤退的士兵掳走妇女，迫使他们遇到的男人帮他们搬运装备。[28]

即便是在战争平息时期，一直到1930年代中期，没有正规配备枪支的警察也无法抵抗难以控制的士兵，除非他们不顾生命威胁。然而，普遍存在于警察和1916年之后盘踞在城中的士兵之间的紧张气氛，还是频繁地引起暴力冲突。例如，1922年夏天，一位来自东城墙外的警察局下属分局的警官在暑热的天气里看见一名士兵在河里洗澡。他走近士兵告诉他，他违反了警察法规的一条规定，并抽了他一鞭子。有三十多名这位士兵的同伴后来袭击了这个警察下属分局，将那名警官和他的一位下属捆了起来，轮番地殴打他们。这个下属分局的警察全都逃跑了，这个分局遭到了彻底摧毁。[29]

其他的城市机构也因全省的军阀统治而受到损失。袁世凯时期遭到遣散的市议会，在他去世后仅仅只是在名义上恢复了。[30] 1918年选举出了一个新的省议会，开始在成都开会，但是却很难召集到法定人数。在接下来的几年里，省议会的议员们，以及从1911年冒出来的许多报纸的编辑们不可避免地卷入到了军阀们的政治斗争中。这些军阀因其拥有日渐扩大的军队，能够积聚到土地以及省内财富资源的绝大部分，他们利用从这里得来的钱收买民事和军事方面人才的支持。[31]政客、官僚以及报纸分别和省内不是这一个派系就是那一个派系打成一片，几乎没有给他们留下任何余地，去为成都人民以及其他地区人民的利益充当社会的喉舌。这些人中也有一些人尽其所能地保持自己的独立，指责这些军阀们的胡作非为。例如像报纸撰稿人和小说家李劼人这一类的人，他们即便未被行刺也遭到了逮捕以及其他形式的骚扰。[32]

民国早期，成都商会的精力几乎完全用在如何努力减轻军方的资金需求以及应对可怕的货币不稳定上。1912年开始，军队快速膨胀造成“军用票”的激增，而它又反过来导致了在商人和军人之间就钞票价值的争吵。[33]到1920年代中期，四川省每一位重要的军阀都拥有了他们自己的造币厂，制造了一大批混乱的铸造币，这些铸币进一步扰乱了市场交易。[34]《国民公报》，是由商会领导者在革命之后建立的一份地方报，发表了大量的有关1917—1935年货币流通危机的文章和评论。1935年，四川的内战终于宣告结束。

商会力图就货币流通问题让大家行动一致，发出统一反对的声音，组织每一位驻扎在城内的军阀开会讨论。1917年前，也是这个商会采取了畅所欲言的立场来反对增加税收。周善培在建设商业场时的同盟樊孔周，从1913年到1917年都是商会的会长，对于自己站在四川商人立场上说话有充分的自信。然而，1917年，当他往返于成都和重庆两地之间时，却被子弹射杀而亡。成都人普遍认为是刘存厚，一个极没有外交手腕的军阀，对于樊发动的限制盐税的运动极其厌烦，下令将他刺杀。[35]

这种对商会声望的打击两年以后又发生了一次，不过，这次的打击来自爱国学生。1919年5月4日，北京举行了示威运动，反对将德国在山东半岛拥有的特权转交给日本。为了响应这个运动，成都的学生举行了数次集会，提出联合抵制日货的要求。商会没有对抵制日货做出支持。1919年12月，愤怒的学生绑架了商会常务委员会的会长，在大街上游行。在商会总部，要不是民事总督赶到，商人们和学生之间差一点发生严重的打斗。民事总督对商人们进行了严惩。结果，商会会长和副会长辞职。[36]夹在掌握权力的军阀和好斗的爱国学生中间的帮派林立的商会逐渐淡出了公众视野。1920年代，少数几个商人运用他们的手腕和金融资源和每一支占领军的军阀私下打交道，以把持商会权力。[37]

内战中的成都：城市形式的变化

当成都的行政管理机构以及民事机构遭到破坏时，城市实实在在的基础结构因为私人投资和公共投资的减少也受到了影响。李劼人在一篇1937年写的文章中认为普遍存在的不安全感，限制了住房和其他城市建设的发展：

我们近代的成都人，才不这样蠢！我们知道世乱荒荒，人寿几何，我们来不及百年大计，我们只需要马马虎虎的享受，我们有经济的打算，会以少数的金钱做出一件像样的东西。所以自从光绪末年以来，我们大多数的房子，都只安排着二十年的寿命，主要柱头有品碗粗，已觉得不免奢侈，而屋顶哪能再重？所以合法的屋顶，只是在稀得不可再稀的瓦桷上，薄薄铺上一层近代化的瓦片。好在没有大风，不致把它揭走，也没有大雪，不致把它压碎，讨厌的是猫儿脚步走重了，总不免要时常招呼泥水匠人来检漏。[38]①

1926年在一次短暂而激烈的军事政变之后，一位旁观者报道说，成都市南区的住户们在他们的屋子上张贴了许多告示，上面写着这样的一些话："我们享不了共和国的福""已经被抢过十多次了"以及"已经抢光了。"[39]

新政时期的一个主要象征，商业场在1917年的街战中残存了下来，但是在那年的12月，由于一次偶然的失火而彻底毁灭。租户们立刻集资照原样重建。然而它隔壁的悦来酒店，也已在大火中烧光，此后不再重建。取而代之的是，在它原来的基址上建起了一个悦来市场，它是商业场的一个复制品。[40]或许，做出放弃酒店的决定，是这座城市商业特征发生变化的一个象征吧。当初樊孔周和周善培建立这个连拱廊和酒店的联合体，打算是要让它成为成都进入世界经济入口的象征，也对进入世界经济起支持的作用，因此它被设计成一个可以接纳来自远方的商人和参观者

① 此处为原文引用。——译注

的建筑物。但是战争将四川从中国和世界切割了开来，远程贸易无法扩展，只除了通过重庆的鸦片和枪支的交易还在进行。[41]著名的川汉铁路公司，在它点燃了1911年革命这把大火之后也逐渐消失了。孙中山的临时政府将它的一部分资金转给了来自四川的革命同盟领袖，让他们去为民国装备一支新的川军。[42]在接下来的整个二十年里，关于剩下来的这笔钱的下落偶尔也会引发争执。不管怎么说，这笔钱没有一分用于这条铁路，建设这条铁路的计划最终也放弃了。

商业场的重建和扩展表明成都的商人们在内战的混乱中还没有完全破产。然而，由商人们发起的新建设在民国的早期还是有限的。这个城中有三处地方在1911—1924年经历了最大的变化。这三处地方就是被称作少城的老旗营，城中央被称作皇城的地方，以及城南外面后来成了华西协合大学的那块地方。前面两处是由于革命和内战的直接后果而使其发生了改变；后一处地方的发展是由于教会对这个城市不断增加投资而产生的，军阀们对此表示欢迎。

1911年时，我们在第四章中讨论过的少城公园已经在一定程度上将营区向城市更加开放了。革命之后，将少城和城市其他地方分隔开来的围墙已经拆毁，旗人也拿到了他们房地产的契约。有些人迅速地将他们的地产卖给了汉人。[43]这些地产的新住户中包括好几位民国早期著名的军阀。他们买下了大块的地产，盖上了坚固的官邸，既用作住所，又用作司令部。[44]少城的南段靠近公园（见地图3），成了成都更加理想的居住地之一。据说1920年代早期，滇军和黔军一经被赶出四川，省内敌对的军阀们便私下里达成默契，在他们互相交战时，都放过对方在

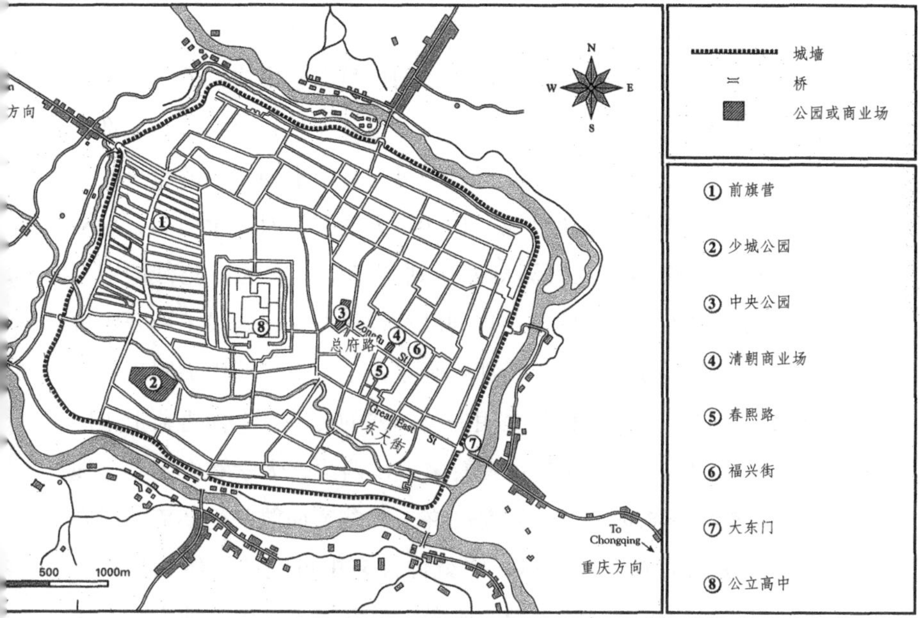

地图3：1920年代的成都，复制于1917年的东亚同文会的地图

成都的住所。[45]

1911年之后，皇城第一次住进了四川督军的办事机构（见图1.7）。1917年夏天，发生在城里的战斗都集中在这个区域，对周围邻近的住户造成了极大的破坏。后来，新的省政府机构同意将皇城的边墙拆除（见地图3），将这块地方转交给公立学校，许多公立学校就在此时搬到了皇城。省里军队的司令部搬进了少城的将军衙门。住在皇城里的街坊们希望这样做会阻止像1917年那种由于军队的双方僵持而造成的大量破坏再一次发生。[46]

城内的围墙倒塌了，一个用新的围墙围起来的社区在城南外面正在成形：那就是华西协合大学（见地图3）。华西协合大学的名字就表明了它是一个合作建校的项目，它由成都的大多数新教传教团体筹资，董事会总部设在多伦多。从1905年起，成都的发起人开始为建一所大学集资，经过与几个本地协会的董事们协商，买下了城南的这块墓地。1910年大学开学时学生很少，后来人数逐渐地增多，在民国早期达到了稳定。它的口腔科特别有名。到1914年，校园的主要规划已经设计好了，建设工程开始进行。它的大部分建筑，包括那栋竖立在十字形校园中央附近的奇妙的小钟楼，建筑风格都是用的英国式的砖墙，上面再盖上中国式的曲面屋顶。[47]在参观者看来，华西协合大学和中国其他地方类似的大学校园一样，都是“在一片贫穷而肮脏的环境中以它惊人的美丽而耸立在那里，它就像许多中世纪的城堡和教堂一样”[48]。四川的军队将华西协合大学看作一个中立地带，在成都地区发生战争时，那些军阀们的随从人员就将校园看作是他们的一个避难所。

成都的普通市民在这样的时期里在干些什么呢？即便是那些殷实之家，有了用坚实的围墙围起来的院子，他们也是生活在一片恐慌之中。由于警局再也无力管理军队以及在街上闲逛的毫无纪律可言的士兵，1911—1937年，生活中的惊恐是常常发生的事情。为了回应这种局面，住在周边的居民，在穷困潦倒的管理机构的鼓励下，只好起来进行自卫。街坊四邻帮助组织起了街道民兵，将成都转变成了民国时期一片被隔绝的社区孤岛。[49]在这个转变中，哥老会起了不可或缺的作用。

袍哥的关系网

哥老会并不是起源于成都的。像中国大多数的秘密社团一样，一般认为它首先源自清统治最为薄弱的区域，那些居于边远地区的人群中。袍哥这个名字最先见于19世纪中期的历史记载中，那时正当清政府的军事领袖们和太平军开战之际，就在他们的士兵中间发现了有这个名字的群体的存在。有学者认为早期的哥老会成员来自至少两个不同的传统教派：白莲教和咕噜教。咕噜教派是一种兄弟会组织，在18世纪时兴起于四川省内的部分地区。早期的哥老会群体由单身男子组成，特别是士兵和已遣散的士兵，他们与定居的社会团体没有密切的关系。这些年轻男子组成了各个分会，这些分会利用违法的经济活动来自肥，包括走私盐和鸦片、赌博、卖淫以及盗匪活动。他们也制订了一些仪式，一种秘密的手势语言和其他的信号，这样在外活动的会员就能够使自己在其他分会的成员中间得到承认，以寻求帮助。他们的道德准则强调对组织的忠诚以及会里的兄弟们之间的互相帮助。这种道德准则在某种程度上是受到了三国时期的故事以及小说《水浒传》中伟大的兄弟情谊传统的启发而产生的。[50]

19世纪晚期，随着清朝政权对乡村统治的衰落，许多哥老会的分支机构在成都平原的乡村和城镇扎下根来，他们将原来的犯罪气息也都抛掉了几分。有势力的，或是富裕的城里人，也偶尔有个别有功名的人参加了哥老会，虽然这些哥老会遭到了清政府的禁止。[51]到1900年，哥老会各分会似乎已经在四川全省相当公开地存在着了。一位在19世纪晚期生活在四川的法国传教士弗朗索瓦·弗勒里（Francois Fleury）说哥老会“已经成功地进入了一切市政当局。各个商业城镇的领导者都是有影响的秘密社团成员，这就使得他们能够随心所欲地处理各种事务。”[52]

刘师亮，是一本关于哥老会传统的著名的图书的作者，他的生平就说明了这种现象。刘师亮于1890年代在内江县一个村子里长大。内江县位于成都的东南，靠近四川省产盐的地区。虽然很贫穷，他却渴望受到教育，自己去拜了一位识字的说书人为师。村子里其他的男孩子们因此而嘲笑他，并欺负他。他运用他的聪明才智对此予以反击，使得他的对手因此而丢脸。他的胜利吸引了当地一个哥老会分会首领的注意，他是村子里一个极有地位的人，他将刘引入哥老会，并成了他的保护人。[53]刘师亮随后受雇在成都成为盐商代理人，并在民国早期移居省城。确实说来关于他和村子里的首领，即身份又是哥老会会长的那个人的关系，以及他后来的经历中如何受益于此，不十分清楚，但有一点是很明显的，那就是哥老会在他的出生地已经是具有权威的机构了。[54]

典型的哥老会组织是从边远地区铤而走险的年轻人的兄弟会发展为一个地方性的基层社团的，其会员的人数在社区所占的百分比大量上升，这其中的发展史还不是十分清楚，但是这个变化过程在清朝灭亡之前一直发展得很顺利。1909年，当总督赵尔巽要求新成立的谘议局帮助拟定计划来取缔所有的秘密帮会“会党”时，谘议局回答说，在四川并不是所有的这类组织、协会都是坏的，邪恶的，许多议员也许和他们出生地的各种不同的哥老会团体都有着密切的关系。例如，副议长罗纶的父亲，据说就是川北地区的一群袍哥的首领。这个变化过程还没有结束。1909年谘议局鉴别出了两种协会：“孝义会”和“江湖会”。前者是一个进行社区自卫的组织，它的兴起是为了回应后者的。据议员们说，后者专门鱼肉乡里。在1911年革命的前后阶段，其他来自四川的报告说，省内活跃着两种不同的哥老会组织："清水袍哥"和"浑水袍哥"。与掠夺成性的浑水派团体截然不同的是，人们反映说清水袍哥是由正直的人组成的，他们主要是组织社区的自卫工作，是当地社区的管理者——对本地发生的纠纷和争执进行仲裁，为本社区遭遇不幸的成员提供帮助。〔55〕

有迹象表明成都在20世纪初期就有哥老会组织存在了，但是这座城市一直到1911年革命之后似乎还不曾成为任何较大的，或是有影响的哥老会组织的基地。清朝华阳县的最后一任知县周询认为成都在革命前的大多数哥老会成员都是家庭富裕的追求刺激的年轻人。〔56〕李劼人，当时还只是年轻的学生，在他的一本短篇小说中证实了这个说法，《好人家》这本书描述了1911年12月，蒲殿俊的省政府垮台之后成都的情况。一群群的年轻人穿起了戏装，"推选"有钱的成都居民当他们哥老会分会的"掌舵"，让他们坐进彩轿，上面插着绣有他们分会名字的彩旗，在街上游行，一直游到这些无助的"掌舵"的住处，擅用他们家中储存的食物和鸦片，但并不带走他们的女人，因为这样做会违反哥老会的道德准则。〔57〕这些年轻的哥老会热心者，除了通过模仿《水浒传》中英雄的装束和效仿他们昂首阔步的样子来娱乐以外，还有什么使他们感兴趣的，我们留待大家来探讨。

有关成都1911年革命的报道，使人知道了在那个时候城中存在着一种完全不同的哥老会活动，这其中包括了一批完全不同的人群以及城里城外的分会之间的接触和联系。例如一个同盟会的革命者在1911年春天想要将一批枪支从城内运送到成都的郊区，供应给那里的民兵队伍，他通过中间人和哥老会的负责人接触，他们同意传送这批武器。[58]晚清时期，哥老会在成都的大部分活动很可能都是属于这种类型的——成都城外的哥老会中心通过住在城内的合伙人，或是朋友，这其中包括一些在县衙门里工作的人，这一点几乎可以肯定，通过这些人的帮助，哥老会可以持续不断地从城内获得非法的商品以及关于政府计划的信息。[59]

1911年夏秋之际发生的事件使得哥老会进入了成都市，而且是以一种场面壮观的方式进入的。在反对国有化的运动中，一些保路运动的领导者鼓励哥老会的组织与川汉铁路公司结盟。川汉铁路公司的领导者那年夏天被逮捕，手无寸铁的请愿的群众遭到射杀之后，为数众多的同志军，在四川的部分地区仿佛是一夜之间突然冒了出来，他们受到了哥老会一些著名人物的指挥，这些指挥者中有几个来自成都西面多山的地区。[60]这个抵抗运动的一位组织者声称他们的首领已派出了宣传队，和城内“每一条街道上的”哥老会人士取得了联系，获得了他们对这场运动的支持。[61]赵尔丰被解除职位之后，哥老会领导的队伍围攻了这座城市，和城内的同志军会师。

蒲殿俊的政府被推翻之后，成都街上一片欢呼庆祝，李劼人对此做出的报道表明许多居民发现原来哥老会的庆祝仪式是如此令人感到兴奋。尹昌衡宣布他的办公处为大汉码头（大汉公）的总部，这表明了他对哥老会的风格和组织原则的欣赏。军事局新上任的局长跟着他的上司学样，在军队总部宣布大路会（军队）的成立（大路公）[62]。不久，在这个城市里组织起了二百多个分会。[63]成都基督徒杨先生在整个民国时期就充当了外国社群和省政府之间的联络人，他特别提到了：

> 实际上每一条街道上都有一个“公口”，或称哥老会的分会，维持每条街道上的秩序，阻止劫掠的事情发生。甚至像陈维新[①]这样的基督徒也成了“袍哥”，或说是“穿长袍的长兄”或是秘密会社里的首领，他们开“公口”，或是“码头”、“港湾”或是分会，以保护人民，他们现在普遍所用的手势、暗号等都已为人们所熟知。[64]

据另一名观察者报道，妇女哥老会分会自那以来第一次在成都成立。[65]然而，能够公开庆祝哥老会精神的时期毕竟是短暂的。一个在重庆设立总部的与之相敌对的政府，大声诋毁成都的“哥老会政府”，新任职的云南督军蔡锷，向四川派出军队，准备“将它从哥老会的控制中解救出来”。在一封拍给其他省份的国民政府和督军的电报中，驻在四川的滇军司令指责尹昌衡和罗纶鼓励哥老会群体对非四川籍的官员和旅居省内的商人敲诈，勒索钱财。[66]尹和罗激烈地否认这些指控，他们将其比作是云南领导者的借口、托词，为他们企图从位于他们北面，比他们富裕得多的邻居那里，乘混乱之机渔利作辩护。然而他们还是感受到了压力，迫使他们镇压成都的哥老会活动，将滇军隔离在一段距离之外。[67]杨维立即动身解散成都的哥老会各分会组织。

李劼人在《好人家》里面写道，各个分会迅速关闭。然而，他认为哥老会公开活动的短暂时期已经给城市生活造成了持久的影响。该故事的主人公，一个居住在成都市的有钱的地主，他在1912年开初那几个月疯狂的日子里被强迫选进了哥老会的领导

---

① 陈维新，1875-1955，四川苍溪县人。——译注

班子里，受到了精神创伤，他不得不退守在他那防卫坚固的院子里，拒绝参与任何公共事务。[68]然而，对于成都其他人来说，参加哥老会就为自己在民国时期在地方上产生影响开辟了新的道路。将哥老会的军队认定为1911年革命的英雄，这对于在某些军阀那里证明这个组织的合法性起到了很大的作用。而这些军阀随后控制了全省。除了杨维以外，民国时期四川的最高级别的政治领导者们，和晚清时期的督军们相比，他们对于哥老会更能容忍。再加上警察组织机构的日益衰落，使得哥老会在成都有了更大的扩展，尽管遭到了官方的禁止。1921年，一名新教传教士观察到“全省的社会组织由于这种迷信崇拜已经是千疮百孔了”[69]。在1930年代和1940年代，观察家们估计在成都平原上有70%—80%的男子都已是哥老会的成员了。[70]

回忆录里的证据表明到1930年代初期，袍哥组织已经按照原有的四个城门，将成都划分为四个区（另有两个区成立于1913年和1914年），每一个区里都有自己的分会组织。也还有一个全城范围的分会，有它自己的首领。[71]目前还没有获得进一步的信息可以用来支持对这些组织的机构做详细地分析，以及对他们相互之间关系的特点做出详细说明，还面临一些重要的问题，例如他们的首领是怎样选出来的，他们之间的争执是如何解决的，需要解释清楚。然而这些回忆录的确反映出了一个重要事实，那就是这些分会都是按照地域性来组织的。这符合哥老会在城镇乡村传统的行事方式。[72]大体说来，任何人只要在他的地域内给分会的首领留下印象，他就可以提出入会的要求。一个近期的研究表明1930年代在成都就有90%以上的男人成为哥老会的成员。[73]

来自重庆的前袍哥们曾经这样描述过那座城市著名的哥老会

头领，说他们能够通过操作处理和回避的方法来对付法律体系，以及有效地调停会员之间以及会员与外人之间的争执来保护会员们的利益。这些首领们很少有人是有钱人家出身或是受过良好教育，但是他们的能力却鼓舞了会员们去为这个团体工作，这说明了他们掌握了一定的道德权威和方法，这才得以支撑这个依靠暴力或是暴力威胁来维持的权威。一个袍哥团体的成功的领导需要由个人的忠诚来构成的强力的网状组织来建构和维持。[74]由此哥老会的首领们就必须是出色的地方上的政治家，而不是那种周善培式的管理严格的行政管理者。

哥老会首领的地方特色以及政治特色也许说明了为什么有关街正的活动报道，在民国时期比起新政改革时期，在地方报纸上出现的频率更加高得多。[75]在清朝的警察组织中，作为警察和社区之间的联络人，街正在理论上作用似乎很重要；但是实际上警方对街正的活动有多少关注尚不清楚，他们很少被召去参与社区的活动，在其中起到积极的作用。革命之后，警察和街正在街坊事务上所表现的重要性颠倒了过来。1912—1937年，街正很可能帮助组织和培训了街坊上的民兵，这种事情屡见不鲜。[76]街正和哥老会首领之间有着密切的关系，这一点毫无疑问。有关这方面的文件、资料记载的事实很少，但是在四川省社会处的记录中有一份报道却残存了下来。根据这份报告，一名被接纳为哥老会成员的街正，在成都的一个社区组织300名当地的儿童成立了一个少年英雄会，利用他们对他街道上的社区生活进行监督和管理。[77]

民国早期的社会秩序和文化改变

哥老会的成长发展促进了一种新空间的生活组织的发展。由于对行政管理事务的控制，例如公共安全和社会管理，已从新政时期集中制的城市管理机构转移到了地方上的哥老会首领手中，城市本身在某种意义上来说解体了，变成了一群小社区，它们松散地与遍布成都平原以及其北部地区的哥老会组织网结合在一起。成都市的解体反映了一个事实：四川省已经被不同的军阀瓜分成了许多的军事区域。但是成都市的哥老会首领比省里的这些军阀更加成功地互相达成了协议：帮派战争和长期不和在民国时期的成都似乎并不常见。[78]这也许应归功于哥老会传统的防御和自卫的特性。也有可能是因为我们前面在回忆录中提到的分布全城的各分会，组成了一种中央调停部门来处理这个地区的各个哥老会分会之间的摩擦。

哥老会首领和城市居民大众之间的关系有何特点？正如同省里的军阀们，利用他们对经济的掌控，来任意指派议员、记者和民事管理工作者一样，各地的哥老会首领也将成都街坊上有重要地位的人纳入他们的组织，例如街正。到1920年代，大多数的警察也都是袍哥。[79]结果，警察队伍失去了周善培千辛万苦建立起来的公正无私的好名声。根据一本成都的警察史所说，民国时期的警察被认为广泛地接受贿赂，警官则总是偏袒哥老会成员。[80]警察大约也帮助过哥老会首领，就像旧体制时期的衙差一样，向他们提供对这座城市他们所在地区造成影响的事情的信息，例如军阀们的政治动态以及有钱或有权势的外来者的行动。[81]

商人们加入哥老会是为了自保，他们为支持会里的活动提供资金。这些活动包括定期举行的会议，在会上处理一些分会的事务，为大量新入会的会员举行入会仪式。商人们也许会在许多分会里占据有权威的位置。[82]至于劳动者、手艺工人和小商小贩，他们是构成城市男性人口的主要部分，他们对于哥老会组织的感情，大约就要依他们个人与首领之间的关系而定。至于说哥老会的首领，他们想要控制成都经济的能力，以及他们的意愿，比如说：为了他们自己以及他们会里兄弟的利益而去剥削劳动者和消费者，达到了何种程度还不十分清楚。因为大部分的经济是由无数的，小规模的企业主所掌握的，然而，哥老会的首领们似乎除了对商行收取保护费，对他们辖区的男人们收取会费以外，也不可能再有什么其他更多的举动了。[83]

让哥老会首领对成都的各个社区、街坊施加影响，是符合军阀的利益的，因为他们在成都频繁地出出进进，所以要培植他们与哥老会的良好关系。在民国早期，军阀们忙于组建和维持军队，要和其他的军阀以及帮会结盟，有这些问题要处理，因此无心他顾；再加上他们开发了最为便利的资金来源，那就是被称为自流井的盐井以及重庆港（鸦片贸易的主要集散地）。[84]所以他们通常愿意将成都的管理工作交到袍哥，以及还余留下来的警察手中。然而，这种局面在1920年代开始有了变化，我们在下章对杨森的生涯、事业进行仔细思考时将会谈及此。

在四川的哥老会由于其新近具有的中心地位，给予了成都一般男性市民在街坊事务上比周善培时期更多的话语权，而这种话语权是周善培曾经一直在他的集权制的、纪律严明的统治体系中希望给予他们的。调查一下成都市的居民是否认为哥老会的权力机构比清政府官方更“公正”，也许会很有趣，但是这个问题有待进一步地探讨。然而，有一点很清楚，在清政府垮台之后，城市文化的许多方面发生了意义重大的改变，而这其中，有些变化受到了社会中某些群体相当的欢迎。因为自清朝以来，哥老会就已经利用了，四川全省对于非法的或被官方认定为声名狼藉的活动的极大的热情，来为自己积累资本；这些活动包括卖淫、赌博和吸食鸦片等。在周善培管理的时期，成都的警察的任务之一便是要控制这些活动，并且按照国家的要求，达到最终绝对根除它们的目的。当然，到1912年时，这个目的并没有达到，在民国时期，鸦片烟馆和妓院的数量激增，许多餐馆和茶室容纳和招待赌博及其他种类的聚会。[85]那些沉浸在寻欢作乐激情中的袍哥们有了赌博的好机会，有了不一样的吸毒和享受性服务的场所，自然是高兴激动得不得了；城市中的精英人士在当地报纸上哀叹这些变化，而其他人则在一些方面深受其扰。对于这些伤害，历史学家也难以资证，但却足以让人想象。[86]

有一种文化的改变对于许多袍哥来说是极不受欢迎的，1911年革命的共和主义的话语中有一句被一些人，例如杨维所采用，为他们的理论作辩护，那就是妇女在成都的公共生活中应该被给予新的自由。这个问题和吸毒以及性服务的商业兴盛比较起来，在成都制造的文化紧张更甚。1930年代的四川作家声称袍哥文化的传统是对诸如忠诚和孝道等美德的尊崇。尽管随着新文化运动的兴起，对传统文化的许多方面进行了抨击，哥老会的首领对于中国正统的或说是传统习俗的，在性和家庭关系方面的道德准则丝毫也不反感。新文化运动的年轻的领袖们和哥老会的首领们在“公众生活”本身的概念理解方面没有任何共同之点：在受过正规教育的青年们和哥老会的首领们之间有着太大的鸿沟。青年学子出版改良主义的报纸，支持公开的选举；而哥老会首领，他们的组织在某种程度上能吸引到范围很广的人群是因为其俱乐部似的交际和暗中进行的刺激享乐将他们联合在了一起。1910年代末到1020年代，城里的年轻女学生开始剪短发，去学校读书。新文化的鼓吹者，例如像成都土生土长的小说家巴金，称赞她们朝着解放的道路上迈出了勇敢的第一步。而另一方面，哥老会的著名人物，例如刘师亮，则讽刺和指责她们乱花钱，一心着迷于时髦打扮，无视她们对家庭应尽的责任，和军阀们调情。[87]对女学生以及涉嫌腐蚀少女者的强烈反对是1920年代和1930年代哥老会统治的成都在华东知识分子中所最为熟知的一件事。[88]

“五老七贤”与城市改革组织的演变

革命以后，随着政府的行政管理的衰落，哥老会随之向居民区的街坊上推进，居民们的生活也就只能向它打开了。成都的精英阶层被撕裂开来，被军阀的优先取势以及新文化运动的出现，以新的方式进行了重组。那些曾经集结在周善培周围的改革群体在清朝灭亡之后并没有完全瓦解，但是它分裂成了一些带有不同的政治优势的不同的团体。那些设法在城市事务上获得了重大权力的都是在文化上，常常也在社会上比较保守的人士。成都的确也产生了一些著名的新文化知识分子，包括吴虞和巴金，但是与上海或是北京相比，成都的气氛往往使激进派感到窒息。吴虞和巴金的经历就说明了这一点；吴虞每天靠与他在华东地区的熟人和相知通信消磨时日。他在日记中抱怨他在这座城市中的苦闷；

而巴金就像他的小说《家》中的主人公一样，尚在青春年少时便逃到了上海。[89]

民国早期，成都的一些活动家，例如杨维，认为“共和”的中心观念就是社会的和政治的平等主义，但是成都很少有人愿意听他们的。《市民公报》曾经在它的幽默栏登载一个故事，说的是1912年一名学生去见县长，呈递一份请愿书。面见时，称呼县长为“先生”，而不是“大人”。县长狠狠地揍了他一顿，大叫说他绝不愿意接受这样一个称呼，说是这种称呼过去是指算命人的。[90]当北京的司法部否决了一份当地的判决时，成都人都“震惊”了。原来这个判决是对一个杀死其父的男子的终身监禁的处罚，它指出这个人有精神病是众所周知的，因此不能对杀父一事负责任——杀父的罪名在新的法律法规里被叫作“杀人”[91]。在20世纪第一个十年里，成都最为著名的，对于旧思想的挑战是吴虞对他父亲的抨击，指责他父亲将家庭的财产滥用在一个小妾身上。[92]虽然吴虞在这场与他父亲的争执中赢得了一切法律的裁决，但是他却遭到了许多人的背弃，因为他们认为他公开批评他父亲的行为是令人不能容忍的，是无耻的。吴虞对于受到这种对待很是愤怒。而成都的精英人士之所以这样对待他，是因为他对儒家文化的激烈批判。这些批判是他在《新青年》杂志上发表的几篇著名的文章中明确表达过的。然而，这并没有使他在成都成为受欢迎的人物，只除了在相对较小的激进青年的圈子中。但是他还是在一个相对较大一些的文人群体中交下了许多朋友，相比他的对传统道德和儒家学说的观点，他们更加欣赏的是他的诗作。[93]

1920年代早期，那时一些不是那么持保守主义态度的军阀占领了成都，政治上的激进派，例如吴玉章就获得了在城市政治问题上发挥作用的机会，但是他们对地方上的事务不太感兴趣。吴玉章将他的大部分精力放在了组织四川自治的运动，以及建立一个新的中国同盟。他希望借此来推翻盘踞在北京的北洋政府。虽然他在1921年和1922年也曾通过公开演讲和在地方报纸上发表文章，向成都介绍过马克思主义，但甚少有迹象表明成都有任何人曾经因为他的这些举动而受到了激励去参加政治活动。〔94〕

成都的精英群体除了缺乏一个共同的、能够激发人兴趣的政治议事日程之外，还有一些其他的原因，变得日渐衰弱，发生了分裂。军阀的压制和经济问题上的棘手有效地分裂了这个社群。政府的共和体制最初还允许自由成立政治党派。1912年有几个政党迅速地在成都成立，这招来了保守主义者例如徐子休之类的人的厌恶。在他们看来，“党”这个字在中文里就是指用魔法招来小派别活动的偶像，以谋求一己之私利（结党营私）。另有一些成都精英人士，例如保路运动的领导者张澜，却投身到政党的政治活动中。这些政党在1914年遭到了严厉地打击，因为袁世凯取缔了国民党，四川的督军胡景伊公开辞去了他在另一个政党的党员身份。1917—1935年，大多数四川的军阀都尽其所能地阻止华东地区的政党，例如像国民党员和共产党员在四川建立基地。〔95〕取而代之的是，他们都建立了自己个人的类似政党的组织。这些组织通常都模仿哥老会传统的组织形式以及意识形态。〔96〕

随着正规的政党被解散，越来越多的权力集中到了军阀的手中，想要在成都留下来的活动家们处于强大的压力下，不得不服务于军阀们。那些受过军事训练或是警察训练的人，例如，杨维，他们自己也成了军阀，虽然到了1920年代，这些人中的大多数退休在成都去过闲适的生活去了。然后，正如杨维的经历所表现出来的那样，他们都致力于研修佛教和道教的经文，使得佛教和道教小小地火了一把。[97]对于那些渴望去干行政管理工作，或是去当这方面的职业专家的人来说，1911—1937年的日子很是不好过。非四川籍人士于1911年末大量而迅速地离去以及一个完全新型的省级行政管理机构的建立，导致了争抢工作和成都精英人士在政治任命过程中激发的玩世不恭，这两种现象同时产生。吴虞的日记里充满了民国早期对省政府里人事变动的观察，以及对他自己和他朋友以及亲戚的前程的评估。政治任命成了一个摆脱不了的魔咒。[98]吴虞自己，最终从找工作的竞争中抽身出来，转而去从事教书和写作，以补充他的土地收入来源之不足。

教育是成都精英人士的传统职业，然而，它也感受到了军阀操控和财政紧张的影响。从郭沫若的描写中可以看到，在新政时期建立的市立学校，怎样在1912年由于混乱而掏空了。最有造诣、最有雄心壮志的教师抛弃了他们的课堂，全身心地投入对政治官职的疯狂竞争。[99]整个民国时期，大多数学校极端缺乏资金，发不出工资，结果导致教师们常常为了勉强把日子过下去，被迫身兼两职或更多的工作，使得他们无法对当地的事情持有广泛积极的兴趣。除了在1914—1920年，以及1925—1926年期间，被“五四事件”和“五卅事件”以及“万县事件”所突然激发的短暂国民抗议运动之外[100]，相对来说，成都大多数教师和学生的政治积极性都是指向为教育获得稳定的资金来源。1924年，教育工作者舒新城在省立师范学院当访问学者时，他看到他的同事们普遍士气低落，评论说，特别是当学院因为缺乏资金支付教职员工的工资，而被迫将学期提前缩短两个月时，他们更其如此。

他指出成都的教师与华东的教师不一样，他们仍然坚守先前的职业身份标志，穿长袍；在城中交通非得坐轿子不可。他颇具讽刺意味地反映说，这后一行为大约是由于他们急需迅速地从一个兼职工作岗位奔向另一个岗位，缺少社会优越感。〔101〕

舒新城指责四川的教师以军阀对于教育事业的令人窒息的干涉为由而自行士气低落。按照舒的看法，这种士气低落的现象在四川比他在中国访问过的任何其他地方要更为严重。早在1912年，四川的军事领袖们就已经无视教育部的指示，坚持有权自行任命公立学校校长和学监。吴虞指出，这类的事情在清朝统治时期是绝不会发生的。〔102〕1924年，舒新城写道，军阀杨森声称自己有权指定自己的政治顾问坐镇各公立和私立的学校。〔103〕

然而民国时期在成都还有两个教育群体，他们多多少少超出了军阀政治控制之外。他们对成都的公共事务感兴趣，总体上来说，力图站在城市的立场上说话，特别是当军阀的行动对成都似乎要造成威胁的时候。虽然这两个群体中没有任何一个有兴趣对军阀的统领城市事务发动认真的、直接的挑战，或是有能力去这样做；这两个群体中每一个都有它自己对成都公共生活改革的议事日程，他们都有能力去认识这个城市的前景，认为它会从军阀时期特定条件下的城市生活中摆脱出来，这就使得他们在成都的政治生活中起特殊的作用。下面的几段将会简短地描述这两个精英社群：当地人把他们叫作“五老七贤”的团体，以及群集在成都的外国组织机构，其中包括基督教青年会和华西协合大学相关的一群人。第七章将讨论这些团体是如何为这座城市促进和实施他们的计划的，以及他们做到了一个什么样的程度。

“五老七贤”这个短语并不是专门特指某十二个人，他们只不过是一群杰出的成都的知识界人士，他们以为城市的利益说话为己任。这个称呼在1917年开始流传了开来，那时这些知识界人士集体向军阀刘存厚呼吁，希望他解决他和滇军及黔军之间的争执时，不要伤害这座城市。正如我们所看到的，这个呼吁没有达到希望的效果，成都在接着发生的战斗中遭到了蹂躏。然而五老七贤还是接受了刘存厚以及随后在成都的军阀当局的邀请，代表城市社会的利益，出来多多少少地充当一下非正式的顾问。二十年中，这些人挂着省行政管理机构领导人的空头衔定期开开会，给当局者提供一点劝告，在特定的公共事务上，主要是在教育和福利领域负一点责。〔104〕这个群体的所有成员都曾在清朝的考试制度中获得过功名，有许多人还是杰出的教育家。徐子休在20世纪初就是成都最著名的教师，而方旭在清政府时期就已经是四川的督学，他们两个是很好的例子。

整个民国的大部分时期，“五老七贤”是成都最为看得见的公众代言人以及大众福利的捍卫者。他们的声望来自这样一个事实：四川的军阀，包括许多的成都人在内，都认为他们是道德修为的模范，或许还是一个更加有秩序，即便不是更加和谐时代的象征。特别是坚定的新儒家徐子休被成都社会中一大帮人看成是一个智慧的完人。〔105〕他们的影响力也来自他们与军阀的关系，这些军阀中有许多人在革命前都曾在一个或是多个的“五老七贤”的门下读过书。这些认为自己有权利要求得到省级领导地位的人想要表现他们的道德声望，于是公开地向他们的老师征求有关本地管理事务的意见。这样“五老七贤”就成了证明这些军阀合法性的有用的来源。结果“五老七贤”作为公众社会的领袖几乎无人可与之相比：至于哥老会首领，我前面已经说过了，他们对于那类来自新闻报道的公开宣传，或是与军阀的正式会议不感兴趣。对于军阀和他们的手下来说，他们自然不反对于他们有利的新闻报道，他们甚至还办起了他们自己的报纸，其目的是证实他们自己的合法性。但是省内政治情况的紧急以及他们在成都统治瞬息万变的特点，在他们企图证实自己才是这座城市的保卫者方面起了反作用。有关这一点我们在下一章里对于杨森奇特的经历进行思考时会看到。

“五老七贤”作为这座城市的公开斗士，唯一真正的敌手是那些与外国管理，受到外国鼓舞激励的组织机构有联系的男女人士。像“五老七贤”一样，外国人建立的组织机构，特别是基督教青年会和华西协合大学，他们希望被大多数的公众看作是成都的一股正能量。外国人和他们的中国同事还掌握了一些资源，使他们得以对军阀施加一些影响，例如他们与外界权威的联系以及一些外来的资金来源。成都人民还直接受到了一些这类的慷慨赠予。用英国总领事梅里克·休利特（Meyrick Hewlett）的话来说，那时是由于“英美烟草公司具有辨别力的，明智的慷慨大度”使得他能够“在1917年中国庆祝新年时非常慷慨大方地分发了十万支香烟。”〔106〕

来自美国和欧洲的外国人所拥有的，或是与他们有关联的产业在民国早期从来没有受到过成都军阀的半点损害，而日本人的财产在1936年以前也同样是安全的。〔107〕从大体上来说，成都人民即便不欢迎，也都还是能忍受外国人在这座城市里的存在。像中国其他地方一样，中国人和外国人之间的紧张气氛在1920年代达到了最高点。其时，在1925年上海发生“五卅事件”之后，国家主义的和反对基督教的情感演变成了大范围的抗议活动。在重庆，英国居民的郊外别墅那年遭到了抢劫，但是在成都没有这类的事情发生。[108]1926年一个英国的女传教士在成都一条繁忙的大街上，青天白日里就被人谋杀了，虽然所有的人都说那个行凶者是精神病人，但是各传教团体都指责是成都的学生煽动了国家主义，制造了一种敌对的情绪，造成了这次袭击的发生。[109]

正如同在中国其他地方一样，成都的外国人也被卷入了内战中，当时一些不同的军阀寻求他们对其进行人身保护，或是为其和其他的派别之间进行调停。准备大打一仗的军阀，当他面临羞辱的失败之时，将他自己和他的家人委托进法国人开办的医院或是接受协合大学的款待，这样的军阀有好几个。[110]在持国家主义观点的学生们看来，外国人将他们的保护延伸到军阀和他们的家人身上就构成了对中国事务的帝国主义的干涉罪名。他们指责外国人为了他们自身的利益而延长了中国的内斗。然而成都市民在这一点上没有取得一致的意见。梅里克·休利特从1916年到1922年一直住在成都，他在日记中热情万丈地写到了成都人民对他的友情，这部分是由于他对1917年斗争的反思，他甚至还声称从成都的袍哥那里得到了“不止一次的宝贵的相助”[111]。

民国早期成都对外国人的容忍，部分原因是它的远离外国势力在中国的中心位置。英国和法国在整个民国时期都在成都设置了总领事，德国和日本在部分时期也设置了领事或是领事代理。但是外国炮舰从来没有威胁过成都，像他们对待重庆和其他口岸城市那样。另外一个因素，特别是在蒋介石的国民政府于1927年在华东地区掌权之后，在军阀和哥老会首领中间存在着的强烈的外省人意识或说是地方主义情感，使得来自中国人内部的威胁似乎超过了来自外部的威胁。[112]然而，也是更为重要的一个事实是，在民国早期，外国人在成都的建树已经吸引了许多成都市民的兴趣，已经远超过了那些免费发送的香烟。

基督教青年会自从1910年成立以及同年成功地开办了技术展览会以来，在成都一直都是很受欢迎的。早在1912年，它就做了一系列关于美国政府体制的讲座，受到一大群听众热烈的欢迎，他们都是对于“共和”国的意义究竟何在感兴趣的人，希望更多地了解。同一年，尹昌衡的管理机构和商会给予了基督教青年会城中心一大块土地，它紧挨着清朝时期的按察使衙门，并靠近商业场。〔113〕在那里建起了一个基督教青年会的院子。到1920年代中期，这个院子里有了一个露天小道和一个带有电影院的会议厅。从理论上来说，基督教青年会的一切设施向所有青年男子开放，但是它的组织者却将注意力主要放在吸引有钱人、受过教育的人和有权势的人，目的是获得他们的支持，即便他们不得不忽略某个潜在的赞助人那可疑的个性。郭沫若曾回忆说他于1912年去基督教青年会礼堂听过尹昌衡做演讲，解释为什么他是四川合格的领导人，演讲的题目就叫作《英雄与好色》。郭将他的演讲总结如下：“自古英雄多好色，昌衡好色，所以昌衡是英雄。”〔114〕

相比基督教青年会，华西协合大学的财力不如它们那样雄厚，1920年代在关于成都公众有没有权利在校园中散步以欣赏它那美丽的庭园的问题上一度有过紧张的局面出现。然而大学官方，包括中方和外国方面，在平息这类争执时还是很有技巧的。大学受到了伤害，但不是致命的，当时它的大多数学生由于1926年的万县事件的觉醒而离开了校园。由大学外方工作人员雇用的仆人那年也离开了他们的雇主，但是举行了一次短暂的罢工之后又重返校园。新的学生招收了进来，取代了那些拒绝重新注册的学生。[115]联合大学与附近社区的关系得到缓和，因为“五老七贤”之一的刘豫波被聘请到那里教中国文学。

基督教青年会和一般的外国人也像军阀们一样，都争相与“五老七贤”交往。1918年春天，在基督教青年会总部召开了一次会议，以促进对中国经典的研究。[116]1920年，基督教青年会和传教团的医生与警方合作，共同制订出方案以终止那年流行的霍乱，当时已致四千居民死亡。[117]英国总领事休利特（William Meyrick Hewlett）拜访了尹昌龄，他是“五老七贤”中最有影响的一人，又是尹昌衡的堂兄。休利特说：“他是我在中国所结识的一个最为真诚的朋友。”在1920和1930年代，尹昌龄是成都最为重要的慈善机构——慈惠堂的领导人。

基督教青年会和其他外国的新生事物，似乎已经在精英人士团体，甚至在自称是激进派人士中受到广泛欢迎。吴虞将他的女儿们都送到一所美国人办的教会学校，在那里她们要做祈祷，他看到在那所学校里女孩子们要做家务，这给他留下了很深的印象。他将教师们邀请到家里吃饭。他们带来了一台留声机，对此他称赞道，它能“使人们快乐”[118]。他的女儿们写文章承认虽然一开始她们讨厌在学校里和“下等人”（下流人）在一起，但是她们对于阶级差别的想法渐渐地有了改变。他的第二个女儿发誓毕业之后，要为穷孩子们开办一所学校。与此同时，她还组织了一个祈祷小组。[119]吴虞对此并不反对；他写道，儒教已经腐朽，但是人们需要宗教，他们应该有选择宗教信仰的自由。[120]

吴虞公开表示他的新思想在民国时期的成都是很不平常的。然而，他能够公开地批判儒家思想，却又仍然在城市里过着一种舒适的生活，这件事实表明1911年之后在四川发生的政治变化的程度。当清政府还仍然在位的时候，吴虞对官方思想的厌恶使得他的生活处于危险之中。他不曾目睹1911年的保路运动的发生，因为他逃到乡下去躲避由总督签发的逮捕令去了。在民国早期，因为强有力的中央权威的缺失，坚持新儒家正统观念还不是重要的政治问题。成都的政治围绕军阀们的竞争而旋转，有时候以地方主义者的情绪为标志，还沾染上由哥老会思想认可和支持的文化保守的地方主义。〔121〕

城市管理在1911—1924年还不是成都至关重要的政治问题。在许多方面来说，这座城市已经由周善培和他培植起来的新政机构聚拢在了一起，到了民国早期却又分散了开来。但是支撑起了周善培改革的城市文明化的形象已经在一些区的市民中保留了下来，特别是在“五老七贤”中。另一方面，基督教青年会和人民联合在一起帮助成都引入一个新的城市改革项目：1920年代的城市管理运动。

第七章　20世纪20年代的市政改革

1924年2月，当杨森将军带领部队开进成都时，城市居民发现，四川那些一贯好争斗的军阀们在这次对城市的控制权转换时，并没有重复1917年4月和7月发生过的街战，他们无疑额手称庆。那时云南和贵州军队的撤退已经使得各个街区上的居民兴奋异常。[1]杨森在占领成都的最初几天里，将城市街道牢牢地掌控了起来。他采用了杨维在1912年用过的方法，这也许是杨维为警察执警方法做出的一份贡献，亲自在城中的大街小巷中穿梭检阅，并命令他的手下将几颗人头在所有主要的交叉路口示众，并说明它们是那些劫掠者的人头。[2]军阀时期，成都的居民们已经有过了官方暴力的体验，但是从杨森到来，到他的敌手们临时联手反抗，导致他匆忙撤退，这之间的十六个月里，一种格外另类的破坏和蹂躏降临到了许多社区和街坊上，成都的居民们几乎没有任何精神上的准备。自从新政时期以来，还没有任何人如此下决心要重建成都，包括文化上的和实体上的。1925年夏天，大多数的成都居民看到杨森集合起他的队伍，放弃他为这座城市制订的计划而离开时，都非常高兴。

1920年代发表在华东的期刊上关于四川省的评论文章中，最为经常与“四川”一起搭配出现的形容词便是“黑暗”了。杨森对成都管理的故事暴露出来的这种明显的黑暗，部分是由于在沿海的“先进”城市和内地城市之间存在着某种“单面镜”所造成的效果。从长江三峡下游传过来的消息非常顺畅地进入四川；杨森和他的助手们，就像1920年和1930年代的大多数四川省的领导者一样，对东部沿海城市的当代政治和文化运动的情况知道得也不少，因此急于要将这些变化带入四川的城市。但是在民国时期，没有人期待四川会对当日的困境做出任何的应答，顺着长江到华东的四川新闻大多数是有关杨森和他的敌手互相战斗与鸦片、苛捐杂税这一类的黑暗消息。旅居华东的四川籍人士成立了众多的“改革四川”的协会，大声宣称四川是一个灾难之乡，这就更加坐实了四川那可悲的名声。[3]吴虞发表在广有影响的《新青年》杂志上的反孔教的文章，在1920年代为他赢得了在北京大学任教的工作。他收到了一封来自北京的蜀学会的信件，打开来一看，里面空空如也，对此他在日记里挖苦地评论道：这“足以暴露成都地区人民的无能”[4]。无论是公开地还是私下里，成都都被人生生地说成是无可救药的落后。

但是在1920年代初期，成都经历了一次为时短暂的、花样繁多的文化革命的历程。在那些年里，鲁迅批判传统观念的短篇小说《狂人日记》在成都获得了一批读者——比华东地区许多城市的读者群要更早一些，这都是因为鲁迅的崇拜者吴虞，此书一经出版上市便著文赞扬。[5]在杨森进入成都之前的那些年里，身为公办的高级中学校长的吴玉章便组织了一个社会主义的学习研讨会，并就此题目在1923年的《国民公报》上发表文章。1924年春天，成都在一家公园里举行了一次纪念列宁去世的群众集会，会议由杨森的警察总长主持。[6]但是在1920年代的成都并不是人人都是“进步”的支持者。的确，有的只是一些积极的反对者。在召开纪念列宁去世大会两个月之前，大成会，一个致力于学习和宣传儒教的团体，其成员囊括了成都大多数的“五老七贤”在内，寻求省政府的允许，并获得了同意，将城内的孔庙从拼命圈占土地的官员们手中保留了下来，以便该团体能够适时地实行祭拜孔子的仪式。大成会的一位领导者，徐子休，1926年被任命为成都大学的教师时，他表示拒绝。据说是他不能容忍与吴虞为伍同在一个教师团队。[7]

1920年代的成都可决谈不上是文化试验的多元论的温床；它也绝不是完全被隔离在传统和军阀恐怖的不可改变的掌控中。新生事物也是有可能出现的，在华东地区的城市体制和文化发展的新展望，也在成都精英阶层的年轻一代中间找到了支持者。有一些这样的年轻人简直就将杨森看成了他们眼中的斗士。杨森在成都时期，对那些自视为进步的改革者们表示了支持，而且和那些领导中国向未来前进的潮流保持接触。然而对于这些雄心万丈的年轻的进步分子来说，不幸的是，杨森与周善培和他的晚清改革同僚们不同，杨森的城市改革丝毫也不考虑地方上的政治。他企图重建成都的故事就证实了这一点，甚至当面对暴怒的公众群体时，一个统领军队、有决断的人，能够将一座城市的一部分转变成一座彰示他的“有效管理”的纪念碑就更加说明了这一点。杨森的改革，连同他的那些新建立的街道、公园一起，在这座城市里制造了恐怖万分的紧张，这种紧张用行动表示出来，那就只能简单明白地称作是一种文化的反动。

然而，在杨被赶出成都以后，他的许多创制被无声无息地保留了下来，他的那些年轻的顾问以及曾经是新政时期部分改革群体的老人，组成了一个新的联盟，给维持了下来。杨森在成都的生涯显示出了民国时期城市的行政管理达到了权威化和个人化的最高峰。可是一旦它清醒过来，你就能看到那是晚清时期改革理念的再生，它将在1920年代的社会关注的影响下重新铸造。最终，这种复活重生导致了成都的城市行政管理形成了一个更加坚定的制度化机制。

杨森在成都大干一番

当杨森（见图7.1）于1924年2月带领他的军队从东门进入成都时，他对于这座城市已经有过一些了解了。虽然他是在四川一个农村里长大，那里距离川东还有一段相当的距离，但在1905—1912年他却在这段新政的高峰时期首次住进了省城。[8]那时他刚好二十来岁年纪，便进入了军官速成学堂，这所建立在成都的军校是为了给四川的新军充实军事人才。由此他对于成都的城市改革的第一波巨浪便有了清楚的认识，而这个城市改革的巨浪是由周善培和他的同僚们领先发起的。

杨在保路运动期间还只是成都的一名低级军官，他见证了1911年11月赵尔丰的行政管理政权的倒台。他在那场推翻蒲殿俊，以及推进尹昌衡夺权的骚乱中，是恢复城市秩序的军队中的一员。此后，杨森于1912年初离开成都，在那个动乱的年代里到

图7.1　杨森（《成都市市政年鉴》1928）

处寻找他的运气，最终因在1913年倒袁运动的二次革命中站错了队而告终，不得不去云南寻找避难所。当蔡锷的滇军于1916年进军四川时，他便跟着他们一起回来了，并在四川军阀们那人才济济的一席之地迅速地脱颖而出。1916—1924年，他频繁地进出成都，参加军阀们的军事会议。会上四川的将领们试图谈判出持久的和平无果，却趁机在城市毕业的青年中招募随从和低级军官。

虽然杨森还从来没有过对像成都这么大、这么具有政治重要性的城市掌权的经历，但是他在占领泸州，一个位于重庆以西，长江边上的小城市期间，已经为他自己建立了城市革新者的名声。在泸州时，他集结了一群精力旺盛的年轻助手，他们中有一些人还是北京大学的毕业生，他们帮助杨森为他自己勾画出了一个城市改革者的新形象，命中注定要为四川创建出许多新城市来。他正是带着自己的这个新形象到达成都准备大干一番的。

然而，杨森在成都做出的第一个姿态，便是和成都的政治传统保持完全一致：他主持了成都每年一次的花会的开幕式。正如我们在第四章中指出的，晚清时期的花会已经有了一个新的作用，当年的省政府官方努力将它转变成了一个促进工商业发展的展览会即劝工会，要求各县将他们的工农业产品送来展览。革命之后劝工会已经逐渐衰败了，1920年的劝工会，随着五四运动积极分子的大肆宣传，要促进经济国有化和联合抵制日货，又重新恢复了过来。整个1920年代，成功举办劝工会成为四川军阀管理工作良好的一个标志。[9]作为成都的一名年轻的军事学校的学生，杨森必定参加过晚清时期的劝工会。他在1924年和1925年主持过两届劝工会，由于当时四川政治破碎，不可能与前面举行过的劝工会相匹敌，成为影响全省的盛事。但是1925年举行的劝工会仍然吸引了来自全省144个县份中的40%到50%的县城，送出了他们的产品参展。[10]

1924年的交易会开得顺风顺水之后，杨森将主要的金融财政支出用在促进一件更为新奇的事情上：那就是开展全市范围的提高文化程度的运动。中华平民教育促进会成都分会于1924年春天开始运作，它的资金预算大约为7000元，其中3000元来自杨森本人和杨的小学同学王缵绪管理的“市政公所”。全市有名的教育领导者带领12队人马，发誓要征召1000个志愿者，来为成都市数以万计的商店职员和体力劳动者开办夜校，使用的课本是由晏阳初①在他的国民运动中出版的《千字文》。1924年9月，杨森参加了该平民教育促进会的一次会议，在会上祝贺他建立了297个教学站，有10267名学生入校学习识字。杨将军引用了发表在上海《申报》上的一篇文章，该文章指出大多数识字教育都不能长久的特点，他鼓励该促进会一定要将它的热情维持并进行下去。[11]

对于杨森来说，比平民识字运动更为重要的是在公民中大力推广体育锻炼运动。为了达到这个目的，他将少城公园扩大，将其一部分改变成公众锻炼场地。少城公园自1910年建成，很快地成了成都市民文化的聚焦点。1913年，为了纪念两年前在保路运动斗争中牺牲的成都烈士，在少城公园里竖立了一块纪念碑，许多公众纪念会和示威运动都在这块纪念碑下举行。[12]不过，在杨森修建跑步道之前，这个公园已被许多茶室和餐馆的老顾客用作他们每日光顾的基地。1925年春天，杨森主持召开了一次卖弄炫耀的全省范围的体育运动会，他声称，这是自从晚清以来开先河的一次运动会。[13]他敦促成都居民定时锻炼身体，还发起对裹脚、留长指甲（不卫生，是一种懒惰的表现）、打牌（它们使身体壮实的人变得瘦弱不堪，而打球则使人身体强健），男人在公众场合不穿上衣（不文明），男人身穿传统的长袍（他们这样做，浪费布，而穿短衫使人运动自如，可以促进尚武的精神）[14]等现象的批判。

杨森管理成都期间，除了少城公园之外，增加的另一样东西便是通俗教育馆[15]，馆长是卢作孚。杨森占据泸州时，卢作孚

---

① 晏阳初（1890—1990），四川巴中人，中国平民教育家，著有《平民教育的真义》《农村运动的使命》等。——译注

在泸州也建立了一座类似的机构。卢和其手下设计了一个博物馆，收集了关于自然史、历史、农业、工业、卫生、教育和军事技术方面的展品。还有一个动物园，一座图书馆，一个音乐厅和一些教室。[16]该博物馆展出来自全省范围的产品，都是来自1924年的工业展览会。除了提供一般的教育启迪之外，据访问学者舒新城所说，该博物馆是中国最好的博物馆[17]，它还用作理性打击民间信仰的场地。[18]杨森将一座寺庙给了一个外国人办的盲人学校用作教室，该学校人员对寺庙中的宗教雕塑进行了抢救，将其送到博物馆展览。[19]杨森另外一件用来打击“迷信”的武器就是19世纪中叶大肆破坏四川的反叛起义的领袖张献忠留下来的遗物——那块可怕的“七杀碑”（见第一章）。地方上的传说坚持认为如果这块“七杀碑”重见天日，会使灾难再次临头，因此它一直被放在成都县衙门里，用东西给盖了起来。通俗教育馆成立时，杨森下令将此碑移至该博物馆。[20]该馆还招待了由学校团体演出的新式表演剧，以“改革成都的传统习俗”[21]。

少城并不是杨森情有独钟的一所公园，他还出资修建了一所中央公园，以清朝提督衙门为基址。该座公园在杨森时代之后重新以孙中山先生的名字命名，以纪念他。他自己的住所是前满洲将军的司令部，在其附近，杨森占用了一所寺庙的地产将其改成公园。这座公园非同寻常，几乎是绿荫遍地，绝没有在别处无所不在的茶馆，明显地游人稀少，非常宁静。杨森还引进了植树节，这是最先由袁世凯引进到中国的，现在出现在了成都的日历上。杨森还在清明节，这是传统的纪念逝者的节日，主持了一次植树的纪念活动。[22]

少城的南端，也就是从前的旗营，已经发展成了一个高档区，这使得它成为杨森眼中最为显著的目标——一个最具震撼性的，也是最具有破坏性的计划的目标，他要重建成都。他将他的官邸和少城公园之间的那条路铺上碎石，然后将这种新的铺路技术在成都推广开来。杨森的拓宽街道以及铺平道路的计划，从他进入成都几个星期之后就开始了，一直持续到他离开，这是成都人民至今最为记得他的一件事。一群来自市政公所的工程技术人员，起草了一张该市街道的表格，将所有的街道划分等级，标示出每条街道所需要的宽度，并留出人行道的空间。他们决定从最为拥挤的地点开始：成都最为主要的商业区，是沿东大街一线，从市中心一直延伸到东门，这里是要往重庆去的绝大多数人流，以及其他要往川东去的人流的必经之路（见地图3）。计划在报纸上公布了，受计划影响的街区的街正被召去开会，通知他们，负责向新建街道毗连的所有房产业主和租住户收集修建街道所需要的资金。[23]其结果是相当令人震惊，这一点我们可以从前面的（图7.2）和后面的（图7.3）福兴街的照片中看到。福兴街是计划中要拓宽的一条中心商业街，清朝所建的商业场就在那附近。

除了将原有的街道铺平之外，杨森还修了一条新的街道——春熙路。他希望这条路会成为他管理成都的一个象征。这条路就建在清政府按察使衙门的原址上。衙门前面的院子一直延伸到了东大街和清末修建的商业场之间。由于它与该市两个最为繁华的商业中心毗连，原有的按察使衙门就成了杨森想要修建的这条模范现代街的必然选择了（见地图3）。1925年元月，新的道路修建完工，安装上了一块金属的纪念饰板。杨森邀请一位老学究

图7.2　福兴街在拓宽前的街景（《成都市市政年鉴》1928）

图7.3　拓宽后的福兴街（《成都市市政年鉴》1928）

为这条新修的路起名字，他选择了“春熙”（春天的光辉），这是引用了《道德经》第二十章里一句诗中的隐喻，说的是寻常老百姓的快乐。[24]春熙路的开通在成都的交通史上开创了一个新时代，它是这个有围墙包围的城市里第一条能够轻松通行人力车的街道。在杨森离开前，成都市里已经有好几十台人力车在运行了，不久，它们的数量就超过了老式的轿子。而这种老式的轿子是当时，那些不愿意走路，而又付得起钱的人所选择的最为主要的交通工具。[25]图7.4就显示了成都一条还未拓宽的街道，它塞满了人力车，两边还拥挤着电线杆子的景象。

杨森修路的热情也延伸到成都以外，他的工程技术人员接到

图7.4　成都拓宽街道之前的一条主要街道的典型街景。在轿子和穿长袍的行人中间可以明显地看到人力车和电线杆（加拿大联合教会资料，维多利亚大学档案，多伦多：目录编号：No.98.083P/25N.）

指示，要为成都和灌县之间全长55公里的路线画出一幅公路地图来。灌县位于灌溉成都平原的都江堰水利工程附近。曾经分别在1915年和1922年，就定下了要修筑这样一条公路的计划，但是每一次的努力都由于战争而终止了。杨森在他占据成都期间也未能看到这条公路竣工，未对其视察。因为他将主持修这条公路的权力授予了成都一个杰出的商人，然而这条公路的施工一直到它的政治上的发起者离开时仍然在继续，省内第一辆汽车能够沿着这条用土夯实的灌成公路开行的事是在1926年。[26]

除了他的文化项目和建设项目之外，杨森还给成都带来了第三种创新：一种政治风格，可以称之为“平民化的独裁主义”。他力图将自己打造成单纯的、直言不讳的形象。他总是衣着随便地出现在公园里，每天将他的办公室开放两个小时，接待任何想要和他面谈的人。他重开了一间起始于民国早期的公共讲坛，他自己在讲坛重开的仪式上，面对一大群听众，站在一张桌子旁开讲了第一课。因为杨森走进讲坛时，身上衣着十分简单，还戴着一顶草帽，与会者都没有认出他来，因此无人起立。一家当地的报纸对此进行了报道。他在这次场合的讲话解释了他之所以要恢复自1911年以来衰败了的这个公共讲坛，是因为他要弄清楚人们在想些什么，这样，当他实施他的管理计划时就可以直接面对他们了。

> 我若是坐着轿子在街上穿行，你肯定无法和我说话。如果我想要做成一桩事，我说这是一件好事，但是你却说它很糟糕，那么我们怎样才能在一起讨论这桩事呢？这就是为什么要开这家公共讲坛的头号理由了。公共讲坛建立至今，就

是为了让任何人，不管他是谁，都能到这里来发言，表达他的意见，对我进行批评。[27]

周善培1906年对成都居民所做的关于警察价值的讲话也许对于杨森起到了鼓舞的作用，但是杨森这种规劝式的讲话内容和周善培的讲话是大不相同的。我们在第三章中看到，周善培的讲话，至少按它们发表的版本来看，强调了警察存在的合理性和实用性。而杨森，与之相反，则是完全着重在他自己作为一个关怀人民的，具有革新精神的领导者的功绩上。

杨森对于他自己的平易近人和随和、无拘束的强调，是与他的一种明显的对纪律的强调方式相辅相成的，这一点他在1920年代中期进成都之间就已经拿捏得非常好了。1920年代早期杨森还在泸州掌权时，有一天他把一群当地的小学男生邀请进他的办公室，给他们糖果吃，还给他们每人发了一块小铜牌，上刻“不要娶裹脚女孩”的字句。他还坚持要求他们立刻把铜牌别在他们的校服上。[28]在泸州的一次运动会上，他将一百多个裹脚的女性观众集合拢来，命令一队年轻的士兵将她们带进他的办公室。在那里，他给她们上了一堂课，命令她们扯下裹脚布，他把它们都烧了。[29]在成都，他在灯柱上和墙上钉上告示，上面写了一系列“杨森说……”的指示，按照他自己的文化改革计划指导人民应有的正当行为。“杨森说：要穿短衫，不仅可以节约用布，还能促进尚武精神！”就是其中一例。据近来在成都出版的一本杨森的传记所说，地方志的编写者声称，将军把这些指示看得比什么金玉良言都更重要——他们还声称他派了一队人上街检查，将男人穿的长袍下摆剪掉，发现如有人在公共场所没有穿短衫就抽打。[30]一个当时的观察者指出警察强迫全城的居民为杨森的植树节大会仪式捐钱，还命令他们亲临植树现场。结果实际上只有几十个普通市民掺和到学生队伍里，他们也是被迫来的。[31]杨森自己夸耀说，他骑马经过少城公园时发现了一群赌徒，他用鞭子给了他们一顿好打。他还回忆到当警察没有遵照他的命令，将街道上居民喂的猪清除干净时，他把站在人群前面的警察长给打了，尽管那人叫喊道他不该挨打呀，因为他是一个秀才。[32]

杨森主义的根源

杨森九十岁时，在台湾写的回忆录中，虽然也另有他指，但可以看出来，他对成都的设计并不完全是成熟于心。周善培的新政计划虽然内容很广泛，但却是一整套设计得很周全的制度和程序，它们是由中央政府授权，并被指令由省政府官方来实行的。而杨森的政策，总是力图配上"市政"的标题，收罗进几个毫不相干的改革潮流元素。杨森以他那生搬硬造出来的民粹风格，以及他对那些能够冠上一个"新"字的新鲜计划的喜好，吸引了一大群对社会运动和政治运动爱好的热心人。1977年在他去世时召开的追悼会上，会议的主持人评论说吴玉章和其他的共产党人曾经甚至抱有希望，深信杨森会成为"中国的列宁"[33]——这一点就有助于解释为什么在杨森到达成都两个月之后，在少城公园允许召开千人大会来纪念去世的苏维埃领导人。

杨森之所以挑选了"城市管理"这个名词放入他的改革计划中，反映了20世纪20年代早期在中国共和政体的城市里，城市管理已经蔚然成风，因为在1914年之后在北京已经建立了一个城市行政管理机构，而北洋政府在1919年出台的国家法规为城市组织机构的建立颁布告示，进行了广泛的传播。[34]孙中山的儿子，孙科为广州设计了一个与之相竞争的城市组织计划。广州在1921年时是国民革命运动的总部[35]，而在北京和广州的市政府开创了先例之后，其他城市的政治领袖们则迅速地跟上了潮头。在1928年，当时正处于可以称之为城市管理运动的高潮，回顾这段历史，一位观察家指出“在过去的这十多年里，每一个省份的城镇都受到了时代潮流的影响，开始了某种形式的建设……各地的市政公所如同雨后春笋一般地冒了出来。”[36]

新的政府管理机制还不是对城市管理兴趣迸发的唯一标志。在国外学习的中国人，在留学期间就已经关注到了城市规划和相关科目的领域，他们在1920年代早期回到中国，在北京和上海的大学里制订了学术方面的计划。1920年代有关城市管理的论文在许多不同的刊物上发表，其中包括北京和广州的市政府公报，它们向读者提供了有关其他国家城市管理的报道以及在他们各自的城市有关这方面的工作报道。

1920年代早期，四川受到两个自称是“国家”的政府，北方的北洋政府以及南方的国民政府的拉拢，并且都从各自的首都收到各自官方发布的公告。成都的官方似乎更加看重，至少是名义上依附了北京中央的管理和控制。1921年，当时在成都掌握最高权力的刘湘在成都开办了一个新的，北京模式的城市管理机构（市政公所）。就像北京一样，该市政府着手办的第一项工程就是计划建设一个中央公园，该项工程后来由杨森接手。拓宽道路的项目也在刘湘的工作计划内，但是除了在城墙外面的一段环形路外根本没有任何道路完工，这段环形路很快就被重荷的车辆给压坏了。为了给修建公园和拓宽道路集资，市政府在民间每月发行一次“市政管理，大家受益”的彩票（市政公益捐）。这种彩票的绝大部分收益都进了军阀们的腰包了，但是，杨森后来把它用于他的一些工程项目集资。[37]

其他更多城市管理粗鲁不堪的例子偶尔也见诸报端。1922年一位成都的报纸记者到南充旅游。南充是一座位于川东，靠近杨森老家的城市。记者去那里调查由张澜——杨森儿时的老师，领导的城市改革工作。张澜最近刚从他在北京的旅居生活回到家乡，随身带回了他对城市管理的新观念和计划。记者发现南充秩序井然，有读报室，有一家图书馆，一家染坊，有一个教育协会。虽然南充不能和南通比，那里是工业家张謇在江苏的试验基地，但是从发展的方面来看，他解释说，它超过了四川省任何一座城市。然而，他又补充说，如果要谈到 “城市的管理”方面，南充“简直就排不上号了”[38]。这位记者的“在城市的管理方面”是什么意思？南充还缺少什么？他的文章列举出了一张由于资金缺乏而不可能完成的计划表：推倒城墙，修建绕城公路，在城市中心修建一条“模范街”，整修市场。这一切都是规划的公共建设项目。[39]

在杨森执掌泸州、重庆以及后来的成都，这些城市的管理工作期间，有许多曾经规劝过他的人，都有一个共同的看法，那就是市政府面临的最为紧迫的任务是基础定位。对公共建设的看重在很大程度上可以追溯到中华全国道路建设协会的影响。这个协会1921年成立于上海，它原来可能是一个职业代办处，专为市政工程人员介绍工作。[40]到1920年代中期，它号称有八万多员工，并支持在公共建设、运输和城市规划等领域的学者和倡导者。[41]在1928年和1930年，该协会出版了两本巨著——《市政全书》和《道路全书》——囊括了其员工的技能专长，以及中国城市发展计划。[42]这个协会的工作向城市管理方面的靠近，如同其著作中表明的，强调了在城市内外以及城市之间修筑道路的重要性。一个设计和建造良好的道路综合网，是20世纪早期现代城市化的一个最为明显的标志。美国权威的古代史课本在指出早期希腊城邦共和国的“落后”状况时，还引证了他们在一战之后的那些年里，仍然是“狭窄、弯曲的街道，”说是“我们应该将其叫作小巷”的例子，以及与之一起的是“他们那肮脏的土砖房子”，共同制造出了一幅古代懒散的场景。[43]在欧洲，勒·柯布希耶①批评了过去城市的“走廊似的街道”塞满了拥挤的市民和商业活动，因此敦促他们应该代之以“抽取出来，划成格子的绿地，好让汽车开行，而房屋建筑……以及行人应该与之隔开。”[44]在中国另有一句鼓励人的话，那就是修桥铺路。很久以来这种行为就被认为是一种理想的慈善活动，为社会精英人士所津津乐道以展示他们的德行。“修桥铺路”这句话逐渐成为一个常用的比喻，意指完成了一件泽被后世的善行。[45]修路工程，不管新旧，除了它们的象征性的吸引力之外，这类工程的经济利益受到了不止孙中山一个权威人士的高度赞扬。而孙先生是共和国之父，他在他的《建国方略》中对此给予了高度评价。在改进交通和促进地方繁荣方面，这两者之间的关系在华东地区是十分显而易见的。像张謇这类人的修路活动已经对长江三角洲城

① 勒·柯布西耶（Le Corbusier）（1897—1965）是20世纪最重要的建筑师之一，被称为“现代建筑的旗手。——译注

市的命运产生了重大的影响。[46]

道路建设协会并不曾将它的城市改革建议局限在道路上。道路协会的执行总裁，是一个四川本地人，他在城市管理的著作中提出，未来城市的首府，最好将少儿放在苏联模式的托儿所里抚育成长。这种托儿所要由经过科学的育儿学培训出来的专家来管理。[47]其他的文章则引用了在英国发展起来的，于人类健康有好处的“花园城市”的城市建设模式，以及城市的美化对于人类精神的重要性。当围绕在城市建设协会对于城市管理展望的设想和建议铺天盖地而来时，在《城市管理全书》列出的名单中的专家、能手们，对于城市社会福利以及民众普遍参与城市治理的话题却甚少发言。在他们看来，城市管理似乎主要就是培训专家进行设计和建设，以及对现代城市实实在在的基础建设进行合适管理。

1920年代早期的“城市管理”的拥护者也许就是专家治国论者，但他们同时也是热心人。董修甲，曾经在美国密歇根大学学习过城市经济学，在加利福尼亚大学学习过城市管理，他极力歌颂城市的兴起是中国未来最大的希望。董提出城市文化是一种进步的合作文化，它能将中国乡村地区的自私自利的，以及孤立主义的文化加以改变。他的这种论说非常像是对中国传统儒家学说，以及当代中国人对简朴的乡村生活的道德优势的浪漫观点的有意识的反驳。人和人之间的接近，迫使城市居民之间互相接纳，而成功的城市管理将促进人们之间的和谐。如果对城市管理能发展出一个恰当的、合适的理解，人性将由于城市化的进展而得到提升。[48]

成都最先是在1924年的春天从吴山的一个朋友陈维新那里得

知道路建设协会的。陈是成都本地人，曾被该市的基督教青年会送去接受培训，以便将来到上海去做一个基督教青年会的组织者。在第一次世界大战期间，他加入了晏阳初在法国的基督教青年会的传教团，在华人劳工中传教。战后，他回到上海，加入了道路建设协会，成了其中的一员，并帮助在河南和武昌建立了分会，1923年他作为《商务报》在成都的代理人，以及一个城市改革的传道士回到了成都。然而因为他有在基督教青年会中工作的经历，他对城市管理者的正确目标的理解与他那些道路建设协会的许多同人稍微有些不同。〔49〕

在成都，陈维新将全副身心都投入了一些计划的实施中。他组织了一个道路建设协会成都分会，这个分会与杨森在工作上有密切的配合。他也是群众教育运动董事会的一员。1924年春天，陈维新的名字频繁地出现在成都的报纸上，其频率超过了除杨森和市政公所的所长王缵绪之外的任何其他地方要人。

1924年4月，后来又在5月，陈维新发表了一系列长文，列举出了他所看见的成都市的管理者所面临的最为急迫的任务。首先，他开列了一张包含八个优先考虑的问题的单子：

1. 将部分占道经营的商铺和住房移出；

2. 建立城市下水道系统；

3. 修建有林荫道的新街道，沿线安排长凳；

4. 开放新建的公共厕所，并安排服务员收费和提供厕纸（妇女的厕纸免费，因为只有贫苦的女性才会使用公厕）；

5. 建立公办的农民市场，将设在交叉路口的摊担移走，进行收费管理；

6. 将全城的寺庙空地改建成公园，以使儿童不再在街上玩耍；

7. 鼓励重开公共讲坛，以使人民了解政府的意图；

8. 成立一家拥有两千到三千辆人力车的人力车公司。[50]

在这种对城市管理要求的观念中，道路建设协会的影响是显而易见的，除了那条在树荫下沿街摆放长凳的提议，对新政改革还记忆犹新的成都居民不认为这些提议有什么新奇之处。在接下来的一年半时间里，杨森和他的城市管理者们，在某种程度上将这些建议都贯彻执行了。

陈维新接下来的一系列建议，在五月份公布了，他将重点从建设向其他种类的改革转移。一开始便发出了一个号召，呼吁人们广泛地参与城市事务：

> 说到国家，那是谁的国家？它当然是中国人的国家。那么城市管理呢？它是成都居民的城市管理。如果我们要对这个国家进行改革，那么只由一小群政府官员是不可能做到的。如果城市管理很糟，而我们又要使它革新，那么只依靠两三个掌权的人又怎么能做到呢？

然后，陈又列举了八项目标：

1. 对妓院进行规范管理；

2. 对丧葬以及其他公共事务方面的行业所雇用的穷苦人进行规范管理；

3. 整顿和规范管理轿夫行业；

4. 将乞丐送进各种专门机构；

5. 禁止强征劳工；

6. 关闭地下鸦片烟馆；

7. 建设一个“花园城市”；

8. 重启城门（1924年初，由于其附近发生战事，有几个城门被关闭）。

陈认为，如果将这八个问题向群众讲明，成都人民一定会受到一种精神鼓舞，从而精神饱满，使他们免遭朝鲜人民的厄运。朝鲜人民的积弱不振已经使他们沦为外国强权的臣民了。〔51〕

在这份新开列的单子中仍然可以看到来自城市管理运动的影响——呼吁建立一个“花园城市”，以及在第八项中暗含的意思——对运输和交通的关注。联系到城市的改革，市民的参与，以及国力的增强，这些都是道路建设协会辩论的重要论点。但是与这些内容混合在一起的是一种对城市社会状况的关注，例如像吸食鸦片和卖淫嫖娼现象的普遍存在，这种关注在很大程度上要归因于陈的基督教青年会的背景，而他的城市管理专家的身份倒还在其次。从雪莉·加勒特①对中国的基督教青年会宗旨的概要来看，它几乎就是一份陈维新对城市优先理念的重申：“如果大多数的人民能够读书识字，如果劳工不再赌博，并且刷牙，如果乞丐能够得到培训，有一门有用的职业，如果全体中国人都能听课，知道健康以及正常公民身份、权利和义务的重要性，那么中国也许就能依靠自己的力量站起来。”〔52〕不过，我们必须指出的是，新政时期的活动家也很关注吸食鸦片、规范管理卖淫嫖娼，以及将乞丐送到合适的机构去的问题。

---

① 雪莉·加勒特（Shirley Garrett），美国学者，1970年哈佛大学出版社出版其博士论文《中国都市的社会改革者，中国基督教青年会》——译注

和1909年的《成都通览》的作者傅崇矩一样，杨森也致力于为成都市民注入精神与活力。成都市内的一个穆斯林居民回忆道：一次，杨森出于好奇，在穆斯林做祷告时参观了一家清真寺。祷告者的井然有序和严肃认真给他留下了深刻的印象，他不禁感叹道："像这样的一个民族是决不会被打败的！"[53]但是，就像十年以后蒋介石和他的新生活运动一样，杨森相信，对于整个成都的普通大众来说只要进行个人的体育锻炼，以及生活上面讲清洁卫生，只要他们努力去做，他们就会得到有献身精神的政治领袖，比如像他自己[54]的严格而认真的指导，那么一种遵守纪律、有活力的新精神就能够在成都取得成功。他对宗教、社会问题或是经济问题甚少兴趣。成都的一位传教团的居民报道说，杨森对成都市的社会状况的了解看来很肤浅："一天晚上，杨总督在我家，我问他，政府对于工业是否有任何了解，或是有任何部门，正在从人性的立场上对该市的工业进行调查了解。他说重庆市有四十家工厂，一共雇用了好几千名女工，但是对于成都的情况他毫无所知。他把话题转换到一件关于奶妈以及她们赚钱的机会的问题上稍微谈了谈。"[55]杨森谈到了他的道路建设计划，列举出了许多好处，但是丝毫不曾触及经济发展的问题。他在道路建设协会成都分会举行的第一次会议上发言声明："战争在四川已经好多年了，人民遭受了很多的苦难，这都是由于我们的道路状况太糟糕了的缘故。如果我们能够迅速地把道路建设好，那么我们就能够非常方便地集结我们的军队，运送军需物资。在那之后战争就不会再打很久了。"他的结论是，在道路建设好之后，他和他的对手，刘湘将军就不会再陷入更多的误解之中，这些误会完全都是由于相互之间沟通交流困难所造成的。[56]

虽然陈维新和道路建设协会对杨森的影响甚巨，但是他的某些改革计划却是来自他的泸州顾问们的偏好。这些人中最为重要的是卢作孚，在其后来的生涯中他作为民生轮船公司的奠基人大获盛名。卢作孚的思想深受五四运动影响。1919年五四事件时，他是成都一家突然崛起的报纸的编辑和记者，这家报纸对于爱国学生的运动甚表同情。它在北京的通讯记者王光祈用电报报道了北京的示威运动，并帮助成立了少年中国学会。卢作孚和他的报社同事孙少荆以及李劼人发起成立了该协会的成都分会。他在成都帮助建立的通俗教育学校影响了卢作孚，使他对少年中国学会的改革计划，尤其是对于建立一个更加广泛的基础教育制度的呼吁大为赞成。[57]另一方面，孙少荆从日本和德国留学归来，返回成都后，成了有着城市管理烙印的道路建设协会的领导者一员。他从1924年一直到1927年被人暗杀之前的这一段时间内，一直是成都市政公所的负责人，他在杨森将军突然离开成都之后，在贯彻实行杨森的政策方面一直起着重要的作用。

杨森对于成都的管理最为令人吃惊的特色，是他的政治风格，令人联想到一种肤浅的民粹主义，但又带着严格的纪律至上主义。这是今日精神分析学上一个合适的课题，也可能是他身后要留给人们去做的一件事。他的人生经历背景的某些因素也许已经注入其中，包括他早期在经历哥老会那令人情绪激昂的仪式场面时受到的强烈刺激[58]，强调忠心、正义，以及以这些原则为名义所施行的暴力；他受过军事训练，对于这种身体和体力上的挑战，他深以为最爱；他迅速地脱颖而出，都是由于他那超凡的自信所造成，也造成了他那过分的自信；以及整个民国早期进入四川的无序的革命思潮等，这一切都是形成他这些个性的原因。

成都精英眼中的杨森

在杨森进入成都之前，他的城市发展和改革议事日程的一部分就已经拥有了一大群拥护者，这一点现在我们已经很清楚了。市政公所在1921—1924年的公文记录尽管了无生气，但对于“城市管理”首创精神的建议在整个这段时期仍有条不紊地出现在地方报纸上。杨森在成都安定下来几天之后，有六位人士在地方报纸上呼吁，认为“城市管理”是“文明政府”的基础，各法治国家都不遗余力地努力建设之。他们赞扬杨森在泸州取得的成就，并要求他调查研究成都前城市管理者的预算，将其作为头等重要的事情，去发现他们怎样将发行城市奖券的资金收益转向军事和其他方面的使用，并要求他阻止此类的事情在将来再次发生。[59]

奉承这件事是一种双方的表现。杨森对待在国外或是北京、上海受过教育归来的四川年轻人的宗旨是：邀请他们加入他的管理团队，如果他们是女性，便邀请加入他的家庭，这是常有的事情。[60]在这群成都的“新人”中有一个极为罕见的、坚持自己立场的人，那就是作家李劼人，他对与他一同归来的同学持对抗的立场，拒绝参加杨森慷慨地给予他们的盛宴，并公开地批评他们是一群政治投机分子（政客）[61]

同样从来不出席杨森宴请的人，尽管宴请不由他们自己来选择，是成都更为传统的精英界人士，其中最为突出的是我们在第六章中介绍过的五老七贤，他们长期以来便以成都市民和他们各种各样的太上皇统治者之间的调停者自居。五老七贤绝不是在意识形态上对杨森所有的城市改革议程都持反对的态度的，他们中有多数人还曾经是成都新政改革的积极的拥护者。新政改革中曾经也包括公共建设，强调纪律和生产力的价值。作为这个城市中“儒家价值”标准的传承者，他们不支持杨森鼓励在公立学校里共同受教育。然而，他们不是公开地反对，而只是坚守他们的大成会，集中精力办好他们自己的学校。[62]对于最早始于1905年，杨森大约在那时到达成都接受军事训练，在那段时期军队日渐上升的权威和重要性，该协会的会长徐子休的回答是，编纂了一本收集了中国历史上有勇有德的军事英雄的集子。[63]然而，不管杨森是否读过徐子休的这本书，他明显地不曾以过去的儒家勇士来作为自己仿效的楷模，他在对成都居民的讲话中也从未曾明确地向中国的传统发出过任何借助的呼吁。倒是基督教青年会的领导者陈维新在他号召行动时还经常引用中国的经典，而这类的言语从未在杨森的讲话和写作中出现过。

尽管杨森对“新事物”的痴迷，以及对古典传统的失敬也许曾令徐子休痛恨，但徐还是将阎锡山奉为当代儒家尚武管理者的一个典范，而在杨森执掌成都期间，最为激怒“五老七贤”的是他对他们的不敬。他们与杨森的公开对抗发生在道路拓宽计划公布之后，而这个计划令东大街沿线的商人们忧心忡忡。据推测，他们中许多人可能会失去他们商铺的一大半面积，让位于新建的道路以及人行道。商人们吁请减少计划中新建道路的宽度。当他们的吁请被置之不理之后，他们求助于“五老七贤”，把他们的情况上传杨森。据杨森的一个武官说，杨森很有礼貌地接待了“五老七贤”，向他们指出，道路拓宽后带来的交通和环境卫生改进的好处；与此同时，一面秘密指示副官下令士兵快速出发，将计划中道路基址上的房产尽数摧毁。当“五老七贤”结束了他们与杨森的会面离开之后，才发现他们想要阻止的事情已经大半发生了。[64]紧接着在那之后不久，杨森在这场给予他们的羞辱之外，据说又加上了一道布告，声称如有进一步的对道路建设计划的反对，势必被视为阻挡城市的进步发展，将要受到严厉的处罚。[65]

即便杨森侮辱的是成都最有声望的长老，商界似乎对于它遭受到的损失之痛也只会不出一声地吞咽下去。一位美国冒险家哈里·弗兰克（Harry Franck）其时正经过成都，他估计商人们的心境已经处于极度的愤怒之中，虽然他观察到杨森对于他们的不悦并没有比商人们和店铺主人们显示出更多不满，而此时这些商人们正立于他们的商店、他们的家，那余留下来的一堆废墟中，在他们那平静的泛着黄色的面庞下却有的是沮丧和愤怒，他们每一个人都知道，一旦有了机会，他们一定会要把这个改革的统治者给“干掉”[66]。成都的商人们已经没有了他们自己强有力的组织，可以去领导一次针对这位将军的挑战。新政时期建立的商会已经失去了对省级权威的影响力。四川的军阀们，包括杨森在内，都已经在成都之外的地方拥有了自己的财富来源，他们能够相对不必依赖于城中的商人们。[67]取而代之的是，他们设法去拉拢更加富有的商人们，他们中有些人愿意放弃商人之间的团结，以换取与军阀勾结带来的商机。

在成都的商界中，与杨森密切联系的是来自上海的移民俞凤岗。俞在1916年来到成都担任商业印刷公司在成都分公司的会计。俞运用他在金融财政方面的才干，为一系列成都军阀的利益服务，与此同时，也为自己积累了足够的个人资本，可以让他离开那家商业印刷公司，在市中心开了好几家珠宝店。其中一家紧挨商业场，而它旁边那家是药房，药房的主人是法国总领事馆的一名翻译。建设春熙路的计划要铲平这家药房，这就令杨森陷入外交困境之中。俞风岗提出将他珠宝店的基址与其交换，这赢得了杨森对他的感激。作为交换，杨森给予他在这条新建设的街道的街面上购买他所需要产业的权利，不论多少。俞风岗曾经对春熙路有过一番展望，将其看作是成都的上海南京路，于是他买下了大量的产业，在接下来的十年里，大发其财，因为春熙路的确成了成都展示高档消费品和服务的绝佳地段。[68]

1925年，俞风岗当上了商会的会长，随后由于商人们划分成了敌对的派别，才成功地将他从那个位置上赶走。[69]1927年一封写给编辑的信在一家地方报纸上公开发表，它建议重组商会，因为它认为，事情已经很明显，为了成为商会的会长，需要购买的选票，价钱太过昂贵。想要这样干的人实际上也是被迫对他们那身单力薄的同人实行打压，与军阀们同流合污。[70]

城市改革面临冷遇，公共秩序的维持

对于精英界以外的人群，杨森的改革计划可谓是相当具有破坏性，给人带来了很大的伤害，虽说为了拓宽东大街以及其他现存的商业区，而拆毁房屋建筑主要只对富裕的商人造成了影响，但是在这些街道上营生的小商小贩们在建设期间以及以后不得不被迫放弃他们习以为常的营生场所。春熙路沿线有好几所学校，一个市场，还有无数向市政公所租赁房屋居住的家庭，他们一律被迫迁移，显然没有任何补偿。[71]但是继杨森和他的拆迁队的行动之后，似乎并没有公开的示威活动发生。到1924年止，成都的学生和教育工作者已经完全具备了针对教育经费的截留，或是帝国主义对中国的压迫，发动群众游行抗议活动的能力。[72]但是对于市政问题，例如像拓宽街道或是公共服务这一类的事件，组织起街坊群体公开抗议的事情并不曾发生。这部分是由于杨森统治的严酷惩罚和暴力，部分是基于成都的周边地区，本身就是相当守纪律的地方。

乡村的不太平已经使得成都的人口从晚清时期的大约35万人增加到了1924年的40多万人。[73]与1937年后的抗日战争期间人口的猛增不一样的是，1920年代的成都新居民似乎实际上并不是非要待在成都的周边地区不走。1926年，城中的西方传教团体发布了公告，指导成都人民的礼貌行为。在公告中他们劝说道，“小男孩们在街道上的吵闹是不可避免的，”当其吵闹声过于令人讨厌时，正确的回应是把他们的中国老师叫来，去见地方上的长者，“他会去找街道上管事的，说明情况，要求他对街坊上的孩子们进行规劝，端正自己的行为，这就意味着有好几家的父母都得来听听，这样那条街上大约一两年之内不会再有粗鲁无礼的行为发生。”[74]这里“街道上管事的”大约就是指街正了。[75]

成都的袍哥也忙于处理城中的争端，大多数情况下，是与街正和民兵一起合作。杨森本人对哥老会相当熟悉。当他还是一个小男孩时，他的父亲就已经带他去参加过一次哥老会的仪式了，在亲眼见证下，敬畏之心油然而生。[76]然而，他不愿意和人提起他参与过袍哥兄弟会组织一事。无疑他非常了解在成都各分会中谁是有影响的人物，在他收揽富商俞风岗时，他曾与他们全力合作过。众所周知的是，在陈维新的改革日程表上有两个项目，杨森对其置之不理，那就是卖淫嫖娼和私开鸦片烟馆，这一点毫不令人惊奇，因为它们是各分会头领一直以来的收入来源。[77]

有街正和哥老会的首领有效地对公众行为进行管理，杨森就不必担心在城内各区，对于他的计划会有一时冲动的反抗行为发生。即便发生，杨森对于自己关于成都发展的远景是如此自信，使得他敢于公开地羞辱“五老七贤”，对于普通人的抗议置之不理。据一位西方观察家所说，杨森的军队是省内纪律最差的。[78]士兵横行霸道行为的危险性，再加上任何的抗议肯定会招来镇压，这里的确不是一个能接受公众抗议行为的好地方。

嘲笑的抵抗力量：刘师亮的“反动”机智

尽管杨森及其军阀同伙们为了提防潜在的反叛，万般警惕地环视他们的地盘，然而在成都，杨森很快就成为茶楼、澡堂里，被大多数人经常取笑的靶子。对这件事的证实首先来自杨森自己的演讲，在这些演讲中他经常谈到这些满天飞的谣言，似乎很自豪于自己对这些无知的民众的迷惑和挑战。1924年9月，他告诉群众教育协会说，他们的努力受到了谣言的阻碍，说是他们将这些没受过教育的人集合到一起是为了便于他的军队征召劳工，或是收取过高的费用，或是挑选漂亮女人。[79]一次他在他的模范公共讲坛上发言，呼吁对他的城市改革计划进行自由而公开的批评之后，接着对那些恶意传播了有关他的故事的人进行了攻击。例如，他看不惯女人将长发盘在头上，因此用剪刀将其剪掉；还有，他在花卉展览会上看到一些女学生在小贩们的摊担上吃小吃，便把她们叫过来，扇她们的耳光。[80]1991年成都的老年人在一次会谈中共同回忆了1924年关于杨森在城中一些无可考证的野蛮行径的故事。为了促使妇女进行体育锻炼，据说杨森命令他的一位夫人在江中游泳，当他的夫人犹豫不决时，他一把将其推入江中。又据说他命令他的士兵们将一位正规高等学院的学生活活打死，因为他卷入一宗与他的女同学的罗曼史中，而该女学生是杨森众多妻妾中的一位，她也被杨森杀害了。杨森的女儿杨汪芸在一本纪念她逝去的父亲的文集中说，她的父亲终其一生被人怀疑有过太多的妻妾，连他自己都数不清，也认不出来他自己的子女。她悲叹道，这是事实。[81]成都居民被迫忍受杨森的铁掌治理以及破坏性的公共建设计划，便转过身来对他报以无情的嘲笑。

在杨森所有的批评者之中，最为机智大胆的要数刘师亮了。他在自流井区长大，在1911年之后不久，作为盐商的代理人来到成都。他很快就成了出版家及成都市商会会长樊孔周的好友，也建立起了他自己的事业，在市中心开了一家澡堂。他喜欢讽刺诗，每年都要在民国成立纪念日写一副对联，借用双关语和其他手法，指出在共和国理想和军阀现实之间存在的巨大差距。他将这些对联就贴在他澡堂附近的一栋突出的办公楼的柱子上。[82]在樊孔周于1917年被刺杀之际，他写了一副特别辛辣的对联。[83]

1924年，王缵绪的市政公所颁布了新的环境卫生规则，要求成都的公共澡堂用瓷缸取代木浴盆。刘拿不出钱来升级换代他的设备，只好关闭澡堂，开了一家茶馆。就在此时，他的许多商人朋友由于春熙路的建设而失去了他们的商店。对此剧变，刘师亮写下了一副对联，成了杨森在成都生涯的墓志铭：

民房已拆尽，问将军何时才滚？

马路也捶平，愿督办早日开车。

诗文表面上看来表达了祝贺的意思，在这层表面的意思下面，隐藏着的是敌意和嘲讽。这副对联的聪明之处就在于“滚”这个字的双关意思，它可以指用一块石头将路面压平的技术过程，又可以指口语中的意思表达“滚蛋”，换句话说，就是滚开，见鬼去吧！[84]刘的这副对联立即在成都家喻户晓，而且还紧紧地与杨森粘连在一起，永不分开，以至于在1977年他的追悼会的主持人选择了这副对联作为对他的赞文的标题，将它作为对杨森的执着精神的合适赞词，赞颂他坚决反对一切挡在进步和发展道路上的人。[85]在杨森待在成都余下来的日子里，刘师亮的日子也不好过，但是据他的传记作者说，他受到了“五老七贤”中一些人的保护。他们认为他那略嫌粗俗的机智是用来对付他们与将军宿怨的有用的工具。

围绕在杨森身边的许多谣言都涉及男女之间的不正当行为的问题，特别是有关女人的行为举止及其服饰。若是说到杨森自己有什么特色，倒也没有什么惊人之处。但是说到杨森的这个家庭，在中国历史上的任何一个时期，中国的任何一个城市，那也说得上是一朵“奇葩”了。他的那一群受过良好教育的、短发的、衣着时髦的太太们经常出入公众场合，有时候还是骑着自行车去的。[86]一位好挖苦的旁观者于1925年元月去参加一次基督教传教团的集会，在会上，向与会者致辞时，就引用了几个类似的谣言，他精神饱满地叫喊道：“火腿油多！”（How do you do！“你好”）大家普遍地相信省里办的那所高等学校一直到

1924年秋天才同意接收女学生入学，是因为杨的一位太太想要入读。[87]

人们对杨森那非同一般的家庭的嘲笑和奚落，对于他改革的努力所造成的阻碍到底到了何种程度，难于估计。他认为成都那懒散而轻浮的文化以及落后的城市景象都要改造过来， 1925年夏天他在军事上的失利，使他很快地终止了对成都的实验，因此也很难做出判断，他是否最终能在他的建设规划以及文化改革上赢得大众对他的支持。在杨森待在成都的十六个月期间，未能实现他对“新四川”的展望，及立一块城市纪念碑的目的。甚至就在他努力的最高峰时，成都的一位精英人士在写给他一位住在北京的朋友的信中说，成都有“八大美景”——“街上到处可见”——那就是：丘八（士兵的俚语）、小偷、鸦片、卖吃食的小贩、公厕、游民、小脚和棺材店。[88]

杨森的独裁主义改革风格，在成都社会相当大一部分人群中助长了对城市管理和规则的玩世不恭的态度，杨森将他自己的观念和思想强行向成都人民灌输，激起了极大的怨恨。由于不能以任何其他的方式来表示抗议，成都人民只好报之以嘲笑和讽刺，而杨森和其支持者们就将这种态度解释为对现代方式的顽固抵抗。杨森对成都的统治让刘师亮成为一位受欢迎的民间英雄，使得他作为讽刺诗人和杂志出版人，而尽享成功的人生。当蒋介石于1930年代中期向成都推介他的新生活运动时，刘师亮对于取笑这类类似于“文化复兴”的尝试已经有过十多年的经验，于是他毫不犹豫地再次展示他的技巧和才能。[89]

但是，与此同时，杨森也的确鼓励过成都市里那些想要将他们的城市管理的新观念介绍过来的人，这些新观念当时在沿海城市已经很普遍了，杨森的许多新创制由他的后继者继续进行下去，他们较少浮夸，而更为成功。1928年市政府自豪地指出，城中一条街道上的商店业主们已经提出要求，他们的这条街道在安排商铺之前要进行拓宽。[90]

国家主义时代的城市管理共识

市政当局在市政府年鉴上极力赞扬成都商人继续进行道路建设的热情，这就清楚地表明了后杨森时代的城市管理已经尽其所能地将成都市中更为保守的城市精英阶层纳入其中。曾经出力帮助打败过杨森的一个军阀邓锡侯，在年鉴这本书的序言中，从中国古代典籍中引用了城市管理的先例，以下面这条声明为结尾："我们不必去学习外国的榜样，我们成都很早以前就有过市长，我们要把这个废弃的官职恢复过来，"（学不在四夷，吾成都旧有市长，吾修废官矣）[91]。这本书接下来的每一个部分都以一面由"五老七贤"中的精英人士题写的扉页开始。

除了对"五老七贤"进行安抚工作之外，成都市政府的官员还采取步骤，使市政府的管理机构比杨森时期更具明晰性和权威性，那时杨森将军在城市事务上个人因素太突出。市政府更多的是像周善培那样，在向警务站的讲话中，表明自己的目的，讲解如何达到这些目的的方法。为此，市政府发布了公告，一一告之。一份市政府的周刊创刊于1927年7月。它对市府官员们定期举行的会议进行了报道，详细记载了对下列问题的审议：如对公共厕所和人力车的规范管理和增加公众对于市政管理工作的认知度。采纳的一条建议是，让从事街道维修的市政工人穿戴制服，让人知道他们是市政工人，就像上海那样做。[92]周刊还公布市民对市政改进的推荐信，包括以下建议：使道路沿线栽的树木成活下去。[93]市政府在1920年代的辉煌蓝图，包括建立一个全市综合水系的计划，但由于缺乏资金，暂缓考虑。[94]然而在1920年代晚期和1930年代早期，成都的城市管理运动恢复了在新政时期由周善培建立的许多管理制度和方法。

这种新政精神的复活在1934年达到了高峰。在那年之前，刘湘将军夺取了成都，开始完成长久以来所有四川军阀的雄心抱负的壮举——实现四川省绝大多数地方的军事统一。[95]刘湘一经完成了对成都的掌控，便立即给他手下一名最有经验的官员拨了一大笔扎扎实实的预算，让其重新组建成都警察局。[96]这位官员名叫于渊，是成都以东的射洪县人。他于1914年还很年轻时便当了兵，通过努力，上升到了军官阶层，大部分时间是在杨森的军中服务。在杨森于1925年致命性地败于刘文辉及其同盟军手中几年之后，杨和于分道扬镳，于渊最终加入到了刘文辉的侄子，也是他的军事对手——刘湘的队伍中。作为刘湘的手下，于在1934年初被任命为成都警察的总负责人。[97]在一年之内于渊便领导了自1907年以来对成都警察最为全面的整顿工作。他重新建立了警察培训学校，下令让新培训出来的，有全套装备的警员搞一次彻底的人口普查，并对重新恢复警察局的工作做了一份详细的报告，将警察局更名为安全局（公安局），以和国家政府的制度取得一致。[98]

于渊能极为顺畅地重建损毁了的成都警察工作，对于新政时期警察的改革是20世纪中国历史上最为意义重大的政治事件之一的论点给予了支持。[99]没有周善培在1903年到1907年之间打下的坚实的制度基础，成都是否能这么容易就接受了于渊的尝试，还是值得怀疑的。于是，成都市里的“五老七贤”对于渊表示了支持，对于1934年公安局工作的总结报告给予了感谢和热情的赞同。[100]在于的管理人员班子中肯定有一些还记得周善培三十年前的改革的老前辈。一段新政时期警察纲领的相当全面的历史写进了1934年的报告中，也写进了关于成都的地理和社会状况的教科书，特别是专为重新恢复的警察培训学校所编写的教科书中。在1934年的报告中讲到的许多从警技术与周善培初次引进到成都的那些从警技术很相像，包括训练时唱的歌也与周在1906年时为警校学生准备的歌十分相像。[101]于渊本人很可能不认识周善培，但是他在刘湘手下干事时的许多同事曾经遇到过在华东旅居的周善培。1912年到1937年期间，周住在天津和上海时曾鼓励四川的年轻人来看他。通过他们，一直到1958年去世，他一直在插手四川的政治。[102]

周善培和杨森在实施城市改革时抱着十分不同的目的，采用的是非常不同的方法。这两个人各自起作用的改革浪潮都是被政治激变所终止的。而这些政治激变相对于城市层面的改革来说，其实质都是外部性的：周是由于国家的宪法危机而被赶出了成都；而杨是由于他在想要控制全省的战争中失利，被赶了出来。但是他们俩那完全背道而驰的行事风格和目的所造成的历史遗产形成了年代改革的前因后果。周将城市管理看成是一个新的竞技场，在这里可以实践一下传统的治国本领，他得到了社会精英的支持，支持他的新制度、新机构，甚至对于他在一个既存的社会政治体制内，为成都的城市管理建立起自己的角色地位时的新观念也表示支持。新政改革一开始的目的是要将省城重建为中国式管理和社会新模式的样板，却得到了一个出乎意料的结果：城市本身第一次成了一个远离四周穷乡僻壤的，重要的地缘政治的实体。周善培的工作及其衍生品为这个新产生的实体的成形打下了持久的基础。在这个时期由改革带来的显而易见的改进，为进一步的改革创造了可能性，那是在一个本质上保守的城市社会中，赢得了对变化的接受度而实现的。虽然他的改革震撼了整座城市，在有些时候还激起了反对，但在实施新计划时，在城市改革和城市管理两个方面——通过求助传统的中国治国之术——赢得了支持。

与之相反，杨森的目的就是要显而易见的、惹人注目的城市变化，从而将自己打造成一个有行动能力、有权威的现代人的形象，于是他将城市管理的运动抓在自己手中，作为工具以达到这个目的。1924年，华东的城市规则和发展的鼓吹者们将一个诱人的、管理良好的城市远景当作与建设强大的中国联系在一起的关键。他们对于城市的积极支持的这种主张以及对于公共建设的强调，很轻易便推广到了那些还没有发生工业发展的城市。和这些根基在上海，在其他沿海城市的城市专家们的情况大不相同的是，他们要推平所有的街道和公园，然后再来做一个整体规划的热情，很快地抓住了人们的想象，特别是像杨森和他那些年轻的同僚们，他们一心想要大干一番，做出大事情来，那个时候，这座城市在他们心目中已经变成了显示国力的象征，一个让省级权力的觊觎者展示表演的舞台。为了实现这些值得一搏的目标，杨森为快速现代化，采取了无情而又失策的攻势，完全不把社会、大众放在心上。他藐视地方政治传统和政治进程，精英人士痛恨他的行事风格，他的某些工程项目造成的创伤和怨恨，将人们对于改革观念本身的支持损毁殆尽。

周善培和杨森在这两波快速的改革浪潮平息之后，各自留下的遗产整合在一起造成了一个奇特的状况。改革的光辉被杨森对于城市变化的追求弄得彻底地黯然失色，但是面对的却是维持城市秩序的挑战。对于老一辈的成都居民来说，城市管理运动留下来的主要组成部分让他们回忆起了他们青年时代的新政改革纲领，人们开始回忆最初的改革时期，那可真是一个黄金时代！当鲁莽而独裁的杨森退出历史的舞台，成都更为传统的精英人士便与杨曾经雇用过的城市专家携手联合。他们在形成新型的城市管理方面达成了共识，为了鼓舞士气，期待找回新政时期的激情，逐步和以后的新生事物，那种不会造成激烈的危及社会秩序的创新结合。他们一起共同确保，让合适的城市规划和管理的新观念继续在当地的政治讨论中有一个重要的位置。这已经是在大多数成都早期热情似火的“城市管理”的支持者逃离这座城市很久之后的事情了。

第八章　新政的遗产：比较视野中成都的变革

从1937年起，成都市管理者的工作就面临着大批外来者批评性的注视，他们是成千上万从华东地区的日占区逃到成都以及其他西南城市的逃难者。1938年，国民政府自己也迁都至重庆，好几所华东地区著名的大学也在成都建立了临时的校园。对于见识过上海生活的人们来说，成都似乎很落后。到1937年东部许多城市已经有了有轨电车和城市排水系统，正在试验建设新形式的住房建筑，包括大型的公寓式住宅区。[1]上海南京路以及成都市春熙路的沿线的两层式商铺已经被令人惊叹的、大型的、照得通明透亮的百货商店所取代。铁路线已经将华东地区所有主要的城市连成了一个新的城市网络[2]，而茕茕孑立的成都仍然离最近的铁路线数百英里之外。成都看上去似乎仍处于19世纪，而不是一个20世纪的中国城市。但是实际上，在过去的四十年里成都已经发生了很大的改变。

变革的动力

尽管在这几十年的革命和内战中，成都的城市改革并不完全是直线式的前进，但是在1895—1937年间横扫成都的两波以城市为中心的变革还是使这座城市发生了意义重大的变化。变革随着外在的政治进程和内在的改革运动，这两者的起起伏伏而向前推进。每一项管理改革目标的完成，经常因突然发生的权力的交替、政策的转变以及个人的转换而受挫。对于城市及其功能的重塑努力，因周期性的改变方向，而致使他们对于大众日常生活既有的惯性模式，不得不转变他们施加的力量，从而产生出各不相同的后果。

重塑城市的动机和模式，随着城市与中央政权的关系，以及相继而来的一连串的城市掌权者的利益的变化，而经历了一连串的变化。从主要只对维持城市秩序感兴趣的清朝统治中产生出了一个运动，这个运动进行制度改革和文化改革，将其作为强国的手段。这个运动由那些视城市管理技巧为有用工具的官吏们来导演，通过对城市的管理可以展示他们的治国才能。在辛亥革命之后，由于缺乏一个有效统治的中央政府，地方的统治者再一次变得主要只对维持城市的统治感兴趣。他们促成了哥老会影响的增长，并通过与当地著名人士例如像“五老七贤”的联系，寻求对他们的合法性的承认。1920年代，对城市的管理成为一门公认的职业专长，而像杨森这类的军阀发现城市管理是一个具有迷惑力的方法和手段，可以通过它提升自己的底气，要求人民承认自己是合格的革命领袖。

成都的改革是由军阀、专家治国论者以及治国才能的实践者来完成的，并任凭他们的摆布。他们通过各种不同的胁迫手段和谈判与精英阶层、商界食利者，以及具有足够影响从而不可忽视的新老组织达成协议而领导了这场改革。在这个骚乱的年代里尽情演绎的各种复杂的动力不易于对其进行概括或标明其类别。在整个时期独裁的和民主的改革创新始终在不停地斗争：有时候它们各自展开、部署，有时候又反对社会和文化的变革。例如，由周善培吸收进来的街正，他们在晚清时期，在成都居民和警察当局就各自的利益方面进行调停工作。特别是在1911年罢工时期，保护了社区、街坊上的居民，使其免遭很可能发生的国家权力之手的严苛干涉。然而，在军阀混战的1920年代，街正对于杨森的军队在成都街上强行摆出的新格局，就不敢公开抵制。与之相反，许多街正还卷进了地下的哥老会组织，来对破碎的城区里老百姓的经济生活和社会生活进行调整。民国时期，街正们不是在街坊邻里和正式的政府之间的鸿沟上架设桥梁，而是成了哥老会的影子管理机构的一个组成部分。这个哥老会的影子管理机构完全独立于由军阀任命的政府之外，拥有一套完全不同的议事日程。

居民们对于城市管理者的创制的反应，依它们被贯彻执行的方式而定：行事的风格也和行事的实质内容一样，影响着民众对改革的看法。对于周善培的一些特殊的政策尽管也有反对，但是他早期的改革，一般说来还是使民众产生出对改革的愿意接受度，从而能够为制度锻造出新模式，以及对城市管理的新期待。最早始于1912年，一直延续到1920年代的革命，对于成都所造成的混乱无序，给人民所造成的强烈和不利的反应，将人们对于由新政带动的改革的热情之火熄灭了大半。成都人民开始变得保守了起来，许多改革意志更为坚定的领导者就是在这个时期被赶出了这座城市。杨森在1924年和1925年的专横行为产生出了对他的怨恨，从而更加坚定了人们对改革的不信任。

虽然成都市民对于来自市政当局的每一条新声明都不情不愿地接受了，但是证明社会的发展到了可以称之为市民社会的证据却是十分有限。[3]公众参与社会事务还没有形成制度化，但是在每一次的改革运动中，却为政治影响的扩大铺平了新的道路。政治的压力常常由反对新政的有关群体来承受，有时候成功，有时候却并不如此。偶尔也有小规模的抗议或是抵制的姿态表现出来，这种受挫的沮丧通常是通过讽刺的形式来发泄，公众的情绪也时而通过大型的示威而喷发。然而，一种独裁主义的元素仍然强烈地存在于自上而下强加到公众头上的社会变革之中。清朝和民国时期的城市管理者们都曾经将地方上的小群精英人士召集来，为实施他们的计划而筹措资金。民选的机构，特别是市议会，以及执行官员都倾向于维持各自领域内的政策利益，以避免相互间的冲突，于是就导致了城市管理的运行，本质上属于严密管控模式。

变革的程度

到1937年，城市管理的性质，国家权力延伸的范围，以及成都的有形基础结构都已经发生了意义重大的改变。所有这些变化都在不同程度上反映了清朝新政改革遗产的持久影响。

城市管理在整个这几十年里经历了许多变化与改革，但是本质上仍然还是维持在管理严密的过程中，只是在高层群体的构成上有一些变更。原本的城市管理就好比是官僚政治的一个分支，几乎还是按照惯例的皇朝管理的模式在运行。但是城市管理不久就有了变化，领导层稍微扩大了一点，社区人员也加入了进来，这是由官僚运用娴熟的手腕，在新近发展起来的社区改革团体和更为保守的既存的精英阶层之间达成妥协的结果。城市领导阶层的进一步扩大是通过刚刚萌芽的民主制度的引进而实现的。而这种民主制度的建立，例如像建立议事会，后来证明只不过是昙花一现的事情。与之相反，1920年代倒是见证了一次独裁的回归，而城市的管理则由掌控这座城市的军阀，借由外来的专家，强加在社区民众的头上，由他们来履行。在这个时期，对于社会体系以及在街道层面的公共秩序维持的权力，进行了事实上的转移，移交到了哥老会的手中，这就等于是城市管理与来自社区的原动力进行了分离。市政府的工作只局限在光鲜亮丽的工程上，例如重建城市街道。然而，到了1930年代，城市的管理又经由某种与精英阶层的共管来实现，这就有点像晚清时期，官方的管理者与地方的精英人士协商的合作模式，以一种渐进的步速来贯彻实行改革，以使混乱和破坏减低到最小的程度。新政做出的最为关键的贡献就是为城市管理建立了一种新观念。新政遗产的这一部分是改革纲领在成都无意识产生出来的副产品，而不是它们的制订者或说是执行者所要达到的目的。这个观念虽然被革命以及随之而来的混乱践踏在脚下，尽管在杨森的统治下，围绕这个观念的回归，成都发生的争斗层出不穷，但它的生命力足够强大，使它得以重生。

周善培和他的同僚在新政时期不遗余力地扩大国家权威延伸的范围。有些周善培曾经将其纳入政府的权限范围的城市生活领域已经不再留存，但是在那个时期建立起来的大多数制度、机构，却在清政府倒台之后残存了下来，管理产生了抹不掉的变化。晚清警察管理当局发布了一些纲领，处理许多原先留给慈善团体处理的问题（例如收埋无主的尸体）或是非经正式处理的问题（例如街头纠纷）。更加积极地规范管理那些涉嫌有违公众道德的活动（卖淫嫖娼、典当和赌博），并促进有秩序的城市的新理念（公共卫生的管理和警察的街头巡逻），做出了一番新努力。这个时期承担的其他任务还包括建立新型的警察队伍，对街道进行卫生打扫，路灯的建设，防火以及水灾的救济等。政府直接承担起建立和维持一个安全和管理良好的公共空间的使命。

另一个开天辟地的革新就是使国家进入到对社会状况的改进中，例如收容大多数陷入不幸之中的市民，并对其重新进行职业培训，他们包括：乞丐、妓女、孤儿和赤贫的老年人。在这种首创精神的引领下，建立起来的贫民习艺所、少年教养院、孤儿院和养老院在城市生活中创造出了一幅看得见的非同一般的景象。然而在对社会其他方面的改变做出的努力，例如戏曲的改良、妇女在公共社会地位上有限的提高、城市文化的发展，以及对服饰和行为的规范管理，则远谈不上成功。周善培做了很大的努力，力求通过商定和协调的工作使戏曲表演更加文雅，能使得它们可以向女性观众开放，但是这种努力面对地方上强烈的反对无法进行。对城市居民的公共行为和习惯进行改变的大多数努力，无异于发起一场公共关系的战争。即便是杨森那怪异成癖的行为，将穿着的准则强加在行人的头上，也只是造成了有限的冲击。对改革者来说，修改公众的行为、态度和行事方法远比重建公共空间要困难得多。但是在对城市街道进行改良方面，他们倒是给市政府派定了一个新角色，那就是为城市管理发展的新观念给予物质性的充实。

发展经济是新政的主要目标，但是尽管有了革新，特别是后来，城市的基础结构发生了剧烈改变，这些改变都是时刻将这个目标放在心上而发展的，但是以市政府的这种观念和眼界，改革却并没有对经济产生太大的影响。新政看重机构的改变，以及城市空间实实在在的变化。而像设立路灯，有清洁、开敞的街道，和那些新的、重要的机构的建设比较起来，例如建立警察队伍，以及建立大量的学校，对人民进行培训，能在新秩序中起到新的作用，却是次要的。在1920年代的第二次改革浪潮中，基础结构的发展成为政府活动的主要焦点，而城市通过修建和拓宽道路以及建立新的城市空间例如公园而发生了剧烈的变化。新政时期，成都的经济，由于新的贸易组织和大规模的教育机构的重新建立，稍微有了一些改变。1920年代，城市的景象由于实施了道路建设的计划，建立了公园和商业场，以及设立了电线和电话网络，而发生了意义重大的变化。然而，在这两个时段里，经济的回应仍然不如晚清时期，缺乏那种慷慨志气和宏大抱负，从而就没有取得像日本那样的具有活力而威力无穷的经济的新生。也很难将其归咎于这些改革之后随之而来的那几年里发生的可怕的动乱带来的政策的失误。事实依然是新政的遗产采取了这种方式：城市空间的重组、市政府工作的重新聚焦以及城市管理观念的更新，而不是经济和城市社会秩序发生了实质性变化。

虽然市政府的新模式被成都市民接受了，但是代议制的政府却并没有产生，这一点很重要。全体市民一致拒绝革命的动乱，却宁愿让市政府的管理者来维持秩序，要不就别管，任由他们自己去解决。市政府在城市生活中找到更为明显的发挥作用之处，那就是在规范管理环境卫生，提供执警和消防服务，促进商业发展和倡导社会改革等方面划分责任区。尽管在由市政府指导的这些纲领中对这些责任区的强调侧重会有所变化，尽管这个市政府本身的观念一成不变，居民对这个政府的态度几乎没有什么改变，再者尽管军阀时期对居民反复灌输保守主义，作为一个社会性的和管理性的单位，一个有特色的城市实体，它的发展其实就是这几十年时光产生的持久影响的结果。

比较视野中的成都

中国所有主要的城市都经历过两次改革的浪潮：第一次是1900年代的新政改革，第二次是民国早期的城市管理运动。然而，中国所有这些城市的两次改革的浪潮，它们的性质和相对的力量，则大不相同。拿一个像成都这样的内陆城市和首都北京比；和沿海城市，例如上海和广州比，其中的差别是相当明显的。有三类现象对于成都影响很小，或说是毫无影响，而它们在这些相比较的城市里起的作用却要大得多：那就是外国人管理区的存在，工业化和与之相对应的人口的增长，以及国民党的兴起。结果，在1930年代中期，城市的发展和管理对于华东地区城市的意义就变得比它在成都的意义大不相同了。

在北京，在新政时期和民国早期之间，改革的持续性，比其他的地方更加强得多。新政时期的总督之中最为成功的一位是袁世凯，他承担起了民国总统一职，将首都定于北京。1914年，他批准成立了市议会，将晚清警察局的许多功能接管了过来。受到北京使馆区引进的城市新技术的激发，北京市议会精神十足，全力以赴地投入到建设舒适和令人愉快的公共环境的任务中，这些措施如历史学家史明正①所指出的，包括：铺设柏油路、引入电力、建设下水道系统和市内电车。〔4〕不时发生的军事动荡和低水平的融资方式阻碍了城市服务的发展。但是和成都相比较，北京对于工艺技术的改进是欢迎的。与此同时，民国时期的北京见证了现代的“群众政治”的发展：通过这种群众运动，城市的群体对他们的事业，对他们要达到的目的，进行了宣传和促进，全大伟分析了这种现象。〔5〕按照他的描述，北京的人力车夫对于电车的对抗就意味着，北京的现代化事物的相对成功，在北京的一些社会群体中间产生出了一种比民国时期的成都所存在的对城市首创精神更为强烈的反抗。北京的市民，就像他们在成都的同道一样，对于城市的规划者和官方政府，仍然没有什么直接的影响，但是他们在城市事务上却极力维护自己的利益，其付出的努力比成都要大得多。从1920年代，北京人的这种对政治的兴趣上，我们就能够看到一个城市对于城市革新价值的权衡上，是如何积极投入，达到了一个怎样的参与程度。

在华东许多富裕的沿海城市，它们和成都以及北京比较起来，受到官场的支配和控制要少一些。新政时期的城市管理改革和同时发生的其他变化比较起来，较少对社会生活产生影响，这些其他变化包括：工业化，人口的迅速增长，技术和工艺的改进，商人和金融家影响的崛起，一种“小市民”中产阶级的诞生，以及一种老于世故的，城市的消费文化，伴随着新的中产阶

① 史明正，历史学家。——译注

级的诞生而产生的发展。[6]这些社会经济的发展趋势并没有随着清王朝的灭亡而突然终止。经济在1911年之后的那些年里以一种稳定的、甚至是快速的步伐在继续发展。

在华东的正在现代化进程中的城市中，1920年代的城市管理运动是和国民党紧密联系在一起的。国民主义者早期的基地——广州，是1920年代早期城市管理运动的温床，这得多亏了孙中山的儿子，孙科的支持。在孙科市长的领导下，广州的国民主义的管理引进了"科学"规划的元素，包括广泛收集社会状况的资料，这是为了更为彻底地对城市生活进行规范管理。国民主义管理者的最终目的，用钱曾瑷①的话来说，就是要"为国家产生出有纪律的成员（公民）。"[7]这样，就与成都和北京的情况不同，广州的改革是一个高度组织的和雄心万丈的、完整的政治运动。在城市管理早期的国民主义的愿景中，社会的改革和文化的改革与技术的改革同样重要。

1927年国民政府在南京成立之后，对城市的体制发布了一系列全面的法律，规定对城市的资源进行集中控制，其控制的力度要和促进社会改革的力度一样大。然而这些法律中的大部分却从来没有在新建立的首都中有效地贯彻完成。因为，就像在20年代中期的成都那样，对城市的管理没有深入到南京市的周边地区。[8]然而，上海却为城市的规划者提供了更为丰富的场地。

① 钱曾瑷（Michael Tsin），北卡罗来纳大学副教授，研究方向为19世纪晚期及20世纪的中国社会进程。——译注

正如同顾德曼①所指出来的，随着晚清政府对上海的统治由此而产生的问题迅速增多，形形色色的人口越来越复杂，由此证明这些问题不是单凭清政府的官员自己就能解决得了的。于是，他们将许多城市管理的事务转交给市民团体自己来处理，例如由来自中国不同地区的移民所组成的同乡会。〔9〕受到由外国人管理的城区建立起来的城市机构的强烈影响，上海的商界也带头在中国人城区组织起了城市服务和修建道路的工作。1905年，正式任命成立了市议会，由它来管理中国人城区。市议会中有许多成员长期以来就是城市事务活动的积极分子。市议会的职责包括监督警察和商团②，管理公办的儿童学校和成人学校，和改进城市的基础建设。〔10〕在上海，新政的机构就这样从19世纪的革新中产生了出来。上海的新机构从来就不在官方的掌控中，它对于当地的人民来说，也从来不像周善培的新政创制对于成都人那样地令人格外感到新颖。

上海的城市机构在辛亥革命的前后，就像成都一样深受政治混乱的打击。然而上海城市本身却继续成长发展，吸引了国内外对现代工业的大量投资。对人力的需求推动了上海市所有城区人口的增长，人口从1910年的大约一百万增加到1930年的将近三百万。〔11〕对于新政时期来说，即便有民国早期的外来人口的急速流入，以及社会生活的急剧转换，它也经受不住在上海历史上的这种特别的形成过程，就像成都发生过的那样。新政时在

① 布赖纳·顾德曼（Bryna Goodman），美国俄勒冈大学历史系教授，主要从事亚洲及中国研究。——译注

② 商团（merchant militia），旧中国商会在城市中组织的武装。——译注

地方精英人士中进行的地方自治试验，被袁世凯于1914年下令终止，这是那个时期最值得关注的一件事。[12]

民国早期的外国租界里，城市建设继续进行。1920年代上海的大学开设城市管理课程，学生们看到在他们的课本里学到的规划设计的理念就在他们的城市里外国人的居住区，紧锣密鼓地在贯彻执行。国民政府于1927年掌权后，上海市的经济支撑起了大量的市政管理工作。因为他们想要证明自己有这个能力接管外国租界。上海的城市管理者对于城市的发展与租界相匹配非常关注，比他们重建晚清的城市遗存付出了更加多得多的努力。安克强①指出他们在改进上海的环境卫生和公共福利方面获得了令人惊讶的成功。[13]

与上海的相对稳定的发展比较，民国的头二十年对于成都人民来说，无异于是生活在痛苦和折磨之中。连续不断、耗资巨大的战争，国家声望以及省内政治秩序的缺失，再加上哥老会的兴起——这一切都促使人们产生出一种怀旧的情绪，使人们留恋新政时期成都的光荣岁月。内战的混乱造成了城市的震荡，这种时日太过长久，以至于在成都和沿海城市之间产生了一道明显的分水岭。这道分水岭对于形成城市管理的看法意义重大：地理位置上的距离造成了这种分隔。由于长期的军事纷争，成都市政府形成了一种城市管理的观念，将重点放在维持有秩序的社会，而不是促进商业的发展或是文化的改变上。1911年之前成都还被认为在贯彻实行城市改革方面是进步的，有成就的；但是在20年代晚

---

① 安克强（Christian Henriot），里昂大学历史系教授，研究方向为中国现代史，著作：《上海妓女：19—20世纪中国的卖淫与性》。——译注

期，为了在外来势力干涉的岁月里维持稀有、难得的安全局面，它抛弃了前辈的进步理想。

因而，在杨森的政权之后，城市管理的重要性，这个观念再度受到人们的关注，五老七贤向前再跨进了一步，提醒人们回想清朝末年那一段时间里成都曾经是什么样。对于许多人来说，由周善培和晚清时期的改革者展开的那一幅城市发展的幻景，在1920年代的晚期和1930年代的早期，在他们自己的眼中看来，代表了一种有吸引力的二者取一的选择。长达二十年的争战使得世人终于清醒。然而，却少有人敢于希望像周善培那样能够使城市“文明化”。不管怎样，周善培对“文明”的观念——社会的和谐、生产力的提高、对传统文化的尊重，以及生活在一个干净整洁、技术先进的城市环境里，受到精英人士的监督管理——在1930年代作为一种对成都城市领导者的指南幸存了下来。在1980年代以后，由于中国再一次进入一个以城市为中心的快速改革的时代，周善培的新政成就再一次在地方志中受到了高度的赞扬，修葺一新的商业场骄傲地站立在市中心、在重新恢复元气的春熙路口上。

注释[①]：

第一章

〔1〕 到公元前316年时，蜀王国与秦国边界接壤，大约在公元前310年于秦国之先，就在成都的这块基址上建起了一座城市，但是关于这个地区在早期的情况所知甚少。有关这块现在叫作成都及其周围的地方的建筑史，可见1987年的四川省文史馆主编的《成都城坊古迹考》。

〔2〕 关于清朝时四川的人口见1987年斯金纳的文章，对清朝时期四川省的社会史的全面评述可见王笛著述（1993）。

〔3〕 成都的一位外国居民说，1903年组织了一次较完善的调查，调查结果表明城墙内的居民有35万人，而在郊区则另有10万人。另有一个长期住在城内的外国居民，能看懂中文，却报告说这次人口调查的结果人数是30.6万，

① 注释部分中涉及著作的版本信息都列在“引著”部分，可按作者名字母顺序排列查阅。华人作者按姓名拼音列入。——编者注

虽然1907年时他自己估计成都市的人口为35万。

〔4〕 这有趣的一段话借用于Sennett的著作（1994）。

〔5〕 关于中国近代城市的形态、建筑、机构和社会组织都有很多文章及作品论及。Skinner（1977）和Rowe（1984）（1989）在这个问题上都提供了许多优秀的学术性的介绍。

〔6〕 A. F. Wright, 1977, pp.46–50.

〔7〕 Hubbard, 1923, p120.

〔8〕 总督衙门于1880年代不得不重修一段长达1000英尺以上的倾倒了的城墙（周询，1986，p.263）

〔9〕 Mote, 1977, pp102–104.

〔10〕 Legendre, 1906, p155; Kemp, 1909, p171.

〔11〕 Legendre（1906，第17章）对迄今为止晚清时期，就我所知道的成都市的布局和建筑提供了最为详尽的描述。Hubbard（1923）也描述了二十多年之后许多与这同样的现象。巴金的小说《家》里面，对1911年革命之后的那十年里，一家住在城东北角富裕街区里一个公馆里的生活情形进行了描述。

〔12〕 周询，1987, p7。

〔13〕 四川省文史馆1987，p457，傅崇矩，1987，I: pp2.75–276。

〔14〕 Legendre（1906, p171）就一些细节对于栅栏和看守有一番描述，但是没有提到看守的收费情况。或许，对于外国人，又是医生，他是免费的。

〔15〕 在1987年版《四川省文史馆》里提到了很多，见傅崇矩（1987）以及周询（1987）。山西钱庄由各省分号机构管理，它们主要是为商人们进行资金的汇兑。

〔16〕 傅崇矩，1987，I: p34。

〔17〕 见《四川省文史馆》（1987, pp379–382）。实际上，该书指出薛涛井位于城市的另一边，但是它的具有象征意义的遗址在宋朝时便已移到了城东。

〔18〕 共产党的陈毅将军，他的祖父在晚清时期的成都就曾买卖过来谋生的女仆。（Benton, 1992, p36.）

〔19〕 傅崇矩，1987，I: p74。

〔20〕 “Blocks”在这里相当于中文的“街”，通常翻译成“街道”。在成都除了东大街没有任何一条街比美国典型的城区长。

〔21〕 许多这类的会社被叫作“清醮会”（周询，1987，p63），这类的组织也存在于清朝时期的台湾，Feuchtwang（1977, pp596–600.）有所分析。Adam Grainger（1918, p5）曾代表中华内地传教团从1889年开始，在成都以及川西地区生活了长达三十年之久，他指出这些会社有各种不同的名字，包括“土地会”或按照他的理解是“分管各个分区的神的协会”。

〔22〕 Vale, 1904,pp58–59. 英国的十户联保制可见于Bayley（1985, chap. 2）。

〔23〕 用来表示“保甲”制度各个不同层面的词语以地方的不

同，以及时代的不同而有所变化。成都县1873年的公报指出，该县划分为六个“大甲”以及三十四个较小的单位被称作“保”或“团”。关于保甲制度的总情况，见Wen Juntian（1935）以及 Hsiao Kung-chuan （1960）。

〔24〕 有关官方对于“保甲”的看法，一个最好的例证可见黄六鸿所著《福惠全书》。该书写于17世纪晚期，后来重印，在整个清朝用作地方官员的指导书。该书近期已有英文翻译。

〔25〕 Legendre, 1906, pp.409-416.

〔26〕 Hosie, 1897, pp.84-85.

〔27〕 Vale, 1907, pt. I, pp.9-11.

〔28〕 顾德曼（1995）对1853—1937年期间上海的这类协会有详细的研究。成都本地的这类协会，周询（1987, pp.15-16）和傅崇矩（1987, I: pp.43-44）都有描述。

〔29〕 周询，1987, pp.47-48。

〔30〕 傅崇矩，1987, r: p74。

〔31〕 郭沫若，1929, p48。

〔32〕 对那些位于汉民族影响的边缘地区的中国城市，它们因地缘关系所受到的强烈影响，见Gaubatz（1996）。

〔33〕 Hutson, 1915, p22. 关于都江堰水利系列工程及其对成都平原实施的灌溉Van Slyke（1988）有所研究。

〔34〕 “天堂的粮仓”是George Hartwell（1939）对四川省那富有诗意的别名：“天府之国”的贴切翻译。关于四

川省以及成都市的地理和自然史可见王笛（1993, 第一章,）以及Hubbard（1923）。

〔35〕 关于四川省在清朝时期频繁发生的水灾和旱灾的资料可见王笛（1993, pp.21–35）。

〔36〕 Legendre, 1906, p484.

〔37〕 四川文史馆，1987, p72；傅崇矩，1987, r: r6。

〔38〕 四川文史馆，1987, pp.88–91。

〔39〕 王笛，1993, p68。

〔40〕 傅崇矩（1987, I: p564），周询（1986, p213–214.）。有关这块石碑更多的情况可见该书第七章。

〔41〕 Entenmann, 1982; 王笛，1993, chap. 2。

〔42〕 傅崇矩，1987, x: p16。

〔43〕 Hosie, 1922; 傅崇矩，1993, chap. 4。

〔44〕 Hutson, 1915, p10.

〔45〕 傅崇矩，1987, I: p109–110。

〔46〕 Treudley描述了20世纪40年代成都附近的一个村庄，自从18世纪早期移民到四川一直到那时，仍维持整座村庄由父系后代的家庭组成。韩素音（1965, pp.28–33）讲述了她自己家庭的情况，他们是17世纪90年代从广东移民到达四川的客家人，曾经回访过他们祖先的村庄，到19世纪中期，村子依然很规整，那期间曾经因为战争和社会动乱中断过联系。

〔47〕 傅崇矩，1987, I: p34。

〔48〕 《宣统元年省城警局第一次调查户口一览表》（1909）

〔49〕 Geil, 1911, p305.

〔50〕 成都旗营的历史和组织情况见Liu Xianzhi（1983）和周询（1986, p50–51）。有关该清朝机构的一般情况可见Crossley（1990）。

〔51〕 Hosie, 1897, pp.86–87.

〔52〕 Legendre, 1906, p163.

〔53〕 Liu Xianzhi（1984），刘指出成都旗营的一支小分队曾于1900年护卫皇室到西安。清皇室是由于义和团引发外国入侵，而被从北京驱赶了出来。

〔54〕 Liu Xianzhi，1984。

〔55〕 《四川省文史馆》（1987）对成都的官府衙门有详细介绍。

〔56〕 1860年代满州将军受命，对基督教皈依者和他们的非基督教徒的邻居们之间的关系有同等的监督的权力。但是1872年满州将军抱怨说，极少有关于此类事情的报告送到他手上。见四川省档案馆（1985, p303）。

〔57〕 周询（1986）对清政府的民事和军事的官僚政治有详细描述。

〔58〕 Reed（1995）描述了清政府时期重庆的原址巴县，其衙门官府人员的组织结构及各自的工作。

〔59〕 晚清时期的重庆，见Wyman（1993）。

〔60〕 Legendre, 1906, p171.

〔61〕 周询，1987, pp.19–20。

〔62〕 Lu Zijian，1984, p432.

〔63〕 周询，1986, pp.42–53。

〔64〕 Zhou Kaiqing，1976, p305; Legendre 1906, p157.

〔65〕 傅崇矩（1987, 2: p381–455）对于成都通往其他城市的各种不同的水、陆路线给予了详细的介绍，在同一篇章还介绍了电报系统。

〔66〕 Vale, 1902, p7.

〔67〕 《吴虞日记》（1984）记载了1911年革命之后那几年里，他家的佃户定期带着租金和租米来访一事；只是他未曾提到他们要在城里待多久，以及在城里待着时干些什么。

〔68〕 特别要参看李劼人的小说《死水微澜》，该书已经翻译成了英文。

〔69〕 有关北京清朝中期的城市管理，Dray–Novey（1981）有描述。

〔70〕 Rowe（1984）及Goodman（1995）对于汉口和上海的情况分别有清晰地描述。也见Rankin（1986）。

〔71〕 Rhoads（1975, p24–25）对晚清的研究中发现商人较少有政治行为。Tsin（1990）有不同的观点。关于山东的城市济南的研究见Buck（1978）。

〔72〕 周询，1987, pp.15–16。

〔73〕 Legendre, 1906, p176.

〔74〕 王笛，1993, p354。

〔75〕 周询，1986, p74。

〔76〕 周询（1986，pp.204—232）指出四川的许多低层官员的职位，包括大多数知县的职位，都会很自然地授予四川的候补官员。在清朝的大多数时期内，这种职位的授予以个人在资历表上的排位为基准。1870年代，丁保桢受到朝廷的批准，对这种制度进行修改，这样一来各省的总督就能够挑选最为合适的候补官员充任。周询为晚清时期的好几个总督服务过，据他所说，这其中多数总督的确是按其成就来指派官职的，只有刘秉章是例外，他涉嫌贿赂。

〔77〕 官方对于这类事情的认可见于成都县和华阳县的地方志。成都县的地方志编制于19世纪，1873年重新修订；华阳县于1816年刊行了一部地方志，另一部刊行于1934年。

〔78〕 Rowe（1989, pp.297–306）讨论了汉口的这个现象，19世纪时这种现象存在于重庆，一份来自总监证的报告可见证。1890年代他被任命负责保护基督教会的财产，并要就其向巴县的知县提交正式报告，见四川省档案馆（1985，p490）。周询（1986，p214）报告说光绪时期官员们命令“街保”或称街道的保长，将妓女赶出泸州，泸州位于重庆以西。

〔79〕 《重修成都县志》1971，pp.166–176。

〔80〕 这个结论必然是暂时的，因为在这一点上还没有太多的证据出现。然而，周询是一个眼光敏锐、细心、善于分析的人，他对成都的管理结构的分析，在他的任何著作中，都没有过多涉及保甲人员所起的作用，除了一小段对晚清时期的保甲局的讨论。晚清时期的报纸上多次提到了成都周围地区保正的活动。我找到了一条19世纪晚期关于一个成都市内的活跃分子月保的报道。这个人在1895年成都的反基督教的活动中，被派去镇压一次针对天主教堂的暴力性的示威活动，而且向保甲局和华阳县知县做了报告，见《教务教案档》（1974, 5, pt. 3: 1674）

〔81〕 周询，1986, pp.32–36；周询，1987, p17。

〔82〕 四川省档案馆 1985, p47。

〔83〕 Hosie, 1897, p85.

〔84〕 Ch'u T'ung-tsu （1962）对于衙差在清朝时期的城市管理中的地位问题进行了社会学分析。同时参见Watt（1972, chap. 10.）。Reed （1995）对重庆地区这类人提供了更加详细的历史记载。对于晚清时期四川的“常例钱”的严谨而带阐明性的研究文章可见Hickey（1990, chap. 5）。也可见Hickey（1991）。

〔85〕 对于县以下的管理机构以及为政府办事的中间人在整个清朝时期执行管理工作的情况，有说服力的分析可以见Duara（1988, chap. 2）。

〔86〕 周询，1986, pp.244–245。

〔87〕 Rankin, 1986, pp.58–59; Rowe, 1989, p306.

〔88〕 周询对于这个局的创办没有提供任何确切的日期，尽管他认为在光绪朝开始时（1875）就已经存在了。因为在1873年的成都县的地名册中并未提到，所以我便倾向于认为在那时它还没有建立。光绪时（1875—1908）除了成都以外的一些地区，有些四川局也已经在这些地方成立了，而且似乎是由地方精英人士来管理，而不是由官方来掌控。有关这些机构见Niimura（1983），Yamamoto（1994），以及Reed（1995）。

〔89〕 周询（1986, p133）；周询（1987, p17）。周在关于1895年成都发生的反基督教活动的官方的报告中使用了“局丁”和“局勇”这两个词，见《教务教案档》（1974, 5, pt. 3: pp.1673–1674）。

〔90〕 周询，1986, pp.254–255。

〔91〕 Reed（1995）谈到存在于衙差之间，以及衙差和其他各种保安人员之间的竞争和冲突，这种现象在重庆十分普遍。在成都好像也是如此，县一级的详细记录在巴县还可以找到，但是在成都和华阳县有关于此的记载却没有保存下来。

〔92〕 清朝的刑罚，其残忍的细节可见Kuhn（1990）。

〔93〕 Legendre（1906, pp.192–193）写到他在成都居住的1902–1903年间从未见过斗殴的事件，也从未听说过暴

力犯罪的事例，而且，他还指出即便是在节日期间，成都人也是十分安静而平和的。

〔94〕 周询，1986, pp214–215。

〔95〕 周询（1987, p18）认为那些腐败的人，也是可想而知的暴虐成性的。他认为成都的“袍哥”就是贪婪掠取的暴徒。而其他兄弟会的人，也是一群非法的、半秘密的兄弟组织，见该书第六章。

〔96〕 周询，1986，p255。

〔97〕 Huang（1996）对中国的法律传统有深入的分析。

〔98〕 Hartwell, 1921, pp.8–9.

〔99〕 “风水”的历史发展见A F. Wright （1977, pp.54–55）。

〔100〕 F. W. Mote（1977, P117）认为“中国的建筑都没有明显的时代特征，传统的中国建筑从来没有一种像罗马式的或是哥特式的重建，承载着古典复兴的可能；或是一种维多利亚式的梦魇，在放肆的实用主义的时代遭人嘲笑。”

〔101〕 Hartwell, 1921, pp.10–12.

〔102〕 这些保甲式的为头者是配备有官印被赋予职责，还是他们只不过是街坊上出头的人，从Hartwell的记载中尚看不清晰。

第二章

〔1〕 Douglas Reynolds（1993, p14）在他的关于这段改革时期

的书中，不愿意将“新政”翻译成“新的政策”，他觉得“新的体制”比“新的政策”更加贴近中文的原意。不过，他还指出一点的是，后一个词语，“新的政策”已经在历史文献中成了一个标准用词，实际上，它用在反映这段时期内所采用的一系列改革建议上更为恰当。“新政”这个词语对于1901—1912年清朝统治的革新时期，在中文著作中所表达的含义，一般说来还不止于特定的管理革新本身。

〔2〕 清朝统治者并不总是抵制重要的管理改革创议。Zelin（1984）描述了18世纪早期一项雄心十足的财政改革计划。19世纪时，甚至连大规模的革新，例如像总督曾国藩和李鸿章建立各省新军也终获成功。当然，这些改革的设计本身就是为了避免对旧的官僚体制的挑战。

〔3〕 这条敕令的英文翻译可见Reynolds（1993, pp.201–204）他翻译的中文原本来自《光绪朝东华录》（4: pp.135–136）。

〔4〕 从中央政府和最为杰出的改革理论家的观点来看待新政的论述，最佳的已出版的英文著作来自M. C. Wright（1968）, Ichiko（1980）, 以及 Cameron（1931）。尚未出版的综合性的评述可见Morrison（1959）。

〔5〕 M. C. Wright, 1968, pp.1–23.

〔6〕 这个对于新政的解读在晚清历史的中文记载中很普遍。Bays（1978, pp.128–130）和Reynolds（1993, pp.3–4）

有举例。

〔7〕 Duara, 1988, p59.

〔8〕 同上pp.73–85.

〔9〕 Stapleton, 1997.

〔10〕 有助于启发新政纲领的知识文人先行者的著作包括Hsiao（1975），Kuhn（1975）， Bays （1978），和 Kamachi（1981）。

〔11〕 韩素音（1965, P82）。虽然韩早在1894年就让她叔叔把这件事说了出来，可是直到后来才给出了正确的年份。她对成都以及她家庭的历史的叙述很有吸引力，但是使人感到失望的是她给出的年份不太准确。她以一个富裕家庭那多样的历史和虚构的情节为来源构思的故事，没有清晰地指出她所处的时代背景。

〔12〕 对于1895年成都的反基督教活动，从传教士的观点来进行的描述可见于Cunningham （1895），Hyatt（1964）对此有分析。四川总督刘秉章及其他中国官员对于这个情况的报告可见于《教务教案档》（1974, vol. 5, pt. III: pp.1645–1778 及 vol. 6, pt. II.: pp.1189–1226）。

〔13〕 在中国，过端午节时常常要举行划龙舟比赛来庆祝。在成都，人们的习惯就是在端午节这天齐聚东校场互相投掷糖果。可能是由于1895年事件，这个习俗遭到了禁止。傅崇矩（1987, I：p204）没有在他的1909—1910的《成都通览》中将“东校场互掷糖果”列入庆祝端午节

的习俗中。

〔14〕 Hyatt, 1964, p35.

〔15〕 《教务教案档》（1974, vol. 5, pt. III: p1659.）据Joseph Esherick （1976, pp.123–142），长沙的泥瓦匠和木匠闹事是因为外国人从汉口带了工匠过来建造房屋，这是造成1910年爆发的仇外动乱的一个重要因素。

〔16〕 同上（vol. 6, pt. II: pp.1191–1205）

〔17〕 同上（vol. 5, pt. III: pp.1745–1746）

〔18〕 同上（vol. 6, pt. II: pp.1191–1205）

〔19〕 正如Hyatt（1964, p44）所引证的，我尚未看到任何中国有关由破坏教会财产而引起的当地事件的详细讨论。

〔20〕 Hyatt, 1964, pp.40–45.

〔21〕 J. Ch'en, 1972, p29.

〔22〕 Bays, 1918, p19.

〔23〕 Kwong, 1984; H. Chang, 1980.

〔24〕 Cohen（1974）分析了王韬的文章；Kamachi（1981）分析了黄遵宪。有关这段时期日本人所造成的影响，可见Reynolds （1993）以及Jansen（1975, chap.5）。

〔25〕 H. Chang （1980, pp.280–281）。康有为的政治哲学的发展可见Hsiao （1975）。

〔26〕 Kamachi（1981, pp.211–230），Esherick（1976, pp.13–19）。Daniel Bays对张之洞的研究着重于他的来源于中国传统的思想组成部分，而这个思想根源使得黄遵宪那

些受到日本人激发出来的创新，可以为受过经典教育的张所接受，见Bays（1978, pp.20–28）。至于在这个时期中国人的思想意识对于新思想的接受度的分析可见Cohen（1974）及Schwartz （1964）。

〔27〕 关于19世纪90年代的改革运动的历史调查见H. Chang（1980）。Luke Kwong（1984）在对于清政府1895—1898年政治状况的讨论中认为，这段时间提出的改革建议应该被看作是自强纲领的延伸，而不是中断，而且在这期间皇太后和朝廷中许多其他的人并不反对重要的管理改革。

〔28〕 Adshead, 1984, pp.26–28.

〔29〕 Xu Pu, 1986, p185; Kwong, 1984, p87; Hsiao, 1975.

〔30〕 Wei Yingtao, 1990, p311.

〔31〕 同上（318.）。

〔32〕 Wang Luping, Cheng Qi, 1993, pp.2–3.

〔33〕 有关尊经书院的历史以及它对于1898年四川的改革运动的反应的详细讨论见Wei Yingtao（1990, chap. 5）。

〔34〕 Hu Lisan, 1985, p77.

〔35〕 徐在他的课堂上作出的评论，见Tao Liangsheng n.d.。

〔36〕 Reynolds, 1993, p13.

〔37〕 有关义和团起义的大败和与此同时发生的自立会起义的两极分化，可详见Esherick（1976）和Bays（1978, chap. 5）。

〔38〕 E. Wuson, 1991, pp.18–25.

〔39〕 A. F. Wright, 1977, p34.

〔40〕 Lees, 1985, p9.

〔41〕 Gluck, 1985, pp.26–28.

〔42〕 Rowe, 1984, p343.

〔43〕 见第七章

〔44〕 Hsiao, 1975, P265. 类似的论点可见冯桂芬1860年代的文章，他获得了皇室的资助，在1898年得到了广泛传播。关于冯的思想论述可见Kuhn（1975, pp.265–268）。

〔45〕 体制的腐败是那些在1890年代晚期向宋育仁的出版物投稿的四川学者们最为关注的问题。见Wei Yingtao（1990, pp.313–314）。

〔46〕 H. Chang, 1980, p280.

〔47〕 康的书名的英文翻译来自Dikotter（1992）。

〔48〕 Hsiao, 1975, p463.

〔49〕 H. Chang, 1971, p268.

〔50〕 Bays, 1978, p29.

〔51〕 同上, p45。

〔52〕 同上, p110。

〔53〕 同上, p101。

〔54〕 这首讽刺短诗的最后一行评论将新政带到四川的岑春煊："不学无术"。见周询（1987, p96）。

〔55〕 各省接触新政存在着广泛的差异，对此最好的例证可见

Roger Thompson（1995），他叙述了赵尔巽和袁世凯各自关于扩大政治参与面的不同想法。

〔56〕 由于朝廷决定为审议机构留一个位置而准备一个新的章程，于是起草了新的管理法规。有关这部新法规的文献可见《清末筹备立宪档案史料》（1979, I: pp.367–601）。也可见Bays （1978, pp.201–204）及 Thompson（1995, chap. 4.）。

〔57〕 有关《北洋官报》的影响，见Thompson（1995, pp.40–42）。

〔58〕 对于这个评价，近期一个相对公平的表述见MacKinnon（1980, chap. 4）。张之洞并不曾忽略军事改革。他提出来的“军队自强”，以及为军队请来的德国顾问，都是在1895年为他的军队打下来的基础，但是它和袁世凯的新军比起来要小多了。见Powell（1955, pp.60–71.）。

〔59〕 Powell, 1955, pp.13–14.关于绿营旗军的组织见Luo Ergang（1945）。

〔60〕 Mac Kinnon, 1980, pp.39–45.

〔61〕 Kamachi, 1981, p220.

〔62〕 同上，p223。Wang Jiajian（1984, p22）在他的对于晚清警察改革的研究中指出黄遵宪最关注的是普遍存在于保甲头领以及驻军卫队中的腐败现象。

〔63〕 Lin Nengshi, 1970, pp.70–73.黄遵宪本人便成为湖南省第一位警察局总办。

〔64〕 Bays, 1978, p77.

〔65〕 Lai Shuqing, 1989, p36.

〔66〕 MacKinnon, 1980, p152. 袁的天津警察史的分析见Yoshizawa（1990）。

〔67〕 MacKinnon, 1980, pp.152–155.

〔68〕 Thompson, 1995, p20.

〔69〕 同上，pp.37–39.

〔70〕 同上，chap. 6.

〔71〕 Fincher, 1968, p190.

〔72〕 Meribeth Cameron（1931, pp.160–161）引用了一封发表在1909年的《北华战报》上的“一个老中国通”的来信，对这个评价表示完全认同。

〔73〕 Buck, 1978, pp.28–29.

〔74〕 Thompson, 1995, p144.

〔75〕 同上，chap. 3。

〔76〕 同上，pp.142–144。

〔77〕 Kenneth Pomeranz（1993）证实了19世纪晚期的自强努力已经深深地影响了华北地区的政治经济，使得一些地区富裕了起来，令这些穷乡僻壤脱颖而出。但是他对问题的探讨只是局部性的分析，对于他所研究的这个地区，存在于城乡之间的关系，它的变化，他却只字未提。

〔78〕 关于四川的警察改革见Stapleton（1997）。

〔79〕 Mac Kinnon, 1980, p146.

〔80〕 同上, p157。

〔81〕 同上, p160。

〔82〕 这个短语曾在1903年版的四川警察法规使用过，它最初只使用于成都。在现代英汉词典里，例如梁实秋的《现代英汉词典》里，这个短语翻译成“国都”。

〔83〕 Bays, 1978, pp.114–116.

〔84〕 1910年成都的学校名单可见傅崇矩（1987, I: p54–58.）对于晚清时期四川的教育，详细的讨论可见王笛（1993, chap. 7）。

〔85〕 有关新政时期涉及教育方面的历史见Bastid （1988）。

〔86〕 Esherick, 1976, p110.

〔87〕 同上，pp.66–76。David Buck也强调了新政的国家主义的及防卫方面的特点，见Buck（1978, chap. 3.）。

〔88〕 Judith Wyman（1993, pp.208–214）讨论了晚清时期在重庆显露出来的这种关注。

〔89〕 James Cole （1986, pt. II）描述了绍兴师爷现象的历史。周振就是绍兴周边的一个县——诸暨的人。

〔90〕 周询（1987, p29）1902年帮助实施了下一次的对省金库的全面查账，并对1890年的账目表示赞赏。

〔91〕 周善培的传记包括Huang Suisheng（1964）, Shi Tiyuan（1981）, Qiao Shaoxin（1984），以及 Jin Han（1986）。1992年12月作者在台湾与他的子女晤谈，也谈到了这件事，在他自己的文章中也有所记载。

〔92〕 Qiao Shaoxin, 1984, p70. 也可见Huang Suisheng,1964, p187。

〔93〕 Cohen, 1974, p268.

〔94〕 Wang Jiajian, 1984,pp.19–20.

〔95〕 Link, 1981,chap.3 and 4.

〔96〕 然而，即便没有这块外国人的飞地，富庶的江南地区长久以来就已经养育出了这种文化的创造力，Philip Kuhn（1990, pp.70–72）在谈论乾隆皇帝对于这块“颓废”之地的奢侈习俗起了疑心之时就指出了这一点。

〔97〕 Y. Zhang （1996, p18.）指出，对于许多知识分子来说，这个时期是短暂的，随之而来的是对这个城市的前途的失望，是幻灭的痛苦，这种情绪弥漫到了1920年代的文学作品中。

〔98〕 Liu, Ts'un–yan, 1984, p24. “Petty urbanite 地位低微的城市居民”是Perry Link （1981, p189）对“小市民”的翻译。

〔99〕 明治晚期具有这类怀乡病的作家如Nagai Kafu见Seidensticker（1983）。Perry Link（1981, p137）指出晚清时期的出版家对当代的日本文学甚少兴趣，他们宁可去翻译西方的作品而不是日本的作品。

〔100〕 Link, 1981, pp.133–134.

〔101〕 Y. Zhang, 1996, pp.9–11.

〔102〕 遵章守序至少在表面上制造了社会的和谐，而这对于儒

家的政治理论家们来说太重要了。关于清朝的治国之术的传统见Will（1990）以及Ocko（1983）。

〔103〕 外国占领部队已经将城墙摧毁，见Thompson（1995, p40）。

〔104〕 除非另有他说，我对周在1903年之前生活的叙述是以Huang Suisheng的文章为依据的，这是我所见过的最为令人信服的根据。关于副榜的地位和清朝其他文职功名见Ho（1962, p29）。

〔105〕 Qiao Cheng, n.d.

〔106〕 Chou Ch'eng–ch'ing interview, Taipei, September 1992.

〔107〕 周善培，1960。

〔108〕 Seidensticker, 1983, p20.

〔109〕 Westney, 1987.

〔110〕 Gluck, 1985, pp.178–186.

〔111〕 Jansen, 1975, chap. 5. 也见 Reynolds, 1993, chap. 3。

〔112〕 Huang Suisheng, 1964, p188; Zhou Shanpei, 1960.

〔113〕 Hartwell, 1921, p23; Reynolds, 1993, p74. Huang Suisheng（1964, p188）证实了中岛的报告。傅崇矩（1987, I: p58）提到，在他的1910年版的《成都通览》中将这个学校列入"办学很有成效，但是已被关闭"条目。他指出省教育督察要冒险审批这个学校时，他心中记住的是皇权。

〔114〕 关于这次学生运动的近期评价见Reynolds（1993, chap. 4.）。

〔115〕 周善培，1960。

〔116〕 1992年9月在台北与Chou Ch'eng-ch'ing的晤谈，说起近来有一篇关于周善培的改革的文章，是一个四川人写的，说是当他还是一个学生时，那时周善培就已经在成都当官了（Chen Yan, 1977, p50）。他在文中声称周的官职是在几个海外华人的资金赞助下买来的。这件事无论是否属实，该文的叙述表明当周于1905年回到成都时，成都人都相信有这么一回事。据说连周善培自己也有意传播这个谣言，希望这将有助于使人相信他在政界神通广大，这一点是可信的。

〔117〕 所有这些创议都发表在1907—1911年的《四川官报》上。

第三章

〔1〕 He Yili（1987）谈到在华东的义和团妇女组织叫作“红灯照”，Esherick（1987, pp.297-298）对此有讨论。在1902年四川起义事件的文章中，官方表示了对“义和团残余恶劣渗透”的关注。这些文件收集在四川省档案馆（1985）中。也可见Adshead（1984, pp.33-36）。

〔2〕 这次事件令人想起奎俊（1976）描述过的1813年对北京的袭击。奎俊就这次事件向外交事务部递交的报告中声称只有21个匪徒，参见《辛亥革命前十年间民变档案史

料》（1985, 2: pp.742–743）。这次事件以小说的形式出现在李颉人（1956, pt. I, chap. 4.）的作品中。

〔3〕 这段话来自周询（1986, p221），他在当了一年法官之后就去当代理总督了。然而据Legendre（1906, p193）报道法国总领事Bons d'Anty告诉他，有12个义和团士兵在城内东游西荡了好几个钟头，所有的居民全都畏缩在自己家中，不敢出来，直到Bons d'Anty说服了一位军官，冒险从自家的院子中出来把他们赶出了城。

〔4〕 《辛亥革命前十年间民变档案史料》（1985, 2: pp.733–742）。

〔5〕 岑关于运动镇压的报告出处同上（1985, 2: pp.744–751），省里的刑场从城墙内的北校场移到了北门城墙外的一处地方，因为原址成了四川新军的指挥部（周询，1987，pp.55–56）。

〔6〕 《辛亥革命前十年间民变档案史料》，1985, 2：p751。

〔7〕 Adshead, 1984, pp.37–42, 检查了岑的管理工作。

〔8〕 关于民兵组织的制度，以及有关重庆地区追随他们组织民兵的行动的记载可见于《四川省档案馆》（1985, pp.725–756）。岑春煊重组保甲局的布告出现在《四川省档案馆》（1985, pp.751–752）。

〔9〕 Dray–Novey, 1993.

〔10〕 Thompson, 1995.

〔11〕 Chen Yan, 1977, pp.7–13.

〔12〕 《四川通省警察章程》，1903。

〔13〕 同上。

〔14〕 Stapleton, 1997.

〔15〕 对于警局的官员是如何确定警察分局的边界一事尚不清楚；下属分局可能与早期的保甲分区相适应，或许它们有些就是在这个时候划定的。原来的1903年警察法规指出警察总局在它认为必要时会对分局的边界进行调整。这六个分局和四十个下属分局内的寺庙和其他建筑物的名字，傅崇矩（1987, I: pp.50–52）都列出了名单。

〔16〕 所有这些计划在1903年版的《四川通省警察章程》中都有相当详细的描写。关于这个公文更为全面的讨论见Stapleton（1993, chap. 3.）。

〔17〕 Xiao Denghui, 1989。

〔18〕 这个公文（《四川通省警察章程》）的一份抄本可在第一历史档案馆的清公安部的材料中找到。这份抄本可能是公安部于1905年成立时送至北京的。Joshua Vale（1904）对其做了英文摘要。

〔19〕 关于通过强力培训警察，使其形成警备风格的历史的重要性见Miller（1973）及J. Q Wilson（1968）。

〔20〕 对于警察行为约束的大部分内容可见1903年版的《四川通省警察章程》。警察服装的描述可见其第五章。

〔21〕 同上，第五章。

〔22〕 Shubao, July 14, 1903.

〔23〕 Strand, 1989, p95.

〔24〕 Steve MacKinnon's（1975, pp.82–99）对袁世凯在直隶的警察改革的阐述表明了袁认为警察主要是作为一门工具，用来维持治安，其作用就像衙差。然而按照David Strand's（1989, pp.73–91）的描述，北京在1920年代培养训练警察的风格与周善培早期对成都警察的家长式观念有点相似。

〔25〕 对于警察的奖惩条例在1903年版的《四川通省警察章程》第六章中有规定。

〔26〕 同上，第五章。

〔27〕 锡良在四川的经历可见Adshead（1984, chap. 3）以及Des Forges（1973）。

〔28〕 Lary, 1985, p51.

〔29〕 这些基金的筹集在《成都日报》上打广告，例如1910年1月7日和1月9日的报刊上。

〔30〕 同上，1911年6月23日刊。有关候补问题严重程度的更详细的讨论见Vale（1902）；Stapleton（1993, pp.129–132）；以及王笛（1993, p384）。

〔31〕 《成都日报》1911年6月23日，这条规定在这版报纸上有提到；只是还不清楚它是何时采用的。

〔32〕 周询，1986, pp.131–144。

〔33〕 傅崇矩（1987, I: pp.140–156）这个数字指去警察学院培训计划的毕业生，不包括像周善培那样自己去日本学习

警察专科知识的学生。

〔34〕 留学归国的学生写给总督赵尔巽的几封请愿书，可在北京的第一历史档案馆，赵尔巽材料的493号文件中找到。

〔35〕 法国总领事Bons d'Anty的报道，可见Des Forges（1973, p47）。成都警察的制服很可能随着时间有变化，但是缺乏这方面的证据。在Little（1910, p165）上的一张照片，其图说是："中国华西地区的警官首次以欧式着装的形式出现。"照片上有两个头上戴着头巾、面露凶相的男子，上身穿的是中国式上衣，其袖口上绣有龙的图案，脚上穿的是布鞋，身挎马刀。全套装备既与《四川通省警察章程》第五章中对于制服的规定不相符合，也与傅崇矩1912年的《通俗画报》上对警官的描述不一样。我怀疑照片上的人物实际上是省里的巡防军，因为他们身上的装备与郭沫若（1929）对1911年看到的这些士兵的描述相符合。

〔36〕 《四川成都第三次商业劝工会调查表》，1908。

〔37〕 傅崇矩，1987, I: pp.114–116。

〔38〕 《四川警察个员功过表》

〔39〕 例如，周善培就警察局工作的冗长的报告在1906年年中，分成几期在《四川官报》上发表。另一次对警官的大规模的整顿工作就发生在周肇祥接管警察局之后不久。可见于1910年9月19日和20日《成都日报》上的报道。

〔40〕　《四川警察个员功过表》

〔41〕　锡良在成都警察局履职一段时间后，向朝廷报告说，警察学院第三期毕业生已经派往各县府去组建警察局了（《锡良遗稿》，1959, I: P566）。

〔42〕　路广钟的个人经历可在第一历史档案馆，内务部，档案号：286中找到，其中还有其他四川警官的档案。关于成都警官的职业模式更多的信息可见Stapleton（1993, appendix 3.）

〔43〕　《蜀报》，July 4, 1903。

〔44〕　《四川官报》，1910, no. 33。

〔45〕　《四川官报》，1906, no. 19.

〔46〕　《四川警察个员功过表》

〔47〕　《四川警务官报》，1911, no. 2。

〔48〕　《四川官报》，1908, no. 5。

〔49〕　《成都日报》，Oct. 2, 1909。

〔50〕　《四川警务官报》（1911, no.I）。也可见Grace Service's（1989, p57）对一件小事的报道，1910年，一个发怒的仆人在他们成都的家外袭击了她的丈夫，一伙人去叫街角的警察，他在执勤，于是这伙人便和那人扭打在一起，打了一会儿，那个仆人终于被制服了，警察这才走过来，把那人带走了。

〔51〕　关于这件小事的信件和文献存于第一历史档案馆，赵尔巽资料，文件号码：480。

〔52〕 郭沫若，1929, p18。

〔53〕 李劼人（1956, pp.317–342）在他的小说《暴风雨前》中对户外运动会事件有描写。

〔54〕 《四川警察个员功过表》

〔55〕 这条建议发表于《四川官报》（1908年, no.21）。警察局提交给北京的报告写得极为详细，只要有一点想要去实行它的想法，就不可能不提这份计划。

〔56〕 《宣统元年省城第一次调查户口一览表》（1909）

〔57〕 周善培（1957, p24）。乡约、地保和保正（保甲长）是官僚体制外的人的称谓，他们和官方协同合作，一起维持社会上和地方上的秩序。

〔58〕 见本书第六章对1911年后的成都街正的讨论。

〔59〕 《四川警务文牍汇编》

〔60〕 《四川警务官报》（1911, no.3）。这个时期警务专员被叫作“区正”，因为对于分局的专用指称在1910年时从局变成了区，以与中央政府发布的新规定相符合。

〔61〕 《成都日报》，Feb 4, 1910。

〔62〕 傅崇矩，1987, I: p43。

〔63〕 李劼人，1980, pt. I, pp.458–460。

〔64〕 例如《市民的自卫》这则故事，见李劼人（1947b）。

〔65〕 Vale, 1904, p126.

〔66〕 Davidson and Mason, 1905, p48.

〔67〕 李劼人，1956, p59。然而法国博士Legendre（1906,

P192）观察到，相比其他大多数的大城市，成都的居民非常平和。他认为警察除了抓一抓小毛贼外就没有什么事情可做了。

〔68〕 《华西布道新闻》5，no. II（Nov. 1903）: p77。

〔69〕 《成都日报》，Nov. 27, 1908。

〔70〕 《四川警察个员功过表》

〔71〕 《四川官报》，1906, no. 18。

〔72〕 《成都日报》（Dec 9~10, 1904）。嫌犯的姓名可在1904年12月13日的报纸上登载的一份追查报告中看到。

〔73〕 锡良关于这个案件所做的报告可见《辛亥革命前十年间民变档案史料》（1985, 2: pp.766−768）。他没有提到革命党的卷入，但是可参见 Zhou Kaiqing（1964, p29）以及 Wei Yingtao（1990, p552）。

〔74〕 1906年北京的一份报纸上关于在北京成立侦探队的报道也登载在了1906年11月11日的《四川官报》上。而成都的建立侦探小分队的消息在1909年12月15日的《成都日报》上发布。

〔75〕 苏子林为自己取名梧花树。梧花树是与可可、可乐树以及咖啡树同属一科的中国种属成员。根据肯塔基大学植物标本馆的Robert Paradey所说，梧花树开花有点像椴树的花，在日本将其作为一种行道的观赏树来栽培。这一种属的一个成员已经被用英文命名为："日本漆树"。

〔76〕 苏子林一案的公文可见《辛亥革命前十年间民变档案史

料》（1985, 2: pp.779–789）。1909年初被捕嫌犯的一些供词没有在上面公布，但可以在第一历史档案馆，赵尔巽资料，文件号：346中找到。

〔77〕 Chen Shaobo, 1962; Huang Suisheng, 1962; Xiong Kewu, 1962.

〔78〕 《辛亥革命前十年间民变档案史料》（1985, 2: pp.744–745）。也可见李劼人（1956, pp.223–272）对这件事的描写，在他的讲述中，该阴谋的发现，以及对其进行的镇压应归功于成都市长Wang Tan。

〔79〕 《成都日报》，1909年8月14日及9月22日。

〔80〕 同上，1904年12月20日。

〔81〕 同上，1910年1月10日

〔82〕 同上，1910年9月12日。

〔83〕 周善培（ca. 1908）在他的"就不轨行为指控的备忘录"中提到了这几个案件。在他发表于《四川官报》1906年N0.17上的每季警务报告中，引用了那个干涉司法案件的有功名者的案子。那个好管闲事的侄儿的案子在1906年8月5日的《成都日报》上有报道。周善培对于他抓赵尔丰轿夫一事，自己有记录，那是发生在赵当西藏边境专员时的事，见Qiao Shaoxin （1984）。有关昭觉寺的案件，见本书第四章。

〔84〕 Qiao Shaoxin, 1984, p72.

〔85〕 Stapleton, 1997.

〔86〕《成都日报》，1906年8月8日。

〔87〕《四川警察各员功过表》

〔88〕*West China Missionary News* 7, no. 12（Dec. 1905）: p258.

〔89〕《成都日报》，1906年8月11日。

〔90〕赵尔巽于1910年就高增爵防火一事向内务部递交了一份报告（见第一历史档案馆，赵尔巽资料，文件号：312）。

〔91〕*West China Missionary News* 9, no. 9（Sept. 1907）: p20.

〔92〕《蜀报》，July 14, 1903。

〔93〕*West China Missionary News* 7, no. 3（Mar. 1905）: p57–58.

〔94〕对于警察何时开始征收灯油税一事尚不十分清楚。首次见到提及此事是在1910年送至内务部的有关警察工作的文件。

〔95〕我在第五章对晚清时期的法律改革以及它对城市事务造成的影响的讨论中审视了警察的司法问题。

〔96〕郭沫若（1929, p65）。

〔97〕据周善培的儿子说，是陈毅在1949年之后与周善培见面时亲自将这个故事讲给了周善培本人听的（来自1992年9月在台北对Chou Ch'engch'ing的采访）。周善培被人叫作周秃子，人所共知。虽然关于这个绰号的原因说法不一。有些人说是因为他在日本时便剪掉了他的辫子；其他人则说是因为他的头发天生就稀少。

第四章

〔1〕 关于吉原区及其在明治时期的“堕落”见Seidensticker（1983, pp.167–175）。

〔2〕 引自Wang Luping ,Cheng Qi（1993, p9）。更多关于四川省1901年以前的改革社群见Wei Yingtao（1990, pp.308–324）。

〔3〕 王笛，1993, pp.568–581；傅崇矩，1987, I: p72。

〔4〕 晚清时期成都精英社群的紧密团结的特性，在周善培1957年写的1911年革命回忆录中表现得很明显。他说这个回忆录是一个他和张澜两人之间的合作项目。张澜是晚清时期和共和国时期四川杰出的活动家和政治人物。

〔5〕 Zhou Bangdao（1981）。在这些游学到比利时的四川学生当中就有韩素音的父亲，见韩素音1965年写的故事。

〔6〕 周善培（1957）。一个是杨维，他在1911年革命后重建了成都警察队伍（见第六章）。另一个是国民党员黄季陆的哥哥。

〔7〕 李劼人，1986a。

〔8〕 这些报纸的情况可见Wang Luping, Cheng Qi（1993, pp.4–7, pp.21–23）。关于晚清时期成都的报纸更多详情看第五章。

〔9〕 Gao Chengxiang, 1990, pp.483–484.

〔10〕 Li Xiaoti, 1992, pp.15–30.

〔11〕《华西布道新闻》4，no. 3（Mar. 1902）。

〔12〕李劼人，1956, pp.156–157。

〔13〕傅崇矩，1987, I: pp.199–200, pp.271–275。

〔14〕Wei Yingtao, 1991, pp.222–227.

〔15〕四川官报书局将这张名单送至北京的内务部，它保存在第一历史档案馆内务部资料的783号档案中。有关晚清教育改革的一般情况，见Bastid（1988）。

〔16〕Kemp, 1909, p169.

〔17〕Simkin, 1911.

〔18〕就像蒋介石和他的黄埔军校的毕业生一样，1904—1905年周善培在广东培训广东新军军官时也发展了一批志同道合的门徒。在他们之中就有蔡锷，蔡锷是1916年反对袁世凯革命运动的领袖（见Huang Suisheng, 1964）。

〔19〕周善培（1938b, pp.81–82）对此有讨论。对于李劼人在他的小说《大波》第一版（1980）中对这件事的叙述，周善培表示了不同意见，并给出了他自己的说法。

〔20〕Adshead（1984, p119）认为"代表王权的政府当其废除科举制度时无疑没有将成都纳入考虑中。然而，成都的精英阶层看来迅速地利用了城市服务制度的变化，蜂拥至新式学校和专业学院。据李劼人对他的求学生涯的回忆录中所说，在他读中学时，学校几乎全是成都的家庭的子弟。他们这所中学是附属于省立高等学校的。郭沫若的1929年的回忆录谈到他也在这同一所学校读书，不

过没有读完。这所学校也是附属于成都赞助和庇护之下的。

〔21〕 《蜀报》，1910，issues 2–4。

〔22〕 Adshead（1984, p119）认为成都精英界担心这条铁路的长江段会以他们的付出为重庆商人牟利。他自己的观点是："这条铁路……在它长长的线路上，不费吹灰之力就会让重庆成为长江上游的巴塞尔（莱茵河畔的瑞士城市—译者注），自流井变成苏黎世（瑞士城市—译者注），而成都只是它的伯尔尼（瑞士首都—译者注）。"虽然有些四川人坚决认为这条铁路应该先修从重庆到成都段，然后建宜昌（湖北）到重庆段，Adshead的论点也许低估了成都精英人士的灵活性，因为他们住在具有金融和政治优势的省城，又受过先进的教育，他们很可能也会像重庆的商人们一样从这条铁路获利。

〔23〕 Wei Yingtao, 1990, pp.349–370. 也见 Prazniak 1981。

〔24〕 奖券的发行开始于1905年，并在当地的报纸上广做宣传，也包括在傅崇矩的画报上，发表了一幅带说明文字的图画，画上一群人正在抽签。傅自己也开了一家奖券抽签站售卖彩票，但是这次冒险给他带来了一次金融上的灾难。据他的详细报道，负责发行奖券的官方代理商利用它全部为自己谋利（傅崇矩，1987, 2: pp.221–224）。

〔25〕 《成都日报》1906年8月17日和19日。

〔26〕 《四川警务文牍汇编》，宣统元年（1909—1910）第二册。

〔27〕 周善培，1938b, p81。也见 Chen Yan, 1977, P52。

〔28〕 Hutsonpp.1915, pp.25−26.

〔29〕 Kilborn, 1920, pp.44−45.

〔30〕 在四川其他地方的情况并不如此。据官方的报告（这些报告保存在第一历史档案馆赵尔巽资料卷内），进行人口普查的动机是为1909年全国进行地方议会的选举做准备。在许多乡村地区人口普查被谣传说是外国阴谋的一部分，目的是要征服四川。见309号文档。

〔31〕 Wyman , 1997. 也见 Esherick, 1987, chap. 3。

〔32〕 Wei Yingtao, 1990, p318.

〔33〕 Simkin, 1911, p6.

〔34〕 《四川官报》，XT 2, no. 9, 1910。

〔35〕 Vale, 1907, pt. I: pp.9−11. 这种罗马化已经发生了变化。

〔36〕 同上，pt. 2: P7−8。Legendre, 1906, p134, pp.189−190.

〔37〕 《锡良遗稿》，1959, I: p646。

〔38〕 傅崇矩，1987，2: p370。

〔39〕 《锡良遗稿》，1959, I: p646; Chen Daoxin, 1987, p12.

〔40〕 李劼人（1947a, p235）声称对贫民习艺所里的居民强迫实行的剪发式样被叫作“鞋底式”。Chen Yan （1977）也有描述。

〔41〕 Simkin（1911）周善培建立乐队的灵感也许是受到了Robert Hart's Customs Service band乐队的启发（见

Spence, 1980, p118）。

〔42〕《成都日报》1909年9月17日。

〔43〕傅崇矩，1987，I: p193。

〔44〕关于日本明治时期的警察监视情况，见Westney（1987, p94）。

〔45〕周善培，ca. 1908。

〔46〕《四川官报》，GX 33, no. 14, 1907。

〔47〕这也许只是一个坊间的传说，但它在周善培的通俗成都史里却出现了。在周自己的回忆录中，他谈到省里一些官员故意要为难他，建议他写一篇铭文贴在特许区入口处的警务站的门上。周声称他立刻便写了，用大号字体写上"觉我良民"几个字。（见Qiao Shaoxin ,1984, p72）

〔48〕Qiao Shuman, et al. ca. 1908.

〔49〕傅崇矩，1987，I: p194。

〔50〕《通俗画报》1912年8月7日。

〔51〕《宣统元年省城警区第一次调查户口一览表》（1909）

〔52〕《四川警务文牍汇编》宣统元年（1909）

〔53〕Cameron, 1931, p136.

〔54〕《四川官报》，光绪三十三年, no. 17及19（1907）。

〔55〕《四川警察各员功过表》

〔56〕Vale, 1905, p55.

〔57〕Qiao Shaoxin, 1984, p72.

〔58〕《清末筹备立宪档案史料》，1979, I: p51–52。

〔59〕关于成都旗营的统计小册子保存了下来。旗营于1906年就有了自己的警察队伍，其警员全由旗人充任。这些统计资料保存在第一历史档案馆，内务部资料312号档案中。至于成都其他警察分区的报告我还没有找到，但是有关它们的信息傅崇矩（1987）有所提及。

〔60〕《成都日报》1909年10月30日；第一历史档案馆，赵尔巽资料，档案号：322。

〔61〕《成都日报》1909年9月1日。

〔62〕基督教传教团体对于年轻男孩子在寄宿屋生活的影响很是关注，他们建立了一所基督教旅店，James Yen在里面住了好几年（Hayford, 1990, p17）。

〔63〕熊克武（1962及1980）。

〔64〕Vale, 1904, p86.

〔65〕《四川官报》，光绪三十二年，no. 19（1906）。

〔66〕Qi Ren, 1913.

〔67〕《华西布道新闻》9，no. I（Oct. 1907）: 1–2。

〔68〕《四川官报》光绪三十三年，no. 18（1907）；傅崇矩1987, I: pp.193–194。

〔69〕《成都日报》1909年10月3日。

〔70〕《四川官报》，宣统二年，no. 31（1910）。

〔71〕傅崇矩，1987, I: pp.561–563。

〔72〕李劼人，1986a。

〔73〕 在教育协会成员和总督之间来往的私人信件及条陈保存在第一历史档案馆赵尔巽资料中，480号档案。在这些文件中有一份他的幕僚周肇祥写给赵尔巽的备忘录（条陈），向他举荐高增爵，担任巡警道一职。

〔74〕 Wei Yingtao, 1991, pp.143–144.

〔75〕 *Chentu Notes,*《华西布道新闻》9, no. 6（June 1907）。第一任商务局局长曾与傅崇矩有一份合同，授权他监督人力车公司的建立。傅的《成都导览》指出是宋育仁于1898年最先将人力车介绍到成都的。在那一年宋的《蜀学报》登载了有关人力车对人民生计可能造成的影响的讨论文章。

〔76〕 《成都商报》，1910年5月。

〔77〕 Xie Fang, 1987, pp.177–180. 周善培宣布禁止商业场的商人对其特定的朋友降低自己商品的价格，这个布告可见于1909年9月20日的《成都日报》。成都第一家建立了电力照明系统的单位是1906年的造币厂（He Yimin, 1989, p606）。

〔78〕 《成都日报》，1906年8月17日，1909年8月9日，1909年10月30日。

〔79〕 《成都日报》，1909年8月12日。

〔80〕 类似报告可以在赵尔巽档案中找到，档案号：463。

〔81〕 戴德源，1990, pp.39–40。关于晚清时期戏剧改革的一般情况，见Li Xiaoti（1992, chap. 5）。

〔82〕 Wheatley, 1971.

〔83〕 《四川警务文牍汇编》，宣统元年（1909）, booklet no. 2。

〔84〕 Yang Bingde, 1993, p343.

〔85〕 《华西布道新闻》9, no. 5 （May 1907）: pp.1–5。

〔86〕 同上7, no. 2 （Feb. 1905）: p27。

〔87〕 Yang Bingde, 1993, p343.

〔88〕 傅崇矩，1987，I: p277。

〔89〕 Xie Fang, 1987, p179.

〔90〕 《成都日报》，1910年1月7日。

〔91〕 第一历史档案馆，内务部资料，档案号：323。

〔92〕 Liu Xianzhi, 1983. 汉军旗人都是汉人家庭出身，在1644年明朝灭亡之前就已经被收编进了满洲体系。

〔93〕 Yukun, 1980, p206.

〔94〕 《成都日报》，1909年9月20日。

〔95〕 1909年新建的县政府办公大楼就是其中一例。官方对土地所有者提出了“公平的价格”，并告知他们不要反对，因为这宗买卖是为了公众的利益（《成都日报》，1909年9月20日）。

〔96〕 Hosie, 1914, 2: p3.

〔97〕 四川省文史馆，1987。

第五章

〔1〕 Kemp, 1909, p161. 与此类似的评价可见Ross（1912, pp.303–304）。

〔2〕 Hutson, 1915, p25.

〔3〕 周善培，1938a, p87。

〔4〕 闵斗基，1989, pp.138–147。

〔5〕 关于梁启超的政治思想，见H. Chang（1971）；刊载在《时报》的文章，见Judge（1996）。《时报》许多社论都转载至《四川官报》上。例如光绪三十三年的第十四期（1907）上就刊载了一篇《时报》上论法律改革的社论。

〔6〕 《四川通省警察章程》（1903）。这个文件中的警察条例的英文概要介绍见Stapleton（1993, appendix 2.）。

〔7〕 《蜀报》1903年第一期。

〔8〕 Vale, 1904, p106.

〔9〕 《四川官报》，光绪三十三年，no. n（1907）。有关这些警察指令的英文翻译可见Stapleton（1993, appendix 6.）及 Chen Yan（1977），指令声称周善培的警察条令是晚清时期唯一引起成都广大人民关注的官方布告，因为它们简单直接，与那些其他官方的文笔花哨的布告完全不同。

〔10〕 中央政府对于新政改革的控制程度各有不同。对于新

建立的中央部委，见Cameron（1931）。关于晚清时期各省的警察管理机构的巨大变化，见Lai Shuqing（1989, pp.89–90.）。

〔11〕 Meijer, 1950, p33.

〔12〕 《清末筹备立宪档案史料》，1979, 2: p807。

〔13〕 《四川官报》，光绪三十四年，no. 32（1908）。关于商法见Kirby（1995）。

〔14〕 《四川官报》，宣统三年，no. 22（1911）。

〔15〕 警察法的正文可见Dai Hongying（1985, pp.15–27）。

〔16〕 对于成都警察法庭处理过的一些案件的陈述可见Stapleton（1993, pp.184–194）。

〔17〕 高增爵的报告注明日期为宣统二年三月二十五日（1910年5月4日），保存在第一历史档案馆内务部资料中，档案号为312。

〔18〕 第一历史档案馆，赵尔巽资料，档案号为306。

〔19〕 答复来自谘议局的指控的报告，无日期（ca. 1910）。第一历史档案馆，赵尔巽资料，档案号为343。

〔20〕 《四川警务文牍汇编》，宣统二年（1910–1911）第二期，小册子编号：2。

〔21〕 Wei Yingtao 1990, 357–63; Thompson 1995, chap. 3。

〔22〕 《四川警务文牍汇编》，宣统二年（1910–1911）第二期，小册子编号：2。

〔23〕 《成都日报》，1909年10月15日。赵的讲话也可见于

Wei Yingtao and Zhao Qing（1981, I: pp.2–7）。

〔24〕 Wei Yingtao and Zhao Qing, 1981, I: pp.9–12.

〔25〕 同上，I: pp.15–110。关于谘议局工作更为详细的讨论见Wei Yingtao（1991, pp.355–367）。

〔26〕 Stapleton, 1997.

〔27〕 Wei Yingtao and Zhao Qing, 1981, I: pp.29–37, pp.60–64.

〔28〕 《成都日报》，1910年9月15日。议事会的章程公布在谘议局的公报《蜀报》（1910）第一期上。

〔29〕 《成都日报》，1910年8月22日和9月12日。

〔30〕 出处同上，1910年9月10日。

〔31〕 《四川省各县地方自治事业与经济状况分期报告》（1917）。

〔32〕 《四川官报》，1911年10月31日。因为同志军也正好是在那天紧锣密鼓地起事，赵尔丰之所以同意考虑议事会的建议也许是因为他似乎在成都还有许多议而未决的事情未处理。

〔33〕 《四川官报》，光绪三十四年，no. 21（1908）。

〔34〕 汤若杰（1995, pp.131—133）用术语解释了乡村领导者感受到了城市精英对他们的轻视，从而也就说明了议事会所处的位置。议事会对谘议局提出的建议可见于《蜀报》第七期，也可以在清内务部的档案里找到，汤若杰就是在那里找到的。内务部对建议的答复，说是此事在适当时机将予以考虑，也可在《四川官报》1911年4月

29日中找到。

〔35〕 Wei Yingtao, 1990, pp.368–370.

〔36〕 张朋园，1968, pp.160–75。邓孝可1911年的活动可见Adshead（1984）与Hedtke（1968）。《蜀报》在1910到1911年，在停刊前发行了12期。

〔37〕 对于这些报纸的情况说明见Judge（1996, chap. I.）。

〔38〕 Wei Yingtao , Zhao Qing ,1981,I: p191.

〔39〕 《蜀报》对这些指控的报道可见Wei Yingtao , Zhao Qing,（1981, I: pp.154–158）。

〔40〕 第一历史档案馆，赵尔巽资料，档案号：343。

〔41〕 有关周肇祥的从中央集权制到向省警察改革的过渡以及他对“劣绅”的不信任的讨论见Stapleton（1997）。

〔42〕 《蜀报》1911年第八期。

〔43〕 周肇祥请求批准他调动到满洲的回忆录存于第一历史档案馆，赵尔巽资料中，档案号：289。（王人文，1911）。

〔44〕 这期报纸由于涉及新成立的议会，因此汤若杰（1995）对之进行了仔细的查看。Joan Judge（1996）分析了新政时期报纸对国家政治所起的作用。

〔45〕 S. C. Yang, 1933/1934, pp.64–65.

〔46〕 第一历史档案馆，赵尔巽资料，档案号为324。

〔47〕 郭沫若，1929。

〔48〕 周善培，1957。

〔49〕 对于保路运动的描述和分析可见于Adshead（1984）、Hedtke（1968）以及Wei Yingtao（1990）。与该运动相关的文件以及参与者和见证者的回忆录收录于Dai Zhili（1959）、Zhou Kaiqing（1964）、Wei Yingtao及Zhao Qing（1981），以及国史馆史料处（1981）。至于绅士们对全省自治感兴趣的激动人心的讨论见Ichiko（1968）和Fincher（1968）。

〔50〕 Wei Yingtao, 1990, p618；周善培，1957；郭沫若，1929。

〔51〕 对成都的保路运动每天发生的事件的详述可见Wei Yingtao（1990, chap. 9）、S.C. Yang（1933/1934）；"Szchwan事件"则可见于《华西布道新闻》（14, no. I–2, Jan, –Feb, 1912, pp.11–17）。郭沫若（1929）对此有更加详细和绘声绘色的描述；李劼人的小说《大波》中也有描述。李在20世纪30年代以他自己对事件的回忆为基础以及在那个时代相对比较容易收集得到的文献，写成了此书。周善培为《大波》第一版写的评论文章可见Zhou（1938b）。二十年以后，李劼人由于周善培的一些不同意见对小说进行了修改。修改版的第四卷还未完成，李劼人便于1962年去世了。但是这个未完成的，经过修改的小说版本收进了《李劼人全集》，并于1980年代出版。

〔52〕 关于这支队伍的行进见Wei Yingtao（1990, pp.608–609）

和郭沫若（1929）。

〔53〕 Jin Huihai, 1988, p160.

〔54〕 关于这份报纸见Wang Luping与Cheng Qi（1993, pp.28–30）。这份报上的许多摘录文章收在Wei Yingtao与Zhao Qing（1981）的第一卷中。妇女组织成立的布告见于该书（pp. 240–242）。穆斯林的分会，甚至还有一支旗人的分会组织都在Yang Kaijia同一本回忆录中有描述（p 385）。也可见 Wei Yingtao（1990, pp.612–620）。

〔55〕 Wei Yingtao, 1990, pp.624–625.

〔56〕 李劼人在他的小说《大波》（1980, pt. I, chap. 10）中对罢工时期成都的生活有详细的描写，还包括对场面的具体描绘：一群人围住轿夫们高声呼喊，迫使他们加入到罢工中来（一个警察干预进来，让轿夫们继续赶路）。

〔57〕 郭沫若，1929。也可见李劼人（1980, pp.380–383）；S. C. Yang（1933/1934）, p71。

〔58〕 Wei Yingtao,Zhao Qing, 1981, pp.365–375.

〔59〕 周善培，1957，pp.24–25。

〔60〕 救援机构和特定的治安巡逻的组织公告在1911年的整个夏末和秋季都公布在各期的《成都日报》和《四川官报》上。

〔61〕 有几幅这类漫画的复制品在傅崇矩的《通俗画报》登载了出来，可见S. C. Yang（1933/1934）。

〔62〕 Wei Yingtao, 1990, pp.64–50；郭沫若，1929。

〔63〕 李劼人，1980, pp.559–562。周善培，1957，p38。

〔64〕 Wei Yingtao 1990, pp.650–663.

〔65〕 同上，pp.699–700。

〔66〕 同上，pp.706–709。对于赵尔丰的辞职，周善培起到了一定的作用。对于这次谈判协商的详细报道可见于Zhou 1938a。这段时期成都街上到处旗帜飘扬，可见于李劼人（1980, p1458）。

〔67〕 Liu Xianzhi, 1983, pp.37–38.

〔68〕 李劼人，1980，pp.462–463；郭沫若，1929；《吴虞日记》I: pp.22–23。

〔69〕 S. C. Yang, 1933/1934, pp.82–83.

〔70〕 S. C. Yang, 1933/1934；郭沫若，1929；周善培，1938a, p108。

〔71〕 Liu Xianzhi, 1983, p38.

〔72〕 赵尔丰的一位死党从东大街的一家商铺里朝尹开了一枪，但是却打中了尹的随从。据说尹后来为了奖励这位死党的勇敢，还聘用了他为幕僚，见郭沫若（1929）。

第六章

〔1〕 Adshead, 1984, p103; 李劼人，1980, pp.482–86；《吴虞日记》1984，I: pp.12–19。

〔2〕 Wei Yingtao, 1990, p74.

〔3〕 Stapleton（1993, p315）。Adshead（1984, pp.110–111）引用重庆海关资料，报告说，革命萌芽时期大量的山西钱庄关闭，来自其他各省的商业投资锐减。

〔4〕 关于中国“军阀时期”的源起见McCord（1993）。Kapp（1973）评述了四川军阀政治。

〔5〕 Strand（1989, esp. chap. 9）对于军国主义对北京造成的冲击有十分精彩的陈述。或许因为长久以来作为中国国都，北京免除了1916—1937年间在成都数次发生的街战给人民带来的恐怖。

〔6〕 例如，关于1920年在成都对被打败的滇军的处理问题见Hewlett（1943, pp.125–128）。

〔7〕 这种说法还难于找到文献资料来佐证，但是我想只要看一看成都对于失去其政治和经济的中心地位，作出的情绪性的回应便可知道了。这一点我们可以从吴虞的日记中看到。在日记中他会带着一种优越感偶尔提到守财奴一般的重庆。

〔8〕 至于重庆上升到省内突出地位的问题，见Mcisaac（1994）。

〔9〕 Jin Huihai, 1987, pp.98–99.

〔10〕 郭沫若，1929。

〔11〕 Jin Huihai, 1987, p99.

〔12〕 S. C. Yang, 1933/1934;Wu Guangjun, 1985, p71.

〔13〕 郭沫若（1929）。杨维曾经企图惩戒他的上司尹昌衡。

尹喜纵酒，和演员调情。对此郭沫若有所描述。

〔14〕《通俗画报》，1912年8月30日。

〔15〕Wei Yingtao 1990, pp.749–751.

〔16〕Jin Huihai（1987）。杨维在北京给胡景伊发了一份电报，感谢他为自己的释放作担保。这份电报登载于由胡创办的第一期《四川政报（1913年11月20日）。这也许可以表明，胡试图将自己和那些杨维的攻击者隔离开来，并且要为杨维在成都的声誉做无可怀疑的证明。

〔17〕Jin Huihai, 1987.

〔18〕关于1917年的战争，见《四川军阀史料》（1981–1988, I: pp.103–151）；《吴虞日记》（1984, I: pp.301–306, 323–334）；Hewlett（1943, pp.94–110）；追溯省内政治的起伏，可见Zhou Kaiqing（1974）以及Kapp（1973）。

〔19〕Kapp, 1973, p10.

〔20〕Jin Huihai, 1987.

〔21〕《国民公报》，1918年4月28日和5月7日。

〔22〕张群曾试图重整警察形象，他在1919年秋季做出决定，要购买1400套新的冬季制服（《国民公报》，1919年11月9日）。

〔23〕Xiong Zhuoyun（1965, p106）. 有关成都市1916—1937年的人口资料不足，但是官方的《成都市市政年鉴》1928年给出了1924年的数字为40万稍微多一点。这就意味着

1911年到1920年代中期，人口增加了20%左右。

〔24〕《四川省内务统计报告书》，1920。

〔25〕Pang Xiaoyi, Dai Wending, 1988, pp.49-52.

〔26〕《四川都督府政报》，1912年8月25日。

〔27〕《四川政报》，1914年1月20日。

〔28〕Wei Yingtao, 1990, p805;《四川军阀史料》, 1981-1988, I: P140。

〔29〕《民事日报》，1922年6月21日。关于军阀部队雇佣的士兵，其出身背景、训练和行为的情况见Lary（1985）。

〔30〕《四川省各县地方自治事业与经济状况分期报告》，1917。成都县报告。

〔31〕Kapp（1973, chap. 3），关于军阀时期四川的经济见Gunde（1976），Myers（1967），以及《1981—1988四川军阀事略合集》各卷。

〔32〕成都的许多报纸在不同时期被不同的军阀关停。李劼人在一次此类事件中曾被捕，见Su Facheng（1985）。有关四川军阀和新闻报界的普遍关系见Xiang Chunwu（1988）。

〔33〕要求警察强制执行的，一整套关于纸币和铜币兑换的相当复杂的规定，其中一个实例，可见于1913年11月20日的《四川政报》。

〔34〕Gan Diankui, 1983.

〔35〕 Shao Ying ,1986, pp.55–59.

〔36〕 《国民公报》，1919年12月。

〔37〕 关于成都商会及商界在1919至1937年间，可以找到的资料很少。然而，可以参看下一章中关于俞凤岗和军阀杨森之间关系的讨论。我对成都商界的了解得益于与Jiang Mengbi先生之间的通信与讨论。Jiang先生是尚未出版的成都商业史年表的编辑者。该年表是成都政治协商委员会（政协）的项目。

〔38〕 李劼人，1986b. p112。

〔39〕 《华西布道新闻》，28，no.3, Mar. 1926, p16。

〔40〕 “成都商业场”，1991, p23。

〔41〕 关于重庆的金融和贸易，见《刘航琛先生访问纪录》,1990, chaps. 3, p15。

〔42〕 Zhou Kaiqing, 1974, p23.

〔43〕 由于新政建设实施的结果，导致成都有些地段的真实地价迅速上涨。人们急切地抓住这个机会购买地产，反儒教的学者吴虞就是其中的一个。有关这类地产买卖的谈判的细节，其详细的描述可见《吴虞日记》（1984, I: pp.26–34.）。

〔44〕 Yang Bingde, 1993, pp.344–348.

〔45〕 李劼人，1968b，p100。

〔46〕 四川省文史馆1987，p421。

〔47〕 Beech（1933）. 有关中国的教会建筑的历史见Cody

（1996）。

〔48〕 J. Ch'en, 1979, I26n.

〔49〕 街道民兵时常在《国民公报》和吴虞的日记中被提及。后者可见《吴虞日记》（1984, I: 74; 2: p292.）。关于街道民兵在20世纪20年代中期的小故事，见李劼人（1947b）。

〔50〕 对哥老会的学术性研究进行查询，可见Stapleton（1996）。

〔51〕 总督丁葆桢在19世纪70年代发起的反哥老会运动中发布的公告可见Hou Shaoxuan 及 Yan Qiu（1981）。

〔52〕 Wyman（1993, p99）. 有关这一点，也可见Wyman（1997）。

〔53〕 Zhong Maoxuan, 1984, chap. I.

〔54〕 在郭沫若儿时住过的沙湾村情况也正是如此。但是据郭沫若所说（1929），沙湾明显地分为两派："四川本地人"以及相对近期的外来移民户。在许多城镇和乡村很可能都有两个或两个以上的哥老会组织。

〔55〕 王笛，1993, p548。

〔56〕 周询，1987, p18。

〔57〕 李劼人，1947a, pp.8–9。

〔58〕 Li Mingxin, 1981, pp.57–59.

〔59〕 李劼人的小说《死水微澜》中的一个主要人物，他是成都北边一个小镇上的哥老会的活动家。他说过一个故

事，说是一个成都哥老会的首领，如何诱使一名狱卒帮助，将杀人犯放跑的事（pp.74–79）。在李劼人写《好人家》（1924）到他写《死水微澜》这一段时期内，他得知了大量关于哥老会的情况。他的四岁的儿子在1931年遭到了哥老会头目们的绑架，直到他付了一笔可观的赎金，并且同意让没有子嗣的一位首领认他的儿子为干儿子之后才获得释放。李的女儿回忆说，这个人时常来他们家，告诉了他们许多关于哥老会的事情（李眉，1990, pp.19–20）。

〔60〕 Zhao Qing, 1990, chaps. pp.6–8.

〔61〕 Shi Tiyuan, 1981, p49.

〔62〕 Stapleton, 1996.

〔63〕 陈祖武，n.d.，p73。

〔64〕 S. C. Yang（1933–1934, p84）. 这一段的最后一句，“现在都已为人们所熟知”，进一步证实了哥老会在1911年之前在成都的社会生活中具有影响。

〔65〕 秦楠，《蜀辛》。引用于 Zhao Qing（1990, p62）。

〔66〕 Zhao Qing（1990, pp.67–68）. 在这一段插曲期间产生的文献可见Dai Zhili（1959, pp.525–531.）。

〔67〕 Stapleton, 1996, p38.

〔68〕 李劼人，1947a，p10。

〔69〕 Hutson, 1921.

〔70〕 Stapleton, 1996, p29.

〔71〕 Shao Yun, 1988, p62. 各分会以及它们各自的首领的名字在这篇文章中可以找到。

〔72〕 Skinner, 1964–1965.

〔73〕 Shao Yun, 1988, p62.

〔74〕 Tang Shaowu, et al. 1989.

〔75〕 这个判断的提出是建立在大量阅读《成都日报》（1904—1911）、《国民公报》（1912—1937）以及《民事日报》（1921—1929）的基础上的。

〔76〕 地方报纸例如像《国民公报》和《民事日报》在20世纪20年代经常报道街道民兵组织的团练活动。1927年12月20日的《民事日报》上登载了一篇相对来说详细的报道。指出在当时，街道民兵的首领至少从一个省民兵事务局获得过对他们的任命，该事务局还对他们实行了某些监督。《民事日报》那年发起了一个编辑人的运动，力图劝说当局不要让团练向他们街区的居民征收费用以购买枪支和其他装备。该报纸还将民兵首领侮辱性地称之为“团阀”——民兵的首领——这是从“军阀”一词转借过来的戏称。见《民事日报》，1927年12月22日。

〔77〕 Zheng Ping（1992, p24）没有给出文件的日期，但是保存在省档案馆里的社会事务局的文件标出的日期是：20世纪三、四十年代，在该档案馆里要找的绝大多数资料都是在1935—1949年期间的。

〔78〕 共和国时期对于哥老会的研究，绝少提到在这些袍哥们

之间的争执。例如，可见Zhao Qing（1990）。但是这显然是一个有待去仔细研究的课题。

〔79〕 对于哥老会1911年之后在成都警察中所起的作用，见Xiong Zhuoyun （1965），Pang Xiaoyi 、Dai Wending（1988）。

〔80〕 Pang Xiaoyi and Dai Wending, 1988, pp.49–52.

〔81〕 Xiong Zhuoyun, 1984.

〔82〕 Zhao Qing（1990）和Treudley（1971）对哥老会的财政金融和活动进行了讨论，但是这些讨论以及其他可获得的对于哥老会进行的研究，没有任何一个提供了这些方面更多的细节。Zhong Maoxuan（1984）对刘师亮的生平的报道，表明成都商人都是这些分会的活跃的成员，见 esp. chap. 5.。

〔83〕 最早将成都哥老会的经济力量与上海的青帮相比较的见Stapleton （1996）。1911—1937年，在丝绸织工和其他工人之间也间歇地有罢工事件发生，但是成都的劳工史还没有得到广泛的探索。有关北京人力车夫的详细而引人入胜的政治活动史可见Strand（1989）。

〔84〕 《刘航琛先生访问纪录》，1990, pp.133–140。

〔85〕 Xiong Zhuoyun, 1965; Zhong Qiming, 1990.

〔86〕 关于阶级问题以及它们和城市文化之间的关系的有趣讨论，还有从历史方面以及跨文化方面对于卖淫嫖娼进行的研究，可见于 Taylor （1991, pt. IV.）和 Hershatter

（1997）。

〔87〕 1920年代的成都在小说中得到了展现，它们来自新文化运动的活动家的作品，例如巴金的《家》以及茅盾的《虹》。关于刘师亮，见Stapleton（1995）。

〔88〕 这个名声大半是由于舒新城案件的公开化所造成的后果见Stapleton（1998），但也与吴虞的作品和我们在注释87中所提到的巴金和茅盾的小说有些关系。

〔89〕 关于这一点另有一例说明。胡适的一位朋友任鸿隽，他是四川人，1920年代初，他打算回到四川创业，但是却又被迫返回上海。部分原因是他的太太陈衡哲说话口无遮拦，惹得重庆和成都的地方权贵不高兴。陈衡哲公开批评四川落后，说是由于一些人的煽动，造成了四川“野蛮的内战”，导致了四川的落后。她将这些人称之为“豪强”。见《胡适来往书信选》（1983, I: pp.147–166）。

〔90〕 《国民公报》，1912年4月22日。

〔91〕 《吴虞日记》，1984，I：p66。

〔92〕 吴虞在1910年担任《蜀报》编辑时公开了这个案件，他和他父亲在1910—1912年向许多省级权威机构，包括同志军的首领，提出过呼吁，要求审理这桩案件。吴虞的父亲死于1912年，这桩案子虽然已经有效判定，但是并没有解决吴虞的合法地位的问题，这件事在成都仍然是一个敏感的话题。如要听取辩论双方的意见可见《吴虞

日记》（1984）和陶亮生。李劼人在《大波》中对这个案件的态度很具有外交手腕，所用辞令表达了李劼人独有的风格；但是和李的同时代人陶亮生所做的报道比起来，他对吴虞表示了更多的同情。李劼人是吴虞的朋友和同事，而陶亮生是徐子休的学生（也是韩素音的姻亲如姨父或姑父之类的）。

〔93〕　《吴虞日记》，1984。

〔94〕　吴玉章（1985）。吴玉章20世纪20年代至30年代在重庆是一个很有影响力的共产主义的劳工运动的组织者。1949年之后，他成为北京的人民大学的第一任校长。

〔95〕　Kapp, 1973.

〔96〕　Stapleton, 1996.

〔97〕　Kapp（1973，pp.11–12）将这些人叫作“共和时期的第一代军阀”。而像刘湘和杨森这类1920年代的风云人物，Kapp认为他们将精力集中于省内的事务而不是国家的事务上，被称作第二代军阀。尹昌衡就是第一代军阀中知名的一位，他们后来都转向信佛，并对成都的寺庙进行了赞助。

〔98〕　《吴虞日记》，1984, vol I。

〔99〕　郭沫若，1929。

〔100〕　“五四事件”于1919年发生在北京，《凡尔赛和约》决定将德国在中国领土的利益转让给日本，由此爆发了抗议。1925年的“五卅事件”，警察在外国人管理的国际

租界向示威群众开枪。群众示威是因为该城市的工人在一家日资工厂受到了虐待。1926年9月5日，一艘英国炮舰炮轰四川万县。原因是警察在万县设立了总部，阻止外国舰船离港。因为它们的姐妹舰被指控掀翻了本地的船只。这三个事件在全中国的一些城市里激起了反对外国的示威活动。

〔101〕舒新城，1934, p157–158。

〔102〕《吴虞日记》，1984, I:p24。

〔103〕舒新城，1934, pp.157–158。

〔104〕更多关于五老七贤的慈善活动可见第七章。

〔105〕徐子休做为传统教育的一个象征，使得他成为成都市文化激进分子攻击的主要目标。这些文化激进分子，例如吴虞，在日记中写满了对于“伪君子”徐子休的激烈评论。吴虞不喜欢徐子休还有其个人的理由，因为徐曾经是发起指责吴虞对其父亲“不孝”的运动的领头者。然而，尽管吴虞反对新儒学，他和成都其他的新文化运动的拥护者却对某些五老七贤还是表示了相当的尊敬。其中之一刘豫波是吴虞的近亲，他曾经尽力在吴虞和其父亲之间进行调解，而吴虞的父亲，许多成都精英人士私下里都认为他精神有点错乱，是一个没有责任感的人。有关五老七贤的原始资料大部分来自陶亮生的手稿，一些零散的信息在涉及共和时期成都社会的一些著作中可以找到。对于他们的详细的，但却是半虚构的报道可见

Zhong Maoxuan（1984）。

〔106〕 Hewlett, 1943, p96.

〔107〕 标准石油公司的代理人于1918年被逮捕，在牢里关了好几天，在美国驻重庆领事的要求下，经过总领事Hewlett的协商谈判，才将其释放（Hewlett 1943, pp.118–120）。在成都的日本人的一般情况见Hewlett（1943, p138），有关1936年“四川大酒店事件”，有两名日本记者被杀，更多的细节见 Coble（1991, pp.316–319）。

〔108〕 《华西布道新闻》，nos. pp.8–9, Aug.–Sept. 1925, p.32。

〔109〕 《华西布道新闻》，1926。

〔110〕 关于成都的军阀和外国人之间的关系见Hewlett（1943），Bodard（1975），Service（1989 ,esp. chap. 28）和《华西布道新闻》（28, no. 12, Dec. 1926, pp.11–15.）。Hewlett 在描述他在1917年的战斗中是如何在滇军和四川部队之间进行调停时，完全将自己置于这次行动的中心位置。他解释说所有云南的官方当权者是怎样向他“推心置腹”，只求一个情绪的释放，又是如何在解决战争争端问题上，听取他的劝告的（pp.94–109）。

〔111〕 Hewlett, 1943, 91, pp.122–123, 136–138.

〔112〕 Kapp, 1973; Hewlett, 1943.

〔113〕 Grace Service在她的回忆录中叙述了成都基督教青年会的早期历史，她是其创建者之一的夫人，见Service（1989）。

〔114〕 郭沫若，1929。

〔115〕 华西协合大学1926年的麻烦可以从那年的《国民公报》的每一期上跟踪到事态的发展过程，也可参见《华西布道新闻》（28, no. 12, Dec. 1926, pp.11–15）。舒新城（1934, P165–168）讨论了公众进入该校校园的问题。

〔116〕 《国民公报》，1918年4月9日。

〔117〕 《华西布道新闻》，22, no. 8, Aug. 1920, p39。

〔118〕 《吴虞日记》，1984, 1:p83, 88。

〔119〕 同上，I:pp.162–164。

〔120〕 同上，I:p246。吴虞在1917年内战时转向传教团体寻求帮助，请求他们帮助将钱安全送到上海。（同上，I:p280）

〔121〕 关于这个问题，见Stapleton（1998）。

第七章

〔1〕 民国时期四川复杂的军事史年表见Zhou Kaiqing（1972—1974）和Kapp（1973）。

〔2〕 一份关于杨森到达成都的戏剧性的报道见“省城闭门五日记”（《国民公报》，1924年2月12日）。

〔3〕 有些这样的团体出版期刊。例如《新四川》，由中国国民党四川旅京同志会宣传部在南京出版。这份刊物对于当时四川所有掌权者的残忍暴行和背叛行为有详

细报道。

〔4〕 《吴虞日记》，1984, 2: p232。

〔5〕 范朴斋，1985, p486。

〔6〕 《国民公报》，1924年5月3日。

〔7〕 陶亮生，日期不详。

〔8〕 其传记详情可见马宣伟、肖波（1989）和“杨森先生访问记录”（1963）。

〔9〕 《国民公报》，1920年1月1日和2月28日。随后每一年的花卉展览会的报道，一般都包括省级领导在会上的讲话，对每一次花会的重要性的评论。

〔10〕 舒新城，1934, p223。

〔11〕 《国民公报》，1924年4月14日，5月2日，9月16日；《华西布道新闻》26, no. 9, Oct. 1924, pp.31–32。关于晏阳初和他的识字运动，见 Hayford（1990）。

〔12〕 Gu Yuanzhong, 1989.

〔13〕 Han Lei, 1985, p32.

〔14〕 马宣伟、肖波，1989, p41。

〔15〕 正如在第五章中所指出的，晚清时的谘议局曾提出建议，建立一个名为通俗教育舍的机构。由此看来很明显的是卢作孚的机构在成都已有先例。然而，据我所知，这个教育舍从未存在过。

〔16〕 Lu Guoji, 1984, pp.47–52.

〔17〕 舒新城，1934, p174。

〔18〕 关于精英阶层在民国时期对待民间宗教的态度，见Duara（1991）。在成都像卢作孚和杨森一样轻视和打击“迷信”的人，相对来说比较少，这或许是由于哥老会组织的力量的缘故。

〔19〕 《华西布道新闻》27，no. 6, June 1925, p36。

〔20〕 “杨森先生访问记录”1963年访谈8号。1916—1922年美国驻成都的总领事梅里克·休利特（Meyrick Hewlett）声称那块由杨森放入博物馆的石碑是赝品。休利特本人也许曾经对杨森那个圈子里的人提到过自己的想法，想要展示那块石碑。休利特（1943, pp.116−118）指出，在他的记忆里1918年时他曾试图说服杨森前任中的一位将那块真石碑送给他，这样他便能够将之赠送给大英博物馆。

〔21〕 《民视日报》，1924年10月17日。

〔22〕 舒新城，1934, pp.169−173, 219−221。

〔23〕 《国民公报》和《民视日报》都曾大量报道过1924年4月和5月发起的筑路运动的计划。

〔24〕 Jiang Mengbi, 1991.

〔25〕 吴虞在北京时，从一个朋友的来信中得知了成都新近引进了人力车一事。见《吴虞日记》（1984, 2: p232）。

〔26〕 Xian Ning, 1980, pp.5−6.

〔27〕 《国民公报》，1924年4月15日和16日。

〔28〕 Luo Cairong, 1979, p436.

〔29〕《杨森先生访问记录》1963年，访谈6号。

〔30〕马宣伟、肖波（1989, p41）。在这一页可以找到关于“杨森说”的公告名单，也可见杨森（1979, p107）。

〔31〕舒新城，1934, p220。

〔32〕《杨森先生访问记录》1963，访谈8号。

〔33〕Luo Cairong, 1979, p439.

〔34〕对这个机构及其活动的描述可见M.Shi（1993）。

〔35〕Tsin, 1999.

〔36〕Lu Danlin, "Xu"（Preface）, in Lu Danlin 1928.

〔37〕就在杨森到达成都之前，记录成都新风格的城市管理者的成就摘要公布于1923年11月18日的《国民公报》。市政公所的工作在1922年7月9日的《民视日报》的一篇文章里也有所描述。

〔38〕《民视日报》，1922年7月19日。

〔39〕对于1910年代晚期和1920年代的早期，老一辈的保守的精英人士来说，张謇的南通是城市管理的一个重要的模式，可见Koll（1997）以及 Q .Shao（1994）。

〔40〕在民国时期的中国，这些职业的建立受到美国工程师和设计师的影响，见Cody（1996）。

〔41〕《国民公报》，1924年3月1日。

〔42〕Lu Danlin，1928及1930。

〔43〕Breasted（1935）. 这个表述在一位美国观察者于1930年对于中国城市发生的变化做出的评论中得到了回应：

“宽阔的街道取代了狭窄、发出臭味的、曲折的小巷……我们文明中一切机械化的新发明都被接受了过去，并使其运作起来……中国人有能力，能够作为一个现代的共同体，成功地行动起来。”（Frank B. Lenz, *Take a Look at China*, in Brooklyn Central [New York: YMCA, n.d.], cited in Garrett 1974, p213）

〔44〕 Agrest, 1996, pp.58–59.

〔45〕 Q Shao, 1994, pp.161–162.

〔46〕 同上，pp.55–62。

〔47〕 关于吴山，见《城市管理全书》的主编 Lu Danlin（1967）写的简短传记。根据传记的陈述，吴山是在民国早期在日本受过法律和管理学的教育，后来在广州加入了孙中山。虽然他在工程技术或是公共工程方面没有专业知识，1921年时，还是被王正廷征召取代外国人来负责筑路协会的领导工作，王正廷是中国筑路协会的奠基者和基督教青年会中国分会的领导人。1928—1929年，他监督了在河南以及西北地区的修路工程。在修建一条穿越函谷关的公路时，因为破坏了一些历史建筑，他受到了批评。

〔48〕 董修甲（1927, pp.1–4）。对于中国人在这个时期关于城市的一系列观念进行的调查和分析，这个分析突出呈现了对抗性的观念，可见 Mann（1984, pp.86–107）。

〔49〕 我对陈维新生平的了解是建立在《国民公报》登载的他

的讲话以及1991年Ren Zili在成都对他的访谈的基础上。Ren Zili是基督教青年会成都分会的前领导人。

〔50〕　《国民公报》，1924年4月2日—10日。

〔51〕　《国民公报》，1924年5月25日。

〔52〕　Garrett, 1974, pp.231–232.

〔53〕　Ma Yanhu, 1989.

〔54〕　杨森对干净生活的强调也是有选择性的。成都居民的鸦片瘾大约给他增加了大量收入，在他的公开演讲中就并未提及。这也许还应归结于他的对哥老会头领的依靠，依赖他们来维持成都市内的秩序。

〔55〕　《工作的妇女》，登载在《华西布道新闻》（27,no. 5, May 1925, pp.7–13）。

〔56〕　《国民公报》，1924年3月3日。

〔57〕　成都市政府年鉴从1928年（民国时期唯一出版的一本）起都将五四运动作为激发许多爱国示威的动因，但是它却又指出真正要使国家的国力增强，唯一的出路只有普及文化，使人民大众都成为公民（《成都市政年鉴》1928, p357）。

〔58〕　《杨森先生访问记录》，1963年，访问2号。

〔59〕　《国民公报》，1924年2月14日。

〔60〕　马宣伟、肖波（1989，p35）引用了胡兰畦的例子。胡兰畦是一名来自泸州的有左倾思想的教师。杨森的四太太被派去邀请她嫁到这个家里来时，她回答说，哥老

会著名首领的女儿是不能嫁与人为妾的。在茅盾的小说《虹》里，那个出了名的淫乱的军阀显然是以泸州时期的杨森为原型的。这本小说的中心人物梅也许有点像胡兰畦，但是梅却是一个成都人。她的个性似乎从琴和觉慧身上借用了许多特点。觉慧和琴分别是巴金的小说《家》里青年精英男女主角。

〔61〕 舒新城（1934, pp.149–153）。李劼人在法国学习的文学，像孙少荆一样，于1924年回到成都。然而，和孙少荆不一样的是，他置身于一切城市管理工作之外，直到1950年代他才担任了成都市副市长一职。1920年代晚期，他为报纸当编辑，帮助建立了一所位于成都市南的造纸厂。1930年代他在卢作孚的企业里工作。

〔62〕 关于大成会，见《大成会丛录》。

〔63〕 同上，3号（1923年7月）。

〔64〕 Wang Liankui（1979, p441）. 也见马宣伟与肖波（1989, pp.38–39）。

〔65〕 Jiang Mengbi, 1991.

〔66〕 Franck（1925, p547）. Franck在成都住了一个月，曾与杨森有数面之缘。

〔67〕 四川的工业仍然主要还是小规模的。支撑四川军队的资金来源主要来自土地税，土地税经常超前几年征收；产自自流井地区的盐税，贩卖鸦片烟的收入，以及对长江航运和重庆商业的控制所收取的费用。见Kapp（1973, pp.40–43）及Zhou Kaiqing（1972b）。

〔68〕 Jiang Mengbi, 1991; Stapleton,1998 .

〔69〕 Tang Juecong,1991.

〔70〕 这封信是来自Ye Maoru，见《民视日报》，1927年3月17日。叶建议成立一个委员会之类的机构，由20或30个代表组成，每2—3个行业选出一个代表。他推举孙中山来做这个建议的提议者。

〔71〕 Jiang Mengbi（1991, 6）. 基督教青年会也放弃了它的一部分产业，但是后来得到了赔偿。

〔72〕 成都的这类活动是巴金的自传体式小说《家》的聚焦点。

〔73〕 《成都市市政年鉴》（1928）。

〔74〕 《中国式的礼仪》，《华西布道新闻》，28, no. 3, Mar. 1926, p33。

〔75〕 1923年市政公所制订了法规，为街正和市府官员之间的密切关系订立了它所期望的准则；见《成都市市政年鉴》（1928）。因为政权频繁地交替易手，势必对城市的连续记录以及机构产生了影响，因此对于这些法规的作用也难于估计。

〔76〕 《杨森先生访问记录》，1963年访谈2号。

〔77〕 关于成都哥老会分会卷入鸦片贸易，见Shao Yun（1988, p61）。他们参与成都的卖淫嫖娼的活动没有在任何发表的报道中有过讨论，但是极有可能是事实。根据Shao

Yun的说法，组织赌博是各分会的另一个主要经济来源。杨森对赌博的打击似乎只限于公开赌博。

〔78〕 美国档案馆，重庆领事馆通信，John R. Muir写给美国驻重庆总领事的信，1924年5月22日。

〔79〕 《国民公报》，1924年9月16日。

〔80〕 同上，1924年4月16日。

〔81〕 杨汪芸（1979, p421）。杨森和他所有28个孩子关系都很亲密，她断然地宣称所有这些孩子都由杨森的八个妻子所生。然而，她也像杨森本人一样，避免谈论准确说来杨森一生到底有几位妻子的问题。

〔82〕 有关刘师亮的生平可见Zhong Maoxuan（1984）。刘的许多诗可见Lin Kongyi（1982）。

〔83〕 Zhong Maoxuan, 1984, pp.33–34.

〔84〕 同上，p89。

〔85〕 Luo Cairong, 1979.

〔86〕 Lu Guoji, 1984, p35; Franck, 1925, p558.

〔87〕 舒新城，1934, pp.131–132。

〔88〕 《吴虞日记》，1984, 2 : p240。

〔89〕 Lin Kongyi, 1982, p106.

〔90〕 《成都市市政年鉴》，1928, p7.

〔91〕 同上，p5。在此文中使用“成都”这个名字，也许刺激了五老七贤们的审美情感，因为这个城市惯常被人叫作“芙蓉城”，或是在诗歌和经典中文写作的文章里被简

称为“蓉城”。

〔92〕 《成都市市政周刊》（no. 4, Aug. 6, 1927）。即便是在杨森时期，对公开化管理的需要还是受到一些人的承认的。杨森的几位顾问，包括孙少荆和卢作孚，与一些报纸记者组成了一个“星期五参观团”，据称其宗旨只是定期参观政府的和非政府的机构，将所见所闻公开报道，同时做出改进的建议（《国民公报》1924年4月27日）。

〔93〕 《成都市市政周刊》no. I, July 16, 1927。

〔94〕 一篇关于成都需要建立一个供水系统的文章，敦促市里吸取天津、北京和广州失败的教训，为即将监督准备工作的委员会订立规则；然而，这个新的供水系统直至1946年仍未建立。见《成都市市政周刊》（no. 4, Aug. 6, 1927）。

〔95〕 Kapp, 1973.

〔96〕 刘湘时期有关成都警察的管理工作，见《四川省会公安局工作报告》（1934）。

〔97〕 Wang Zongli（1986）. 王声称于在1926年万县事件中亲自指挥了对一艘英国炮舰的攻击，这就摧毁了杨森之前在英国外交官员们例如Meyrick Hewlett中的好政府的名声。

〔98〕 《四川省公安局工作报告》，1934。

〔99〕 Wakeman, 1991, p93. 也见 MacKinnon（1983）。

〔100〕 Wang Zongli（1986）宣称于渊于1927年加入了共产党，

但他也被张澜推荐给了刘湘。张澜和成都的五老七贤相熟，因为他在1911年是铁路股票持有者协会的副主席，又是1926年的成都大学的校长。张澜还是四川早期一些共产党员的朋友，例如吴玉章。但他也和范围广泛的其他四川精英界人士有密切往来，其中包括周善培。新政时期的早些年里，在他来到成都之前，他是杨森曾就读过的小学的校长。

〔101〕 见第三章。

〔102〕 与周安娜的访谈，1992年9月。

第八章

〔1〕 有关上海的现代化进程最为全面的资料来源是Zhang Zhongli（1990）。有关北京的资料，见M. Shi（1993）；有关济南的，见Buck（1978）；有关天津的，见Rogaski（1999）。

〔2〕 Sheehan 1999.

〔3〕 关于中国“市民社会”发展引发的争论是《现代中国》（19, no. 2, 1993）一期特刊的主题。

〔4〕 M. Shi, 1993, pp.396–400.

〔5〕 Strand, 1989, chaps. 8, p11.

〔6〕 然而像上海和广州这样的城市，环绕它们的许多周边地区，其改变和变化以各自不同的比率发生，见R. Keith

Schoppa（1982）。

〔7〕 Tsin, 1999.

〔8〕 Coleman, 1984, p110.

〔9〕 顾德曼，1995。

〔10〕 Elvin, 1974.

〔11〕 Wakeman, 1995, p9.

〔12〕 关于上海地方自治经验的大范围广泛的资料收集于1915年得以公布。Elvin（1974）利用这大批资料对上海第一个市议会的历史进行了分析。

〔13〕 Henriot, 1993, chaps. pp.7–9.

引著：

Adshead, S.A.M, 1984. *Province and Politics in Late Imperial China: Vice-regal Government in Szechwan,* 1898-1911. London: Curzon Press.

Agrest, Diana, 1996. "*The Return of the Repressed: Nature*." In Diana Agrest, Patricia Conway, and Leslie Kanes Weisman, eds. The Sex of Architecture. 49-68. New York: Harry N. Abrams, Inc.

Bastid, Marianne, 1988. *Educational Reform in Early Twentieth-Century China*. Paul J. Bailey, tr. Ann Arbor: Center for Chinese Studies, University of Michigan.

Bayley, David H, 1985. *Patterns of Policing: A Comparative International Analysis*. New Brunswick: Rutgers University Press.

Bays, Daniel H, 1978. *China Enters the Twentieth Century*. Ann Arbor: The University of Michigan Press.

Beech, J, 1933. "*University Beginnings: A Story of the West China Union University*." Journal of the West China Border

Research Society 6: 91-104.

Benton, Gregor, 1992. *Mountain Fires: The Red Army's Three-year War in South China*, 1934-1938. Berkeley: University of California Press.

Bodard, Lucien, 1975. *Le Fils du Consul*. Paris: B. Grasset.

Brunnert, H.S. and V.V. Hagelstrom, 1912. *Present Day Political Organization of China*. Rev. by N. Th. Kolessoff. Translated by A. Beltchenko and E.E. Moran. Shanghai: Kelly and Walsh, Limited.

Buck, David D, 1978. *Urban Change in China: Politics and Development in Tsinan, Shantung, 1890-1949*. Madison: The University of Wisconsin Press.

Cameron, Meribeth E, 1931. *The Reform Movement in China, 1898-1912*. Stanford: Stanford University Press.

Chang, Hao, 1971. *Liang Ch'i-ch'ao and Intellectual Transition in China, 1890-1907*. Cambridge: Harvard University Press.

———. 1980. "Intellectual Change and the Reform Movement, 1890-8." In John K. Fairbank and Kwang-ching Liu, eds. *The Cambridge History of China II* (Late Ch'ing, 1800-1911, part two). 274-338. Cambridge: Cambridge University Press.

Chang P'eng-yüan, 1968. "*The Constitutionalists." In Mary Clabaugh Wright, ed. China in Revolution: The First Phase, 1900-1913*. 143-183. New Haven: Yale University Press.

Chen Daoxin 陈稻新. 1987. "WanQing Chengdu jingcha shilue" 晚清成都警察史略 [A brief history of Chengdu's police in the late Qing]. Chengduzhi tongxun 成都志通讯 [Chengdu local history newsletter], no. 4: 7-14.

Ch'en, Jerome. 1972. *Yuan Shih-k'ai.* Second ed. Stanford: Stanford University Press.

———. 1979. *China and the West: Society and Culture, 1815-1937.* Bloomington: Indiana University Press.

Chen Shaobo 陈绍伯. 1962. "Tongmenghui zai Sichuan de jici wuzhuang qiyi" 同盟会在四川的几次武装起义 [Several armed uprisings of the revolutionary alliance in Sichuan]. In Zhongguo renmin xieshang huiyi, ed. *Xinhai geming huiyilu* 辛亥革命回忆录 [Memoirs of the 1911 Revolution]. 3: 117-124. Beijing: Zhonghua shuju.

Chen Yan 陈言. 1977. "Zhou Shanpei yu Zhou Zhaoxiang" 周善培与周肇祥 [Zhou Shanpei and Zhou Zhaoxiang]. Zhongwai zazhi 中外杂志 21, no. 2: 50-55.

Chen Zuwu 陈祖武. n.d. "Xuanhe yishi de fengyun renwu Yin Changheng" 煊赫一时的风云人物尹昌衡 [Yin Changheng: One-time notorious man-of-the-hour]. Wenshi ziliao xuanji 文史资料选辑 77: 59-76.

Chengdu ribao 成都日报 [Chengdu daily]. Published by the Sichuan official gazette bureau from the fall of 1904 to the fall of

1911. Non-overlapping runs of this paper are preserved in the Sichuan Provincial Library, the Shanghai Municipal Library, and the Tōyō Bunko in Tokyo.

Chengdu shangbao 成都商报 [Chengdu commercial news]. Published by the Chengdu chamber of commerce in 1910 and 1911.

"Chengdu shangyechang" 成都商业场 [Chengdu's commercial arcade]. 1991. Jinjiang wenshi ziliao 锦江文史资料 1: 14-26.

Chengdushi shizheng nianjian 成都市政年鉴 [Yearbook of Chengdu city government]. 1928. Chengdu: Chengdu shizheng gongsuo 成都市政公所.

Chengdushi shizheng zhoukan 成都市市政周刊 [Chengdu city government weekly]. 1927-1928. Chengdu: Chengdu shizheng gongsuo. In 1928, the name was changed to Chengdushi shizheng gongbao [Chengdu city government gazette] and it became a monthly.

Ch'ien Tuan-sheng. 1950. *The Government and Politics of China*. Cambridge: Harvard University Press.

Chongqing Prefect. [c. 1909]. *Report on the charges against the Dazu County Magistrate*. First Historical Archives, Zhao Erxun materials, file #335. 第一历史档案馆，赵尔巽档案，335卷。

Chongxiu Chengduxian zhi 重修成都县志 [Revised gazetteer of Chengdu county]. 1971. (Reprint edition) Taibei: Taiwan xuesheng shuju. Originally published in Chengdu in 1873.

Ch'ü T'ung-tsu. 1962. *Local Government in China Under the Ch'ing*. Cambridge: Harvard University Press.

Coble, Parks M. 1991. *Facing Japan: Chinese Politics and Japanese Imperialism, 1931-1937*. Cambridge: Council on East Asian Studies, Harvard University.

Cody, Jeffrey W. 1996. "*Striking a Harmonious Chord: Foreign Missionaries and Chinese-style Buildings, 1911-1949.*" Architectronic 5, no. 3 (December). http://www.saed.kent.edu/Architronic/

Cohen, Paul A. 1974. *Between Tradition and Modernity: Wang T'ao and Reform in Late Ch'ing* China. Cambridge: Harvard University Press.

Cole, James H. 1986. *Shaohsing: Competition and Cooperation in Nineteenth-Century China*. Tucson: The University of Arizona Press for the Association for Asian Studies.

Coleman, Maryruth. 1984. "*Municipal Politics in Nationalist China: Nanjing, 1927-1937.*" Ph.D. dissertation, Harvard University.

Collected Sichuan militia and *baojia* 保甲 regulations. [c. 1908]. First Historical Archives, Zhao Erxun materials, file #308. 第一历史档案馆，赵尔巽档案，308卷。

Crossley, Pamela Kyle. 1990. *Orphan Warriors: Three Manchu Generations and the End of the Qing World*. Princeton: Princeton University Press.

Cunningham, Alfred. 1895. *A History of the Szechwan Riots (May-June, 1895)*. Shanghai: Shanghai Mercury.

Dachenghui conglu 大成会丛录 [Dacheng Association recorder]. 1922–1925. Chengdu.

Dai Deyuan 戴德源. 1990. "Xiqu gailiang yu Sanqinghui" 戏曲改良与三庆会 [Opera reform and the Sanqing society]. In Sichuan xiju 四川戏剧, no. 5, 39-42.

Dai Hongying 戴鸿映. 1985. Jiu Zhongguo zhian fagui xuanbian 旧中国治安法规选编 [Selected public security laws and regulations from Old China]. Beijing: Qunzhong chubanshe 群众出版社.

Dai Zhili 戴执礼. 1959. Sichuan baolu yundong shiliao 四川保路运动史料 [Historical materials on Sichuan's railroad protection movement]. Beijing: Kexue chubanshe.

Davidson, Robert J. and Isaac Mason. 1905. Life in West China. London: Headley Brothers.

Des Forges, Roger V. 1973. *Hsi-liang and the Chinese National Revolution*. New Haven: Yale University Press.

Dikötter, Frank. 1992. *The Discourse of Race in Modern China*. Stanford: Stanford University Press.

Dong, Madeleine Yue. *Forthcoming. "Citizen's Parks and National Symbol: The Nationalist Transformation of Beijing."* In Joseph Esherick, ed. *Constructing the Modern in Chinese Cities, 1900-1950* (a book manuscript currently undergoing review).

Dong Xiujia 董休甲. 1927. Shizhengxue gangyao 市政学纲要 [Outline of the study of city administration]. Shanghai: Shangwu yinshuguan.

Dower, John W. 1986. *War without Mercy: Race and Power in the Pacific War.* New York: Pantheon.

Dray-Novey, Alison. 1981. *"Policing Imperial Peking: The Ch'ing Gendarmerie, 1650-1850."* Ph.D. dissertation, Harvard University.

———. 1993. *"Spatial Order and Police in Imperial Beijing."* The Journal of Asian Studies 52, no. 4 (November): 885-922.

Duara, Prasenjit. 1988. *Culture, Power, and the State: Rural North China, 1900-1942.* Stanford: Stanford University Press.

———. 1991. *"Knowledge and Power in the Discourse of Modernity: The Campaigns against Popular Religion in Early Twentieth-Century China."* The Journal of Asian Studies 50, no. 1 (February): 67-83.

Entenmann, Robert Eric. 1982. *"Migration and Settlement in Sichuan, 1644-1769."* Ph.D. dissertation, Harvard University.

Esherick, Joseph W. 1976. *Reform and Revolution in China: The 1911 Revolution in Hunan and Hubei.* Berkeley: The University of California Press.

———. 1987. *The Origins of the Boxer Uprising.* Berkeley: The

University of California Press.

Fan Puzhai 范朴斋. 1985. "Wu Youling xiansheng shilue" 吴又陵先生事略 [Brief account of Mr. Wu Youling]. In Zhao Qing 赵清and Zheng Cheng 郑城, eds. Wu Yu ji 吴虞集 [Wu Yu's collected works]. Chengdu: Sichuan renmin chubanshe.

Feuchtwang, Stephan. 1977. "*School-temple and City God.*" In G. William Skinner, ed. *The City in Late Imperial China. 581-608.* Stanford: Stanford University Press.

Fincher, John. 1968. "*Political Provincialism and the National Revolution.*" In Mary Clabaugh Wright, ed. *China in Revolution: The First Phase, 1900-1913.* 185-226. New Haven: Yale University Press.

Franck, Harry A. 1925. *Roving Through Southern China.* New York: The Century Co.

Fu Chongju傅崇矩 . 1987. Chengdu tonglan 成都通览 [A comprehensive guide to Chengdu]. Two volumes. Chengdu: Bashu chubanshe 巴蜀出版社. Originally published in Chengdu in eight volumes from 1909-1911.

Gan Diankui 甘典夔. 1983. "Qingmo zhi Minguo junfa geju shiqi Sichuan jinrong wenluan qingkuang" 清末至民国军阀割据时期四川金融紊乱情况 [Sichuan's chaotic monetary system from the late Qing to the warlord-partition era during the Republic]. Sichuan junfa shiliao 四川军阀史料II: 501-520.

Gao Chengxiang 高成祥. 1990. "Fu Qiaocun." 傅樵村 In Ren Yimin 任一民, ed. Sichuan jinxiandai renwu zhuan 四川近现代人物传 [Biographies from modern and contemporary Sichuan]. VI: 483-486. Chengdu: Sichuan daxue chubanshe.

Gao Zengjue 高增爵. 1910. Report of the Sichuan Police Superintendent on accomplishments made from the time he took office in GX34.10 to XT2.2. Dated XT2.3.25. First Historical Archives, Interior Ministry materials, file #312. 第一历史档案馆，民政部档案第312卷，光绪34年10月至宣统2年2月.

Garrett, Shirley S. 1974. "*The Chambers of Commerce and the YMCA.*" In Mark Elvin and G. William Skinner, eds. T*he Chinese City Between Two Worlds*. 213-238. Stanford: Stanford University Press.

Gaubatz, Piper Rae. 1996. *Beyond the Great Wall: Urban Form and Transformation on the Chinese Frontiers*. Stanford: Stanford University Press.

Geil, William Edgar. 1911. *Eighteen Capitals of China*. London: Constable & Co., Ltd.

Gluck, Carol. 1985. *Japan's Modern Myths: Ideology in the Late Meiji Period*. Princeton: Princeton University Press.

Goodman, Bryna. 1995. *Native Place, City, and Nation: Regional Networks and Identities in Shanghai, 1853-1937*. Berkeley: University of California Press.

Grainger, A. 1918. "Street-preaching, etc." WCMN 20, no. 3 (March): 5-13.

Gu Yuanzhong 古元忠. 1989. "Chengdu gongyuan shihua" 成都公园史话 [History of Chengdu's public parks]. Sichuan wenwu 四川文物, no. 2: 73–75.

Gunde, Richard. 1976. "*Land Tax and Social Change in Sichuan, 1925-1935.*" Modern China 2, no.1: 23-48.

Guomin gongbao 国民公报 [Citizen's gazette]. 1912-1935. Chengdu.

Guoshiguan shiliaochu 国史馆史料处, ed., 1981. Xinhainian Sichuan baolu yundong shiliao huibian 辛亥年四川保路运动史料汇编 [Collected historical materials on the 1911 Sichuan railroad protection movement]. Two volumes. Taibei: Guoshiguan.

Guo Moruo 郭沫若. 1929. Fanzheng qianhou 反正前后 [Before and after the revolution]. Shanghai: Xiandai shuju.

Han Lei 韩磊. 1985. "Jindai tiyu zai Chengdu de chuqi chuanbo" 近代体育在成都的传播 [The early period in the spread of modern physical education to Chengdu], Chengduzhi tongxun 成都志通讯, no. 5: 28-33.

Han Suyin. 1965. *The Crippled Tree.* New York: G.P. Putnam's Sons.

Han Yanlong 韩延龙, ed. 1993. Zhongguo jindai jingcha zhidu 中国近代警察制度 [The organization of police in modern China]. Beijing: Zhongguo renmin gongan daxue chubanshe 中国人

民公安大学出版社.

Hartwell, G.E. 1921. "*Reminiscences of Chengtu.*" WCMN 23, nos. 8-9 (August-September): 5-27.

Hartwell, George E. 1939. *Granary of Heaven.* Toronto: Committee on Missionary Education, the Woman's Missionary Society, Literature Department of the United Church of Canada.

Hayford, Charles W. 1990. *To the People: James Yen and Village China.* New York : Columbia University Press.

He Yili 何一立. 1987. "Liao Guanyin, Zeng Ayi." 廖观音，曾阿义 In Ren Yimin, ed. Sichuan jinxiandai renwu zhuan [Biographies from modern and contemporary Sichuan]. IV: 47-52. Chengdu: Sichuan daxue chubanshe.

He Yimin 何一民. 1989. "Lun Qingdai Chengdu de chongjian yu jindaihua" 论清代成都的重建与近代化 [On the rebuilding and modernization of Chengdu during the Qing dynasty]. In Guo Furen 郭付人, et al., eds. Chengdu chengshi yanjiu 成都城市研究 [Research on urban Chengdu]. 591-610. Chengdu: Sichuan daxue chubanshe.

Hedtke, Charles. 1968. "*Reluctant Revolutionaries: Szechwan and the Ch'ing Collapse, 1898-1911.*" Ph.D. dissertation, The University of California at Berkeley.

Henriot, Christian. 1993. *Shanghai, 1927-1937: Municipal Power, Locality, and Modernization.* Noël Castelino, tr. Berkeley:

University of California Press.

Hershatter, Gail. 1997. *Dangerous Pleasures: Prostitution and Modernity in Twentieth-century Shanghai.*

Hewlett, Meyrick. 1943. *Forty Years in China.* London: MacMillan & Co.

Hickey, Paul C. 1990. "*Bureaucratic Centralization and Public Finance in Late Qing China, 1900-1911.*" Ph.D. dissertation, Harvard University.

———. 1991. "*Fee-taking, Salary Reform, and the Structure of State Power in Late Qing China, 1909-1911.*" Modern China 17, no. 3 (July): 389-417.

Ho Ping-ti. 1962. *The Ladder of Success in Imperial China.* New York: Columbia University Press.

Hosie, Alexander. 1897. *Three Years in Western China.* Second ed. London: George Philip & Son.

———. 1914. *On the Trail of the Opium Poppy.* Two volumes. London: George Philip & Son,

———. 1922. *Szechwan: Its Products, Industries, and Resources.* London: George Philip & Son.

Hou Shaoxuan 侯少煊 and Yan Qiu 雁秋. 1981. "Gelaohui de yuanqi yu Qing wangchao dui ta de zhenya" 哥老会的缘起与清王朝对它的镇压 [Reasons for the rise of the Gelaohui and the attempts of the Qing dynasty to suppress it]. In Sichuan baolu fengyun lu 四川保路风云录 [A record of the railroad protection storm in Sichuan]. Chengdu: Sichuan renmin chubanshe.

Hsiao Kung-chuan. 1960. *Rural China: Imperial Control in Nineteenth Century China.* Seattle: University of Washington Press.

———. 1975. *A Modern China and A New World: K'ang Yu-wei, Reformer and Utopian, 1858-1927.* Seattle: University of Washington Press.

Hu Lisan 胡力三. 1985. "Yang Rui." 杨锐 In Ren Yimin, ed. Sichuan jinxiandai renwu zhuan [Biographies from modern and contemporary Sichuan]. I: 75-80. Chengdu: Sichuansheng shehuikexue chubanshe.

Hu Shi laiwang shuxin xuan 胡适来往书信选 [Selected letters to and from Hu Shi]. Vol. 1. 1983. Ed. Zhongguo shehui kexueyuan. Hong Kong: Zhonghua shuju.

Huang Liu-hung. 1984. *A Complete Book Concerning Happiness and Benevolence.* Djang Chu, trans. and ed. Tuscon: The University of Arizona Press for the Association for Asian Studies.

Huang, Philip C. C. 1996. *Civil Justice in China: Representation and Practice in the Qing.* Stanford: Stanford University Press.

Huang Suisheng 黄遂生. 1962. "Tongmenghui zai Sichuan de huodong" 同盟会在四川的活动 [The activities of the Revolutionary

Alliance in Sichuan]. In Zhongguo renmin xieshang huiyi, ed. *Xinhai geming huiyilu* [Memoirs of the 1911 Revolution]. 3: 129-144. Beijing: Zhonghua shuju.

———. 1964. "Zhou Shanpei de yi sheng" 周善培的一生 [The life of Zhou Shanpei]. Sichuan wenshi ziliao xuanji [Selected historical materials on Sichuan] 13: 187-195.

Hubbard, George D. 1923. "*The Geographical Setting of Chengtu.*" *The Bulletin of the Geographical Society of Philadelphia* 21, no. 4 (October): 109-139.

Hutson, James. 1915. *Mythical and Practical in Szechwan.* Shanghai: The National Review Office for the China Inland Mission.

———. 1921. "*The Present Environment of the Chinese Church.*" WCMN 23, no. 10 (October).

Hyatt, Irwin. 1964. "*The Chengtu Riots (1895): Myths and Politics.*" Papers on China 18: 26-54.

Ichiko, Chūzō. 1968. "*The Role of Gentry, an Hypothesis.*" In Mary Clabaugh Wright, ed. *China in Revolution: The First Phase, 1900-1913.* 297-318 New Haven: Yale University Press.

———. 1980. "Political and institutional reform, 1901-11." In John K. Fairbank and Kwang-ching Liu, eds. *The Cambridge History of China II (Late Ch'ing, 1800-1911, part two).* 375-415. Cambridge: Cambridge University Press.

Jansen, Marius B. 1975. *Japan and China: from War to Peace, 1894-*

1972. Chicago: Rand McNally.

Jianwei xianzhi 犍为县志 [Gazetteer of Jianwei County]. 1937. Reprint edition (1968). Taibei: Taiwan xuesheng shuju.

Jiang Mengbi 姜梦弼. 1991. "Chunxi Lu de youlai yu fazhan" 春熙路的由来与发展 [Chunxi Road's genesis and development]. Jinjiang wenshi ziliao 锦江文史资料 [Historical materials on Jinjiang (section of Chengdu)]. 1: 5-13.

Jiaowu jiao'an dang 教务教案档 [Documents on anti-Christian incidents]. 1974. Zhongyang yanjiuyuan jindaishi yanjiusuo 中央研究院近代史研究所, ed. Volumes five and six. Taibei.

Jin Han (pseud.) 憬晗. 1986. "Qingmo nengyuan Zhou Xiaohuai [Shanpei]" 清末能员周孝怀 [Zhou Xiaohuai, an able official of the late-Qing era]. Longmenzhen 6, no. 5 (May): 40-61.

Jin Huihai 金汇海. 1987. "Yang Wei." 杨维 In Ren Yimin, ed. Sichuan jinxiandai renwu zhuan [Biographies from modern and contemporary Sichuan]. III: 98-102. Chengdu: Sichuan daxue chubanshe.

———. 1988. "Huang Jilu." 黄季陆 In Ren Yimin, ed. Sichuan jinxiandai renwu zhuan [Biographies from modern and contemporary Sichuan]. V: 160-164. Chengdu: Sichuan daxue chubanshe.

Judge, Joan. 1996. *Print and Politics: 'Shibao' and the Culture of Reform in Late Qing China*. Stanford, Calif.: Stanford University Press.

Kamachi, Noriko. 1981. *Reform in China: Huang Tsun-hsien and the Japanese Model.* Cambridge: Council on East Asian Studies, Harvard Univiersity.

Kapp, Robert A. 1973. *Szechwan and the Chinese Republic.* New Haven: Yale University Press.

Kemp, E.G. 1909. *The Face of China.* London: Chatto & Windus.

Kilborn, O.L. 1920. "*Historical Sketch.*" *In Our West China Mission.* 29-58. Toronto: The Missionary Society of the Methodist Church.

Kirby, William C. "*China Unincorporated: Company Law and Business Enterprise in Twentieth-Century China.*" Journal of Asian Studies 54, no. 1 (February): 43-63.

Köll, Elisabeth. 1997. "*Regional Enterprise in Modern China: The Da Sheng Cotton Mills in Nantong, 1895-1926.*" Ph.D. dissertation, Oxford University.

Kuhn, Philip A. 1975. "*Local Self-Government Under the Republic: Problems of Control, Autonomy, and Mobilization.*" In Frederic Wakeman, Jr., and Carolyn Grant, eds. *Conflict and Control in Late Imperial China.* 257-298. Berkeley: University of California Press.

———. 1990. Soulstealers: *The Chinese Sorcery Scare of 1768.* Cambridge: Harvard University Press.

———. 1991. "*Civil Society and Constitutional Development.*"

Unpublished paper prepared for the American-European Symposium on State and Society in East Asian Traditions, Paris.

Kwong, Luke S.K. 1984. *A Mosaic of the Hundred Days: Personalities, Politics, and Ideas of 1898.* Cambridge: Council on East Asian Studies, Harvard University.

Lai Shuqing 赖淑卿. 1989. Qingmo jingcha zhidu de changshe yu shiban 清末警察制度的倡设与试办 [The establishment and trial of the late-Qing police system]. Taibei: Jingshi shuju 经世书局.

Lary, Diana. 1985. *Warlord Soldiers: Chinese Common Soldiers, 1911-1937.* Cambridge: Cambridge University Press.

Lees, Andrew. 1985. *Cities Perceived: Urban Society in European and American Thought, 1820-1940.* New York: Columbia University Press.

Legendre, A.-F. 1906. *Deux Années au Setchouen.* Paris: Plon-Nourit et Cie.

Li Hsiao-t'i 李孝悌. 1992. Qingmo de xiaceng shehui qimeng yundong, 1901-1911 清末的下层社会启蒙运动 [Lower class enlightenment in the late Ch'ing period]. Taipei: Institute of Modern History, Academia Sinica.

Li Jieren 李劼人. 1947a. "Haorenjia" 好人家 [Good guy]. Originally written in 1924 and published in a periodical in Chengdu.

Revised by the author and made the title story in a collection of his short stories published in Shanghai by the Zhonghua shuju in 1947. My notes refer to the page numbers in this edition, which was photographically reprinted in Hong Kong by the Daxue shenghuoshe.

———. 1947b. "Shimin de ziwei" 市民的自卫 [The self-protection system of city folk]. In Li Jieren, Haorenjia. 124-135. Shanghai: Zhonghua shuju.

———. 1956. Baofengyuqian 暴风雨前 [Before the storm]. Beijing: Zuojia chubanshe.

———. 1980. Dabo 大波 [The great wave]. Four parts. In volume two of Li Jieren xuanji [Selected works]. Chengdu: Sichuan renmin chubanshe.

———. 1986a. "Zhuinian Liu Shizhi xiansheng" 追念刘士志先生 [In memory of Mr. Liu Shizhi]. Originally published in Fengtu shizhi [Miscellaneous annals of native places] 1, no. 6 (1946). Reprinted in volume five of Li Jieren xuanji [Selected works], 49-81. Chengdu: Sichuan renmin chubanshe.

———. 1986b. "Weicheng zhuiyi" 危城追忆 [Memoirs of an endangered city]. Originally published in Xin Zhonghua [New China] 5, nos. 1-6 (1937). Reprinted in volume five of Li Jieren xuanji [Selected works], 96-148. Chengdu: Sichuan renmin chubanshe.

———. 1987. Sishui weilan 死水微澜 [Ripples across stagnant water]. Originally published in Shanghai by the Zhonghua shuju in 1936. Revised by the author and republished by the Zuojia chubanshe in 1955. My notes refer to the page numbers in a critical edition (*huijiaoben*) published in Chengdu by the Sichuan wenyi chubanshe in 1987.

Li Mei 李眉. 1990. "*My Father Li Jieren.*" *In Ripples Across Stagnant Water.* (English translation of Sishui weilan). 13-25. Beijing: Chinese Literature Press.

Li Mingxin 李明新. 1981. "Lixianpai yu shibing yundong he gelao wuzhuang" 立宪派与士兵运动和哥老武装 [The constitutionalist faction and the officers movement, and arming the elder brothers]. In Sichuan baolu fengyun lu. Chengdu: Sichuan renmin chubanshe.

Lin Baoqun 林宝群 petitions to the Interior Ministry. 1912. Second Historical Archives, Beiyang Interior Ministry materials, file #1001/2550. 第二历史档案馆，北洋内务部档案，1001/2550卷。

Lin Dianxiang 林殿香. [c. 1908]. Investigation of 14 Counties in the East Sichuan Circuit. First Historical Archives, Zhao Erxun materials, file #492. 赵尔巽档案，492卷。

Lin Kongyi 林孔翼, ed. 1982. Chengdu zhuzhici 成都竹枝词 [Chengdu bamboo-branch poetry]. Chengdu: Sichuan renmin chubanshe.

Lin Nengshi 林能士. 1970. "Qingji Hunan de xinzheng yundong (1894-

1898)" 清季湖南的新政运动 [The late-Qing New Policy movement in Hunan]. M.A. thesis, National Taiwan University.

Link, E. Perry. 1981. *Mandarin Ducks and Butterflies: Popular Fiction in Early Twentieth-Century Chinese Cities*. Berkeley: University of California Press.

Little, Archibald. 1910. Gleanings from 50 Years in China. London: Sampson , Low, Marston & Co., Ltd.

Liu Hangchen xiansheng fangwen jilu 刘航琛先生访问记录 [The Reminiscences of Mr. Liu Harng-chen]. 1990. Taipei: Institute of Modern History, Academia Sinica.

Liu Ts'un-yan. 1984. "*Introduction: 'Middlebrow' in Perspective.*" In Liu Ts'un-yan, ed. *Chinese Middlebrow Fiction: From the Ch'ing and Early Republican Eras.* 1-40. Hong Kong: The Chinese University Press.

Liu Xianzhi 刘显之. 1983. Chengdu Man-Mengzu shilue 成都满蒙史略 [Outline history of Chengdu's Manchus and Mongols]. Chengdu: Chengdu Man-Meng renmin xuexi weiyuanhui.

———. 1984. "Chengdu Man-Mengzu shihua" 成都满蒙史话 [Historical talk on Chengdu's Manchus and Mongols]. Unpublished manuscript.

Lu Danlin 陆丹林. 1967. "Wu Shan de shengping" 吴山的生平 [The life of Wu Shan]. Sichuan wenxian, no. 59: 11.

Lu Guoji 卢国纪. 1984. Wode fuqin Lu Zuofu 我的父亲卢作孚 [My

father Lu Zuofu]. Chongqing, Chongqing chubanshe.

Lu Zijian 鲁子健. 1984. Qingdai Sichuan caizheng shiliao 清代四川财政史料 [Historical materials on Sichuan's finance during the Qing]. Volume one. Chengdu: Sichuansheng shehui kexue yuan chubanshe.

Luo Cairong 罗才荣. 1979. "'Wang jiangjun zaori <kaiche>': Jinian Yang Sen jiangjun" 望将军早日《开车》：纪念杨森将军 ["Hoping the general starts his car soon": In memory of General Yang Sen]. In Yang Sen Jiangjun jinian ce.

Luo Ergang 罗尔纲. 1945. Lüying bingzhi 绿营兵制 [The army of the Green Standards]. Chongqing: Shangwu yinshuguan.

Ma Xuanwei 马宣伟 and Xiao Bo 肖波. 1989. Yang Sen 杨森. Chengdu: Sichuan renmin chubanshe.

Ma Yanhu 马岩虎. 1989. "Yiju hua" 一句话 [One sentence]. Chengdushi Yisilanjiao xiehui hexun 成都市伊斯兰教协会和讯, no. 9 (July): 40.

MacKinnon, Steve. 1975. "*Police Reform in Late Ch'ing Chihli.*" Ch'ing-shih Wen-t'i 3, no. 4 (December).

MacKinnon, Stephen R. 1980. *Power and Politics in Late Imperial China: Yuan Shi-kai in Beijing and Tianjin, 1901-1908.* Berkeley: University of California Press.

———. 1983. "*A Late Qing-GMD-PRC Connection: Police as an Arm of the Modern Chinese State.*" Selected Papers in

Asian Studies (New Series #14). Western Conference of the Association for Asian Studies.

Mann, Susan. 1984. "*Urbanization and Historical Change in China.*" Modern China 10, no. 1 (January): 79-113.

Mao Dun. 1992. Rainbow. Madeleine Zelin, tr. Berkeley: University of California Press.

McCord, Edward A. 1993. *The Power of the Gun: The Emergence of Modern Chinese Warlordism.* Berkeley: University of California Press.

McIsaac, Mary Lee. 1994. *The Limits of Chinese Nationalism: Workers in Wartime Chongqing, 1937-1945.* Ph.D. dissertation, Yale University.

———. Forthcoming. "*The City as Nation: Creating a Wartime Capital in Chongqing.*" In Joseph Esherick, ed. *Constructing the Modern in Chinese Cities, 1900-1950* (a book manuscript currently undergoing review).

Meijer, Marinus J. 1950. *The Introduction of Modern Criminal Law in China.* Batavia: De Unie.

Miller, Wilbur R. 1973. *Cops and Bobbies: Police Authority in New York and London, 1830-1870.* Chicago: The University of Chicago Press.

Min Tu-ki. 1989. *National Polity and Local Power: The Transformation of Late Imperial China.* Philip A. Kuhn and Timothy Brook, ed. Cambridge, Mass.: Council on East Asian Studies, Harvard University.

Minshi ribao 民视日报 [Gaze of the people daily]. 1921-1929. Chengdu.

Myers, Ramon H. 1967. "*The Usefulness of Local Gazeteers (sic) for the Study of Modern Chinese Economic History: Szechuan Province during the Ch'ing and Republican Periods.*" Tsing Hua Journal of Chinese Studies n.s. 6: 72-102.

Miller, Wilbur R. 1973. Cops and Bobbies: *Police Authority in New York and London, 1830-1870.* Chicago: The University of Chicago Press.

Morrison, Esther. 1959. "*The Modernization of the Confucian Bureaucracy: A Historical Study of Public Administration.*" Ph.D. dissertation, Radcliffe College.

Mote, F.W. 1977. "*The Transformation of Nanking, 1350-1400.*" In G. William Skinner, ed. *The City in Late Imperial China.* 101-153. Stanford: Stanford University Press.

Naquin, Susan. *Millenarian Rebellion in China: The Eight Trigrams of 1813.* New Haven: Yale University Press, 1976.

Niimura Yōko 新村容子. 1983. "Shinmatsu Shisenshō ni okeru kyokushi no rekishiteki seikaku" 清末四川省における局士の历史的性格 [The historical character of bureau managers in late-Qing Sichuan]. Tōyō gakuhō 东洋学报 64, no. 3-4 (March): 103-134.

Nishikawa Masao 西川正夫. 1983. "Sichuan baolu yundong qianye de shehui zhuangkuang" 四川保路运动前夜的社会状况 [Social conditions on the eve of Sichuan's railroad protection movement]. Xinhai gemingshi congkan 辛亥革命丛刊 [Papers on the history of the 1911 revolution] 5: 149-187.

Ocko, Jonathan. 1983. *Bureaucratic Reform in Provincial China: Ting Jih-ch'ang in Restoration Kiangsu, 1867-1870.* Cambridge: Council on East Asian Studies, Harvard University.

Pa Chin [Ba Jin]. 1989. Family. Prospect Heights, Ⅲ.: Waveland Press.

Pang Xiaoyi 庞孝益 and Dai Wending 戴文鼎. 1988. "Sichuan shenghui jingchaju shimo" 四川省会警察局始末 [An account of the Sichuan provincial capital police bureau]. In Shaocheng wenshi ziliao xuanji 少城文史资料选辑 [Historical materials on the Shaocheng (section of Chengdu)] 1: 43-56.

Pomeranz, Kenneth. 1993. *The Making of a Hinterland: State, Society, and Economy in Inland North China, 1853-1937.* Berkeley: University of California Press.

Powell, Ralph. 1955. *The Rise of Chinese Military Power, 1895-1912.* Princeton: Princeton University Press.

Prazniak, Roxann. 1981. "*Community and Protest in Rural China: Tax Resistance and County-Village Politics on the Eve of the 1911 Revolution.*" Ph.D. dissertation, University of California, Davis.

Pye, Lucian W. 1971. *Warlord Politics: Conflict and Coalition in the Modernization of Republican China.* New York: Praeger.

Qiao Cheng. 乔诚 n.d. "Zhou Xiaohuai [Shanpei] tan 'Wu Xu weixin' zhong de Liu Guangdi" 周孝怀谈《戊戌维新》中的刘光弟 [Zhou Xiaohuai discusses Liu Guangdi's actions during the 1898 reforms]. Clipping from Wenshi zazhi 文史杂志, a publication of the Sichuansheng wenshiguan.

Qiao Shaoxin 乔绍馨. 1984. "Zhou Xiaohuai [Shanpei] zishu wangshi ji" 周孝怀自述往事记 [Zhou Xiaohuai discusses events of the past]. Chengdu wenshi ziliao xuanji [Selected Historical Materials on Chengdu] 6: 72-75.

Qiao Shuzhan 乔树柟, et al. n.d. (circa 1908). Private letter in regard to prostitution in Chengdu. First Historical Archives, Zhao Erxun materials, file #322.

Qingmo choubei lixian dang'an shiliao 清末筹备立宪档案史料. 1979. [Archival and historical materials on the late-Qing constitutional preparations]. Gugong bowuyuan Ming-Qing dang'anbu 故宫博物院明清档案部, ed. Two volumes. Beijing: Zhonghua shuju.

Rankin, Mary Backus. 1986. *Elite Activism and Political Transformation in China,* Zhejiang Province, 1865-1911. Stanford: Stanford University Press.

Reed, Bradly W. 1995. "*Money and Justice: Clerks, Runners, and the Magistrate's Court in Late Imperial Sichuan.*" Modern China 21, no. 3 (July): 345-382.

Report in response to charges from the provincial assembly. n.d. [c. 1910]. First Historical Archives, Zhao Erxun materials, file #343. This document is written from the perspective of Zhou Zhaoxiang 周肇祥, although it may have been written for Zhou by a supporter within the provincial government.

Résumé of Zhou Zhaoxiang *周肇祥履历*. n.d. [c. 1910]. First Historical Archives, Zhao Erxun materials, file #307.

Résumés of Sichuan police officers. n.d. [c. 1909]. First Historical Archives, Interior Ministry materials, file #286.

Reynolds, Douglas R. 1993. *China, 1898-1912: The Xinzheng Revolution and Japan.* Cambridge: Council on East Asian Studies, Harvard University.

Rhoads, Edward J.M. 1975. *China's Republican Revolution: The Case of Kwangtung, 1895-1913.* Cambridge: Harvard University Press.

Ross, Edward A. 1912. *The Changing Chinese: The Conflict of Oriental and Western Cultures in China.* New York: Century.

Rowe, William T. 1984. *Hankow: Commerce and Society in a Chinese City, 1796-1889.* Stanford: Stanford University Press.

———. 1989. *Hankow: Conflict and Community in a Chinese City, 1796-1895.* Stanford: Stanford University Press.

Schoppa, R. Keith. 1982. *Chinese Elites and Political Change: Zhejiang Province in the Early Twentieth Century.* Cambridge: Harvard University Press.

Schwartz, Benjamin. 1964. *In Search of Wealth and Power: Yen Fu and the West.* Cambridge: Harvard University Press.

Seidensticker, Edward. 1983. *Low City, High City: Tokyo from Edo to the Earthquake.* New York: Alfred A. Knopf.

Semi-annual reports from Sichuan police superintendents. 1910-1911. First Historical Archives, Interior Ministry materials, file #312.

Sennett, Richard. 1994. *Flesh and Stone: The Body and the City in Western Civilization.* New York: W.W. Norton & Company.

Service, John S., ed. 1989. *Golden Inches: The China Memoir of Grace Service.* Berkeley: University of California Press.

Shao, Qin. 1994. "*Making Political Culture: The Case of Nantong,* 1894-1930." Ph.D. dissertation, Michigan State University.

Shao Ying 绍英. 1986. "Chubanjia Fan Kongzhou" 出版家樊孔周 [The publisher Fan Kongzhou]. Chengdu zhi tongxun 10, no. 3: 55-59.

Shao Yun 绍云. 1988. "Chengdu 'Paoge' Shilue" 成都《袍哥》史略 [A rough history of Chengdu's 'gowned brothers']. Chengdu zhi tongxun 成都志通讯 [Chengdu gazetteer newsletter]. 16, no. 1: 55-65.

Shi, Mingzheng. 1993. "*Beijing Transforms: Urban Infrastructure, Public Works, and Social Change in the Chinese Capital,* 1900-1928. Ph.D. dissertation, Columbia University.

Shi Tiyuan 石体元. 1981. "Zhou Shanpei congzheng suoji" 周善培从政琐记 [A glimpse of Zhou Shanpei's official career]. Chongqing wenshi ziliao xuanji 重庆文史资料选辑 [Selected historical materials on Chongqing] 12: 152-164.

Shizheng quanshu 市政全书 [A complete book of city administration]. 1928. Lu Danlin 陆丹林, ed. Shanghai: Zhonghua quanguo daolu xiehui.

Shu Xincheng 舒新城. 1934. Shuyou xinying 蜀游心影 [Heart-felt reflections on a trip to Sichuan]. Shanghai: Zhonghua shuju.

Shubao 蜀报 [Sichuan news]. Chengdu. Only the inaugural issue (14 July 1903) is extant in the Sichuan Provincial Library.

Shubao 蜀报 [Sichuan news]. Chengdu. Published by members of the Sichuan provincial assembly from 1910 to 1911. Twelve issues.

Shuxuebao 蜀学报 [Sichuan study news]. 1898. Thirteen issues.

Sichuan Chengdu disanci shangye quangonghui diaochabiao [Investigative report on the third commercial industrial fair held in Chengdu, Sichuan]. 1908. Compiled by the Sichuan commercial bureau (*shangwuju*). Copy in the Shanghai Municipal Library.

Sichuan dudufu zhengbao 四川都督府政报 [Sichuan military government gazette]. Chengdu. 1912.

Sichuan guanbao 四川官报 [Sichuan official gazette]. Chengdu. Published by the Sichuan official gazette bureau from the fall of 1904 to the fall of 1911. There were three issues per month until 1911, when six issues per month were published.

Sichuan jingcha geyuan gongguobiao 四川警察各员功过表 [Evaluations of all Sichuan police officers]. First Historical Archives, Police Ministry materials, file #71. Quarterly reports from Spring 1903 to Summer 1906 (missing Spring 1906). First Historical Archives, Interior Ministry materials, file #312. Quarterly reports from Fall 1906 to Fall 1908.

Sichuan jingwu guanbao 四川警务官报 [Sichuan police gazette]. Chengdu. Published by the Sichuan police bureau. 1911. Three issues.

Sichuan jingwu wendu huibian 四川警务文牍汇编 [Compendium of documents concerning Sichuan police matters]. Compiled once in the first year of Xuantong 宣统 (XT1) and twice in the second year (XT2). Six booklets were produced for the year XT1, two for the first half of XT2, and four for the second half of XT2. File #312 of the Interior Ministry materials in the First Historical Archives contains two of the booklets from XT1 (#2 and #4) and three of the booklets from the second half of XT2 (#2-4). The Sichuan Provincial Library has the first booklet for XT1 and the second booklet for the first half of XT2.

Sichuan junfa shiliao 四川军阀史料 [Historical materials on Sichuan warlords]. Sichuansheng wenshi yanjiuguan, comp. Five volumes (1981-1988). Chengdu: Sichuan renmin chubanshe.

Sichuan shenghui gonganju gongzuo baogao 四川省会公安局工作报告 [Work report from the Sichuan provincial capital public security bureau]. 1934.

Sichuan tongsheng jingcha zhangcheng 四川通省警察章程 [Regulations of the Sichuan province-wide police]. [1903]. First Historical Archives, Police Ministry materials, file #179. 第一历史档案馆，巡警部档案，179卷。

Sichuan zhengbao [Sichuan political gazette] 四川政报. Chengdu. Published by the office of the Sichuan governor. 1913-1914. Wu Yu was editor for a time.

Sichuansheng dang'anguan 四川省档案馆, ed. 1985. Sichuan jiao'an yu yihequan dang'an 四川教案与义和拳档案 [Documents on Sichuan anti-missionary cases and the Boxers]. Chengdu: Sichuan renmin chubanshe.

Sichuansheng gexian difang zizhi shiye yu jingji zhuangkuang fenqi baogao 四川省各县地方自治事业与经济状况分期报告 [Reports by period on local self-government initiatives and economic conditions from each county in Sichuan Province]. 1917. Reports from 40 counties are in this collection. Second Historical Archives, Beiyang Government Interior Ministry materials, file #977.

Sichuansheng neiwu tongji baogaoshu 四川省内务统计报告书 [Statistical report on the internal affairs of Sichuan province]. 1920. The statistics in this report were collected in 1916. A copy of the report is in the Chongqing Library. My thanks to Professor Di Wang 王笛 for providing me with a copy.

Sichuansheng wenshiguan 四川省文史馆, ed. 1987. Chengdu chengfang guji kao 成都城坊古迹考 [A study of the old walls and neighborhoods of Chengdu]. Chengdu: Sichuan renmin chubanshe.

Simkin, Robert L. 1911. "*The Formal Opening of the Chengtu Y.M.C.A.*," in WCMN 13, no. 1 (January): 4-7.

Skinner, G. William, ed. 1977. *The City in Late Imperial China.* Stanford: Stanford University Press.

Skinner, G. William. 1987. "*Sichuan's Population in the Nineteenth Century: Lessons from Disaggregated Data.*" Late Imperial China 8, no.1 (June): 1-79.

Spence, Jonathan. 1980. *To Change China: Western Advisers in China, 1620-1960.* New York: Penguin Books.

Stapleton, Kristin E. 1993. *Police Reform in a Late-Imperial Chinese City: Chengdu, 1902-1911.*" Ph.D. dissertation, Harvard

University.

Stapleton, Kristin. 1995. "*Thick-Black Studies and Bamboo-Branch Poetry in Republican-era Chengdu.*" Presented at the annual meeting of the Association for Asian Studies, April.

———. 1996. "*Urban Politics in an Age of 'Secret Societies': The Cases of Shanghai and Chengdu.*" Republican China 22, no.. 1 (November): 23-63.

———. 1997. "*County Administration in Late-Qing Sichuan: Conflicting Models of Rural Policing.*" Late Imperial China 18, no. 1 (June): 100-132.

———. 1998. "*The Meanings of Chunxi Road: Street Culture in Republican Chengdu.*" Presented at the annual meeting of the Association for Asian Studies, March.

Strand, David. *Rickshaw Beijing: City People and Politics in the 1920s.* Berkeley: University of California Press, 1989.

Su Facheng 苏法成. 1985. "Guanyu 'Xinchuanbao' de yixie qingkuang" 关于《新川报》的一些情况 [Concerning some circumstances surrounding New Sichuan News]. Chengdu baokan shiliao zhuanji 成都报刊史料专辑 1: 33-35.

Sun Hanzao 孙函藻. [c. 1908]. Investigation of counties along the Great Northern Road. First Historical Archives, Zhao Erxun materials, file #334.

Tang Juecong 唐觉从. 1991. "Wang Jianming yu Chengdu shanghui" 王

剑鸣与成都商会 [Wang Jianming and the Chengdu Chamber of Commerce]. Jinjiang wenshi ziliao 锦江文史资料, no. 1: 135–144.

Tang Shaowu 唐绍武, Li Zhusan 李祝三, and Jiang Xiangchen 蒋相臣. 1989. "Jiefang qian Chongqing de paoge" 解放前重庆的袍哥 [Chongqing's gowned brothers before Liberation]. Chongqing wenshi ziliao [Historical materials on Chongqing] 31: 119-198.

Tao Liangsheng 陶亮生. n.d. [c. 1978]. "WanQing zhi Minguo zhi mo Wulao Qixian qinling ji" 晚清至民国之末五老七贤亲聆记 [A personal account of the Five Elders and Seven Sages from the late Qing to the end of the Republic]. Unpublished manuscript.

Taylor, William R., ed.. 1991. *Inventing Times Square: Commerce and Culture at the Crossroads of the World.* New York: Russell Sage Foundation.

Thompson, Roger R. 1987. "*New-style Gazettes and Provincial Reports in Post-Boxer China: An Introduction and Assessment.*" Late Imperial China 8, no. 2 (December): 80-101.

———. 1995. *China's Local Councils in the Age of Constitutional Reform, 1898-1911.* Cambridge: Council on East Asian Studies, Harvard University.

Tongsu huabao 通俗画报 [Colloquial pictorial news]. 1909-1912.

Chengdu.

Treudley, Mary Bosworth. 1971. *The Men and Women of Chung Ho Ch'ang*. Taibei: The Orient Cultural Service.

Tsin, Michael Tsang-woon. 1990. "*The Cradle of Revolution: Politics and Society in Canton, 1900-1927.*" Ph.D. dissertation, Columbia University.

Vale, J. 1902. "*Expectants.*" WCMN 4, no. 1 (January): 6-10.

———. 1904. "*The Sz-Chuan Police Force.*" WCMN 6, nos. 3-6 (March-June): 56-59, 82-86, 106-111, and 125-127.

———. 1905. "*The Chinese Census: The Method of Taking It.*" WCMN 7, nos. 1-3 (January-March): 6-7, 38-39, and 54-55.

———. 1906. "*Small Traders.*" WCMN 8, no. 10 (October): 237-238.

———. 1907a. "*Beggar Life in Chentu (sic).*" WCMN 9, nos. 4 and 7 (April and July): 8-11, 7-10.

———. 1907b. "*Beggar Life in Chentu (sic)--A Revolution.*" WCMN 9, no. 9-10 (September-October): 6-8, 7-11.

Van Slyke, Lyman. 1988. *Yangtze: Nature, History, and the River.* Reading, MA: Addison-Wesley.

Wakeman, Frederic Jr. 1991. "*Models of Historical Change: The Chinese State and Society, 1839-1989.*" In Kenneth Lieberthal, et al., eds. *Perspectives on Modern China: Four Anniversaries.* 68-102. Armonk, NY: M.E. Sharpe.

———. 1992. "*American Police Advisers and the Nationalist Chinese*

Secret Service, 1930-1937." Modern China 18, no. 2 (April): 107-137.

———. 1995. *Policing Shanghai, 1927-1937.* Berkeley: University of California Press.

Wang Di 王笛. 1993. Kuachu fengbi de shijie: Changjiang shangyou quyu shehui yanjiu, 1644-1911 跨出封闭的世界：长江上游区域社会研究，1644-1911 [Out of a closed world: research on society in the upper Yangtze macroregion]. Beijing: Zhonghua shuju.

Wang Jiajian 王家俭. 1984. Qingmo Minchu woguo jingcha zhidu xiandaihua de licheng (1901-1928) 清末民初我国警察制度现代化的历程（1901-1928） [The progress of the modernization of Chinese police organization in the late-Qing and early republican eras]. Taibei: Taiwan shangwu yinshuguan 台湾商务印书馆.

Wang Liankui 王联奎. 1979. "Zhuisui Huigong wushiba nian" 追随惠公五十八年 [Fifty-eight years of following Yang Sen]. In Yang Sen jiangjun jinian ji.

Wang, Liping. Forthcoming. "*Paradise for Sale: Tourism and Spatial Change in Hangzhou, 1911-1927.*" In Joseph Esherick, ed. *Constructing the Modern in Chinese Cities, 1900-1950* (a book manuscript currently undergoing review).

Wang Lüping 王绿萍and Cheng Qi 程祺. 1993. Sichuan baokan

jilan 四川报刊集览 [Guide to Sichuanese newspapers and periodicals]. Volume one (1897-1930). Chengdu: Chengdu Keji Daxue chubanshe.

Wang Renwen 王人文 1911. *Memorial asking permission for Police Superintendent* Zhou Zhaoxiang 周肇祥 to inspect rural police in Manchuria 东三省. Dated XT3.6.5. First Historical Archives, Interior Ministry materials, file #289.

Wang Zongli 王宗力. 1986. "Aiguo aimin de lao yingxiong Yu Yuan lieshi" 爱国爱民的老英雄于渊烈士 [The martyr Yu Yuan, patriotic and loving old hero]. Chengdu wenshi ziliao xuanji [Selected historical materials of Chengdu] 14: 70-79.

Watt, John R. 1972. *The District Magistrate in Late Imperial China.* New York: Columbia University Press.

Wei Yingtao 隗瀛涛 and Zhao Qing 赵清, eds. 1981. Sichuan xinhai geming shiliao 四川辛亥革命史料 [Historical materials concerning the 1911 Revolution in Sichuan]. Two volumes. Chengdu: Sichuan renmin chubanshe.

Wei Yingtao 隈瀛涛, ed. 1990. Sichuan jindaishi gao 四川近代史稿 [A draft history of Sichuan in modern times]. Chengdu: Sichuan renmin chubanshe.

———, ed. 1991. Xinhai geming yu Sichuan shehui 辛亥革命与四川社会 [The 1911 Revolution and Sichuan society]. Chengdu: Chengdu chubanshe.

Wen Juntian 闻钧天. 1935. Zhongguo baojia zhidu 中国保甲制度 [The Chinese *baojia* system]. Shanghai: shangwu yinshuguan.

The West China Missionary News. 1899-1937. Chongqing and Chengdu.

Westney, D. Eleanor. 1987. *Imitation and Innovation: The Transfer of Western Organizational Patterns to Meiji Japan.* Cambridge: Harvard University Press.

Wheatley, Paul. 1971. *The Pivot of the Four Quarters: A Preliminary Enquiry into the Origins and Character of the Ancient Chinese City.* Chicago: Aldine.

Will, Pierre-Etienne. 1990. *Bureaucracy and Famine in Eighteenth-Century China.* Elbord Forster, trans. Stanford: Stanford University Press.

Wilson, Elizabeth. 1991. *The Sphinx in the City: Urban Life, the Control of Disorder, and Women.* London: Virago Press.

Wilson, James Q. 1968. *Varieties of Police Behavior.* Cambridge: Harvard University Press.

Wright, Arthur F. 1977. "*The Cosmology of the Chinese City.*" In G. William Skinner, ed. *The City in Late Imperial China.* 33-73. Stanford: Stanford University Press.

Wright, Mary Clabaugh. 1968. "*Introduction: The Rising Tide of Change.*" In Mary Clabaugh Wright, ed. *China in*

Revolution: The First Phase, 1900-1913. 1-63. New Haven: Yale University Press.

Wu Guangjun 吴光骏. 1985. "Xinhai geming hou de Sichuan junshi xunjing zongjian—Yang Wei" 辛亥革命后的四川军事巡警总监—杨维 [Sichuan's chief of military police after the 1911 Revolution—Yang Wei]. In Sichuan wenshi ziliao 35: 69-74.

Wu Yu riji 吴虞日记 [Wu Yu's Diary]. 1984. Two volumes. Chengdu: Sichuan renmin chubanshe.

Wu Yuzhang 吴玉章. 1985. "Liyong 'zizhi' jiangtai zuo xuanchuan gongzuo" 利用"自治"讲台做宣传工作 [Using the 'self-government' speakers' platform to do propaganda work]. In Sichuansheng wenshiguan, ed. Sichuan junfa shiliao 四川军阀史料 [Historical materials on Sichuan warlords]. III: 1-4. Chengdu: Sichuan renmin chubanshe.

Wyman, Judith. 1993. "*Social Change, Anti-Foreignism and Revolution in China: Chongqing Prefecture, 1870s to 1911*." Ph.D. dissertation, The University of Michigan.

———. 1997. "*The Ambiguities of Chinese Antiforeignism: Chongqing, 1870-1900*." Late Imperial China 18, no. 2 (December): 86-122.

Xian Ning 咸宁. 1980. "Sichuan zuizao de gonglu he changtu qiche" 四川最早的公路和长途汽车 [Sichuan's earliest highway and long-distance bus service]. Lishi zhishi 历史知识, no. 3: 5–6.

Xiang Chunwu 向纯武. 1988. "Sichuan junfa dui xinwen shiye de kongzhi he cuican" 四川军阀对新闻事业的控制和摧残 [Sichuan warlords' control over and devastation of the newspaper industry]. Sichuan junfa shiliao V: 161-184.

Xiao Denghui 肖登辉. 1989. "WanQing Minguo Sichuan jingcha jiaoyu yu xunlian" 晚清民国四川警察教育与训练 [Police education and training in late-Qing and republican Sichuan]. Gongan zhi shiliao 公安志史料 [Historical materials for the public security gazetteer], no. 1: 8-13.

Xie Fang 谢放. 1987. "Fan Kongzhou 樊孔周." In Ren Yimin, ed. Sichuan jinxiandai renwu zhuan [Biographies from modern and contemporary Sichuan] IV: 177-182. Chengdu: Sichuan daxue chubanshe.

Xiliang yigao 锡良遗稿 [The papers of Xiliang]. 1959. Two volumes. Zhongguo kexueyuan lishi yanjiusuo, ed. Beijing: Zhonghua shuju.

Xinhai gemingqian shinianjian minbian dang'an shiliao 辛亥革命前十年间民变档案史料 [Archival historical materials on popular uprisings in the ten years before the 1911 Revolution]. 1985. Diyi lishi dang'anguan 第一历史档案馆, ed. Beijing: Zhonghua shuju.

Xiong Kewu 熊克武. 1962. “Xinhaiqian wo canjia de Sichuan jici wuzhuang qiyi” 辛亥前我参加的四川几次武装起义 [Several armed uprisings I participated in in Sichuan before 1911]. In Zhongguo renmin xieshang huiyi, ed. Xinhai geming huiyilu [Memoirs of the 1911 Revolution], Vol. 3. Beijing: Zhonghua shuju.

———. 1980. “Shudang shigao” 蜀党史稿 [Draft history of the Sichuan Party]. Xinhai geming shi congkan 2: 167-182.

Xiong Zhuoyun 熊倬云. 1965. “Fandong tongzhi shiqi de Chengdu jingcha” 反动统治时期的成都警察 [Chengdu’s police during the era of reactionary authority], in Sichuan wenshi ziliao xuanji 16: 101-120.

———. 1984. “Yijiusanliunian ‘Chengdu Dachuan fandian shijian’ neimu” 一九三六年“成都大川饭店事件”内幕 [The inside story of the 1936 ‘Chengdu Great Sichuan hotel incident’]. Chengdu wenshi ziliao xuanji [Selected historical materials on Chengdu] 7 (December): 82-92.

Xu Pu 徐溥. 1986. “Song Yuren 宋育仁.” In Ren Yimin, ed. Sichuan jinxiandai renwu zhuan [Biographies from modern and contemporary Sichuan]. II: 185-190. Chengdu: Sichuansheng shehuikexue chubanshe.

Xuantong yuannian Shengcheng jingqu diyici diaocha hukou yilanbiao 宣统元年省城警区第一次调查户口一览表 [Chart of the first statistical report of the first year of Xuantong on the population of the police districts in the provincial capital]. n.d. [1909]. First Historical Archives, Zhao Erxun materials, file #308.

Yamada Masaru 山田贤. 1991. "'Shenliang' kō—Shindai Shisen no chiiki eriito—" 《绅粮》考—清代四川の地域エリートー [Investigating the 'shenliang'—Sichuan's local elite in the Qing]. Tōyōshi kenkyū 东洋史研究 50, no. 2.

Yamamoto Susumu 山本进. 1994. "Shindai kōki Shisen ni okeru zaisei kaikaku to kōkyoku" 清代后期四川に於ける财政改革と公局 [The financial reformation and public bureaus in Sichuan during the Qing period]. Shigaku zasshi 史学杂志 53, no. 7 (July): 59-78.

Yang Bingde 杨秉德, ed. 1993. Zhongguo jindai chengshi yu jianzhu, 1840-1949 中国近代城市与建筑 [China's modern cities and architecture]. Beijing: Zhongguo jianzhu gongye chubanshe.

Yang Sen 杨森. 1979. "Jiushi yiwang" 九十忆往 [Recalling the past at age 90]. In Yang Sen jiangjun jinian ce.

Yang Sen Jiangjun jinian ce 杨森将军纪念册 [Collected writings in memory of General Yang Sen]. 1979. Taibei: Editorial Committee of the Yang Sen Jiangjun Commemorative Volume.

"Yang Sen xiansheng fangwen jilu." 杨森先生访问记录 Transcript of 1963 oral history interview with Yang Sen, in the archives of the Modern History Institute, Academia Sinica, Taiwan.

Yang Wanyun 王万运yahn. 1979. "Daonian fuqin" [In memory of my father]. In Yang Sen jiangjun jinian ce 杨森将军纪念册.

Ye Ren (pseud.) 冶人. 1913. "Sichuan jingcha yange ji" 四川警察沿革记 [A record of the development of Sichuan's police]. In Sichuan shenghui jingcha yuebao 四川省会警察月报, nos. 1-2.

Yoshizawa, Seiichiro 吉泽诚一郎. 1990. "Kōsho matsu Tenshin ni okeru junkei sōsetsu to minshū" 光绪末天津に於ける巡警创设と民众 [The establishment of police and the people in late-Guangxu Tianjin]. M.A. Thesis. Tokyo University.

Yuan Zhen 袁箴, Zhou Shaoji 周少稷, and Luo Jingxian 罗竞先. 1987. Chengdu xiangzhan 成都巷战 [Street-warfare in Chengdu]. Chengdu: Sichuan wenyi chubanshe.

Yu Jingzhe 余景哲. [c. 1909]. Report on the complaint by Qijiang County Juren Zhang Jixuan綦江县举人张济煊. First Historical Archives, Zhao Erxun materials, file #335.

Yukun 玉昆. 1980. "Rongcheng jiashu" 蓉城家书 [Letters home from Hibiscus City (Chengdu)]. In Xinhai gemingshi congkan [Materials on the history of the 1911 Revolution], no. 1, 203-215.

Zelin, Madeleine. 1984. T*he Magistrate's Tale: Rationalizing Fiscal Reform in Eighteenth-Century Ch'ing China*. Berkeley: University of California Press.

Zhang, Yingjin. 1996. *The City in Modern Chinese Literature and Film: Configurations of Space, Time, and Gender.* Stanford: Stanford University Press.

Zhao Qing 赵清. 1990. Paoge yu tufei 袍哥与土匪 [Gowned brothers and local bandits]. Tianjin: Tianjin renmin chubanshe.

Zheng Ping郑萍. 1992. "Minguo shiqi Sichuan Gelaohui de manyan yu yingxiang" 民国时期四川哥老会的蔓延与影响 [The spread and influence of Sichuan's Gelaohui in the republican period]. M.A. thesis, Nanjing University.

Zhengzhi guanbao 政治官报 [Political gazette]. Beijing. 1907-1911.

Zhong Maoxuan 钟茂煊. 1984. Liu Shiliang waizhuan 刘师亮外传 [Unofficial biography of Liu Shiliang]. Chengdu: Sichuan renmin chubanshe.

Zhong Qiming 钟启明. 1990. "Manhua 'liusan' jinyanjie" 漫话"六三"禁烟节 [Speaking of the 'June 3rd' anti-opium day]. Shaocheng wenshi ziliao 少城文史资料 [Historical materials on the Shaocheng (section of Chengdu)] 3 (December): 123-128.

Zhou Kaiqing 周开庆. 1964. Sichuan yu Xinhai geming 四川与辛亥革命 [Sichuan and the 1911 Revolution]. Taibei: Sichuan wenxian yanjiushe 四川文献研究社.

———. 1972a and 1974. Minguo Chuanshi jiyao 民国四川纪要 [Chronicle of Sichuan events during the Republic]. Two volumes. Taibei: Sichuan wenxianshe.

Zhou Kaiqing 周开庆. 1972b. Sichuan jingji zhi 四川经济志 [Sichuan economic annals]. Taibei: Taiwan shangwu yinshuguan.

———. 1976. Shushi congtan 蜀事丛谈 [Collected talk about Sichuan matters]. Taibei: Sichuan wenxian zazhishe.

Zhou Shanpei 周善培. n.d. (circa 1908). Untitled memo addressing charges of misconduct. First Historical Archives, Zhao Erxun materials, file #309. There is no signature or seal on this document, but the content indicates its author clearly.

———. 1938a. Xinhai Sichuan shibian zhi wo 辛亥四川事变之我 [My role in the events of 1911 in Sichuan]. Reprinted in volume 251 of Shen Yunlong 沈云龙, ed. Jindai Zhongguo shiliao congkan 中国史料丛刊 [Collected sources of modern Chinese history]. Taibei: Wenhai.

———. 1938b. Zheng Dabo zhi wu 正大波之误 [Correcting the mistakes in "The Great Wave"]. Reprinted in volume 251 of Shen Yunlong, ed. Jindai Zhongguo shiliao congkan [Collected sources of modern Chinese history]. Taibei: Wenhai.

———. 1957. Xinhai Sichuan zhenglu qinliji 辛亥四川争路亲历记 [An eyewitness account of the struggle over the railroad in

Sichuan]. Chongqing: Chongqing renmin chubanshe.

———. 1960. "Tan Liang Rengong" 谈梁任公 [On Liang Qichao]. Wenshi ziliao xuanji 3.

Zhou Yong 周勇 and Liu Jingxiu 刘景修. 1987. Jindai Chongqing jingji yu shehui fazhan: 1876-1949 近代重庆经济与社会发展： 1876-1949 [Modern Chongqing's economic and social development]. Chengdu: Sichuan Daxue chubanshe.

Zhou Xun 周询. 1986. Shuhai congtan 书海丛谈 [Collected talk about Sichuan]. Chengdu: Bashu chubanshe.

———. 1987. Furong huajiu lu 芙蓉话旧录 [A record of talking of Chengdu's past]. Chengdu: Sichuan renmin chubanshe.

Zhou Zhaoxiang 周肇祥. n.d. (c. 1911). Draft communication to the Interior Ministry on police affairs. First Historical Archives, Zhao Erxun materials, file #305. There is no signature or seal on this document, but the content indicates its author clearly.

致谢

本书的调查研究工作受到下列机构的支持：中国学术交流委员会（美国），哈佛大学历史系，NCR基金会，肯塔基大学学术研究基金会，国家人文学科捐赠基金。同时还受到下列机构的大力帮助，我想要在此一并表示感谢：中华人民共和国第一和第二历史档案馆以及四川省档案馆、成都市档案馆、中国台湾的Academia Sinica 和Academia历史档案馆，以及多伦多的联合教会档案馆。

许多老师和朋友多年来对我关于本书的研究给予了帮助，其中我特别感谢孔飞力（Philip A Kuhn），冉玫铄（Mary Backus Rankin），柯伟林（William C. Kirby），陈志让（Jerome Chen），全大伟（David Strand），周锡瑞（Joseph W. Esherick），芮哲非（Christopher Reed），魏莱棣（Judy Wyman），王笛（Di Wang），朴兰诗（Nancy Park），麦岚（Lee Mcisaac），史明正（Mingzheng），梅爱莲（Andrea McElderry），家父Tom Stapleton。感谢我在肯塔基大学历史系的同事，还有肯塔基大学制图实验室的Dick Gilbreath，是他设计制作了书中的地图。Gregory

Epp帮助我从不同的方面去对这一项目进行了考察。

本书还多亏了两位成都人的帮助，一位是小说家，他的小说本身也对这座城市做出了贡献；还有一位朋友努力帮助我认识成都的历史，对此我一并表示感谢。

本书中文版的出版要感谢译者以及四川文艺出版社的工作人员的付出，还要感谢孔学宁女士。

K.S.